Januar 1月	Februar 2月	März 3月	April 4月
Mai 5月	Juni 6月	Juli 7月	August 8月
September 9月	Oktober 10月	November 11月	Dezember 12月

Der Sommer des Jahrhunderts 1913

FLORIAN ILLIES

弗洛里安・伊里斯——著

唐際明、林宏濤——譯

二十世紀初西方文明盛夏的歷史回憶

繁華落盡的黃金時代

目錄

CONTENTS

Januar

I 月

在這個月裡，希特勒與史達林在維也納美泉宮（Schönbrunn）的花園裡散步時，彼此擦肩而過。湯瑪斯・曼（Thomas Mann）幾乎要出櫃，還有法蘭茲・卡夫卡（Franz Kafka）則是為愛幾乎瘋顛。一隻貓躡手躡腳地朝著倚在躺椅上的西格蒙德・弗洛依德（Sigmund Freud）走去。天氣很冷，白雪在腳下嚓嚓作響。艾爾莎・拉斯克許勒（Else Lasker-Schüler）一貧如洗，她愛上了戈特弗里德・本恩（Gottfried Benn），並收到法蘭茲・馬克（Franz Marc）捎來的一張繪有駿馬的明信片，卻稱佳布莉兒・明特（Gabriele Münter）微不足道。恩斯特・路德維希・克爾希納（Ernst Ludwig Kirchner）在速寫波茨坦廣場（Potsdamer Platz）邊上風騷的女子。飛機首次做出空中翻筋斗（Looping）。但，一切都無濟於事。奧斯瓦爾德・史賓格勒（Oswald Spengler）已開始在寫《西方的沒落》（*Untergang des Abendlandes*）了。

一九一三年第一秒鐘。一聲槍響劃破夜空。人們聽見一聲短促的喀嚓聲，搭在扳機上的手指肌肉繃緊，然後發出第二聲、比較沉悶的槍響。警察接獲通報後趕過來，馬上逮捕了槍手。他名叫路易斯・阿姆斯壯（Louis Armstrong）。

這位十二歲的紐奧良（New Orleans）男孩要以一把偷來的左輪手槍之鳴響迎接新年。警察把他關進監牢，接著又送進教養院「有色流浪少年之家」（Colored Waifs' Home for Boys）。但他在院內撒野得如此厲害，令院長彼得・戴維斯（Peter Davis）完全不知所措，只好隨手拿起一只喇叭塞進他手裡（本來是想賞他耳光）。路易斯・阿姆斯壯突然靜默了，近乎溫柔地接下這個樂器，而這幾根指頭前一晚還緊張地玩弄左輪手槍的扳機，現在重新碰觸到冰冷的金屬，卻非引發一聲槍響，人還在院長辦公室的他就已讓喇叭響起最初幾聲溫暖又狂野的樂音了。

「剛剛響起了午夜的射擊。巷弄裡與橋上歡聲雷動。大鐘鳴小鐘響。」一段來自布拉格的報導，撰寫者是法蘭茲・卡夫卡博士，波希米亞王國勞工意外保險協會職員。他的觀眾坐在遠方的柏林，以馬內利教堂街（Immanuelkirchstraße）二十九號的樓層公寓裡，僅有一人，但對他來說意謂著全世界：費莉絲・包爾（Felice Bauer），二十五歲，髮色偏金，有些瘦骨嶙峋的，有點像動作不靈活的瘦長小夥子，在卡爾・林德斯托姆股份有限公司（Carl Lindström A.G.）擔任速記打字員。八月，在一個下著傾盆大雨的日子，他們短暫地結識彼此，那時她的雙腳淋濕了，他很快即感到冷了。不過，自從那時候起，他們就在夜裡寫信，當他們的家人都已入睡時，寫著發燒、迷人至極、奇異、又使人心煩意亂的信件。日間午後，往往又再追加一封過去。有一次，費莉絲一連數日音訊全無，當他從好幾個噩夢中醒來，就絕望地開始寫《蛻變》（*Die Verwandlung*）。後來他告訴了她這個故事，這個作品在聖誕節前夕完成（現在它躺在抽屜裡，被費莉絲寄給他的兩張玉照保暖著）。然而，她所愛的、人在遠方的法蘭茲本身可以怎樣迅速化為一個可怕的謎團，她是直到接到這封於除夕夜寫的信後，才有所知悉。他天外飛來一筆地問她，如果他們約好了在法蘭克福碰面，先去參觀展覽，然後再上劇院看戲，而他後來卻只是躺在床上文風不動的話，她會不會拿一把傘用力地打他？卡夫卡就是這樣用了三次虛擬式的句型，導入性地提問。隨後，又彷彿並不懷惡意地跟她保證彼此相親相愛，夢想著費莉絲與他永遠難解難分。然後他這麼繼續臆想下去，並寫道：「畢竟這是有可能發生的，曾經就有過一對情侶被人以這樣的方式纏縛在一起，送上斷頭台。」就一封致未婚妻的信而言，這是多麼迷人的想法啊。還尚未親吻對方過，將做丈夫的就已幻想相偕一起上斷頭台。沒多久，卡夫卡自己好像也被這突如其來的想法嚇到了：「但是，閃過我腦袋的盡是些什麼樣的念頭啊？」他寫道。他提出的解釋很簡單：「是新的年份中的數字13所導致的。」一九一三就是這樣開啟世界文學的新篇章：以一個充滿暴力的幻想。

遺失啟示。雷奧納多・達文西（Leonardo da Vinci）的《蒙娜麗莎》（*Mona Lisa*）不見了。一九一一年，這幅畫被人從羅浮宮偷走，尚無明確的線索。畢卡索（Pablo Picasso）被巴黎警方叫去盤問，但因他有不在場的證明，所以被請回。羅浮宮裡，法國人在空蕩蕩的牆前擺上花束，以茲悼念。

一月初，我們並不知道確切的日期，一班從克拉考（Krakau）[1]出發的火車抵達了維也納北車站，從一節車廂走下一位三十四歲、外表些微不修邊幅的俄國人。外面正刮著暴風雪。他一瘸一拐地走著。頭髮在這一年還沒洗過，濃密的小鬍子好似茂盛的灌木叢在鼻下開展，卻掩不住臉上點點的天花疤痕。腳穿俄國農夫鞋，手提一個塞得鼓鼓的行李箱，腳才剛落地，馬上又踏上一班把他帶到赫岑區（Hietzing）[2]去的電車。他護照上的名字是斯塔夫羅斯・帕帕多普洛斯（Stavros Papadopoulos），聽來像混合著希臘與喬治亞裔的名字，他看來是那麼不體面，而天氣又是那麼寒冷，每位邊防哨兵都讓他通行了。前一晚在克拉考，另一個流亡地，他與列寧（Lenin）下棋，連續下了七盤，才在最後一盤得勝。他這方面的表現比騎單車好得多。列寧也曾嘗試教會他騎單車，卻是深感絕望。革命家得行動敏捷，他給了他這個啟示。然而，這位事實上叫作約瑟夫・威沙里歐諾維奇・朱加什維利（Josef Wissarionowitsch Dschugaschwili），現在以斯塔夫羅斯・帕帕多普洛斯為名的人，學不會騎單車。距離聖誕節沒剩幾天，他在克拉考結冰的石頭路面上摔得很慘。腿到處都是傷，膝蓋也扭到了，他能再度拋頭露面，才剛沒有幾天。我「了不起的喬治」，列寧微笑地這樣稱呼他，他則是一瘸一拐地迎面走來，要來拿前往維也納之旅所需的假護照。同志，祝你旅途愉快。

他沒遭遇到什麼麻煩，通過了邊界，發著高燒坐在火車裡，椅下有他在轉車時匆匆塞進行李箱的手稿與書籍。

現在一抵達了維也納，他就拋棄了喬治亞籍的假名。自一九一三年一月開始，他說：我的名字是史達林，約瑟夫・史達林（Josef Stalin）。他下了電車，看見右邊是美泉宮[3]與後面的花園，皇宮在冬季灰濛濛的黯淡天色裡閃耀。他走進美泉宮宮殿路三十號，列寧給他的小紙條上是這麼寫的。此外還寫著：「按托楊諾維斯基（Trojanowski）的門鈴。」於是，他抖掉沾在鞋上的雪，拿出手帕擤擤鼻子，有些不確定地按了門鈴。當女佣現身時，他講了約定的代號。

☙

一隻貓潛入維也納伯格巷（Bergasse）十九號西格蒙德・弗洛依德的書房，裡面正在舉行週三講座聚會。牠是這陣子第二位意外的訪客，晚秋的時候，露・安德烈亞斯・莎樂美（Lou Andreas-Salomé）[4]加入了這個純男性的圈子，她一開始飽受質疑的目光，如今被眾人又愛又敬。露・安德烈亞斯・莎樂美的襪帶上掛著一長串精神界偉人的戴髮頭皮，她曾與尼采（Nietzsche）一起坐在聖彼得大教堂的告解亭裡，與里爾克（Rainer Maria Rilke）[5]躺在一張床上，還相偕前往俄國造訪托爾斯泰（Tolstoi），據說弗蘭克・魏德金（Frank Wedekind）[6]的劇作《露露》（*Lulu*）與理查・史特勞斯（Richard Strauss）[7]的歌劇《莎樂美》（*Salomé*）便是取名於她。現在弗洛依德也拜倒在她的石榴裙底下，至少就才智層面而言是如此，她這個冬天甚至可以住在隸屬於他工作區域的樓層，跟他一起討論他正在寫的新書《圖騰與禁忌》（*Totem und Tabu*），傾聽他抱怨榮格（C. G. Jung）與那些叛逃的蘇黎世心理學家們。但當時五十二歲的露・安德烈亞斯・莎樂美，這位寫了多部有關精神與情色題材書籍的女作者，她到這裡主要是讓大師親授精神分析的。之後，三月，她自己的診所將在哥廷根（Göttingen）開張。因此，她現在置身於氣氛莊嚴的週三講座聚會裡，旁邊有博學的同事們，右邊是當時就已成為傳奇的躺椅，周遭四處可見古代的小雕像，是愛好古希臘羅馬文明的弗洛依德所收集得來，以助超脫所處的當代。當露・安德烈亞斯・莎樂美踏進門來時，一隻貓也咻地一下，潛入了這個氣氛肅穆的圈子。一開始，弗洛依德覺得有些受到干擾，然而當他看見這隻貓十分好奇地打量古希臘花瓶與古羅馬的小雕像，心中有所觸動，就叫人送來牛奶給牠喝。不過，露・安德烈亞斯・莎樂美後來是這麼描述的：「牠對他越來越高漲的愛戀與傾慕之心，完全視若無睹，綠眼珠的斜瞳仁冷淡地朝著他，好似對準隨便哪件物品一樣，如果他想要從牠那裡得到更多回饋，而不僅是自私又自戀的呼嚕聲，哪怕只有片刻也好，那麼他就必須把腳從舒服的躺椅上伸下來，運用靴尖做出最迷人的、又具獨創性的動作，以博得牠的注意。」從此以後，這隻貓週週都被允許加入講座，當牠生病了，纏上敷布，也可以躺在弗洛依德的躺椅上。牠證明了自己是能夠療癒的。

***

順便一提，體弱多病的。里爾克到底躲到哪兒啦？

***

對一九一三可能成為一個不幸之年的恐懼，盤旋在同時代人的心中，揮之不去。加布里埃爾・鄧南遮（Gabriele D'Annunzio）[8]贈送給朋友他自己的書《聖・塞巴斯蒂安的殉教》（*Martyrium des Heiligen Sebastian*），就寧可在獻詞後，如此註明年份「1912＋1」，以防萬一。面對這個不吉祥的數字，阿諾・荀白克（Arnold Schönberg）則是緊張至極。他之所以會發明「十二音列音樂」（Zwölf-Ton-Musik）不是沒有理由的，現代音樂的基礎同樣也是誕生於它的創造者，對即將可能發生的事物產生的恐懼之心。充滿理性的事物誕生於迷信的精神，荀白克的曲子中沒有出現數字13，沒有十三拍，甚至連在頁碼上，也幾乎沒出現過。當他駭然地察覺到自己以摩西（Moses）與亞倫（Aaron）為題材的歌劇標題，將會有十三個字母，就把亞倫名字中第二個a刪去，從此它就叫做《摩西與阿倫》（*Moses und Aron*）。如今，整整一年都被這個不吉祥數字所籠罩。阿諾・荀白克是九月十三日出生，他極度恐慌自己將會在一個十三號星期五死去。然而，該來的終究是難以避免。阿諾・荀白克最後真的是在十三號星期五死亡（但，是1913+38，也就是在一九五一年才去世）。不過，一九一三年倒也給他準備了一個大驚喜。他在眾目睽睽之下，被人賞了耳光。不過，還是照著順序一個一個來說吧。

現在首先是湯瑪斯・曼上場。一月三日清晨，曼在慕尼黑坐上一班火車。他先閱讀幾份報紙與信函，接著望向車窗外，遠眺圖林根森林（Thüringer Wald）為靄靄白雪所覆蓋的山丘，隨後，在暖氣開得過強的車廂裡，替他又啟程前往山中療養的妻子卡蒂亞擔憂之餘，不斷地打起瞌睡。夏天的時候，他曾去達佛斯（Davos）[9]探望她，坐在醫生的候診室裡，腦中突然萌生一部偉大小說的點子，但現在他覺得這篇沒有多大的意義，太避世了，這個療養院的故事。那好罷，幾週內，他的《魂斷威尼斯》（*Tod in Venedig*）會先問世。

湯瑪斯・曼坐在火車上，一面擔心著自己的衣著，討厭呀，搭長途火車總會在衣服上留下折痕，大衣之後得在飯店裡給人再熨燙一次。他起身，推開包廂門，鎖上，在走道裡來來回回地走了一會。動作是如此地僵硬，以致其他的旅客總以為是查票員來了。車窗外飛過朵恩伯格城堡群（Dornburger Schlösser）、巴德柯森（Bad Kösen）、薩勒河（Saale）畔種植葡萄的山坡，被大雪深埋，一列一列的葡萄果樹像斑馬紋一樣向上延伸。其實，是賞心悅目的風景，但是，越靠近柏林，湯瑪斯・曼內心越是感到恐懼。

下了火車，他馬上叫了輛馬車，駛往菩提樹大道飯店（Hotel Unter den Linden）去，在接待大廳裡，他四下察看，以確認身後推擠著朝電梯而去的客人之中，是否有人認出了他是誰。然後，走進房間裡，總是同一間，重新盛裝打扮，又再次梳了一下他的小鬍子。

與此同時在格魯內瓦爾德（Grunewald），市區西郊的深處，亞弗烈・柯爾（Alfred Kerr）[10]在他坐落於霍曼街（Höhmannstraße）六號別墅的更衣間繫上了領結，還捻起小鬍子的尾端，顯出一副好鬥的模樣。

他們的決鬥開始於晚上八點正。七點十五分，兩人各自上了出租馬車。朝德意志歌劇院（Deutsches Theater）的小劇場駛去，兩人同時抵達。彼此視若無睹。天氣很冷，兩人都快速走進劇院。之前在波羅的海（Ostsee）畔的班辛（Bansin），這件事可別透露出去啊，他，亞弗烈・柯爾，這位德國最偉大的評論家、最虛榮的紈袴子弟，曾追求過卡蒂亞・平林恩斯海姆（Katia Pringsheim）[11]，貓眼的猶太富家女。不過，她拒絕了這位思想狂野不羈、驕傲的布列斯勞人（Breslauer），反而投入湯瑪斯・曼那位硬邦邦的漢薩同盟人（Hanseat）的懷裡。實難費解。不過，也許他今晚可以向他復仇。

湯瑪斯・曼坐在第一排，試圖散發威嚴寧靜的光彩。今晚要舉行他《佛羅倫莎》（*Fiorenza*）的柏林首演，寫這本書時，他正在和卡蒂亞談戀愛。不過，他有預感今天會發生慘敗，長久以來，這劇本就是個令他操心的孩子。不該為了避免一個戲劇性的結局，而將它搬上舞台，他心想。「我企圖做些挽救，但不相信他們會聽我的」，在從慕尼黑的卯爾克爾歇街（Mauerkircherstraße）

十三號出發前，他給馬克西米利安・哈登（Maximilian Harden）[12]這麼寫道。

他痛恨眼睜睜地步向災難。這樣配不上一位湯瑪斯・曼。而就他在十二月所舉行的排演所見，預示情況不妙。這齣劇苦苦折磨、糾纏著他，本來應該是要讓佛羅倫斯的文藝復興鼎盛期重新復活的，結果卻振奮不起來，整齣劇帶給人的感覺比較像是一聲「唔」（Uff），而不是烏菲齊美術館（Uffizien）[13]。

湯瑪斯・曼終於在某一刻找到機會，越過左肩向後偷窺一眼。在那頭第三排找到亞弗烈・柯爾，他手中的鉛筆匆匆地在筆記本上書寫。在觀眾席的黑暗深處，似乎看到柯爾面露一絲微笑。那是虐待狂的微笑，因為這場演出提供了他折磨人的最佳材料，使他見獵心喜。當他眼角餘光捕捉到湯瑪斯・曼不安的眼神，一陣舒服的顫慄流遍全身。他享受著湯瑪斯・曼與他失敗的《佛羅倫莎》此刻落入手裡的感覺。因為他知道自己會狠狠地握緊拳頭，當放開手時，兩者就會生氣全無地跌落地面。

幕落下，響起了友善的掌聲，是這麼的友善，使得導演甚至辦到了，在這個唯一一次真正成功的戲劇上演，請動了湯瑪斯・曼兩次步上舞台。在接下來的幾週，他都不會忘記在無數的信函中提起此事。兩次！他試圖保持威儀地鞠躬，兩次！卻顯得動作不靈活。第三排坐著亞弗烈・柯爾，沒有鼓掌。就在當天晚上，當他回到自己坐落於格魯內瓦爾德的別墅，讓佣人端上一杯茶之後，就馬上開始撰寫評論。他姿態隆重地落坐於打字機前，第一個動作是在紙上打上羅馬數字的I。柯爾將文章每個段落標上號碼，就好像是作品集的一冊又一冊。他先磨利軍刀：「作者有個纖細、稍顯薄弱的小小靈魂，其根安逸地扎於坐功。」接著，就大肆揮舞了：佛羅倫莎夫人，可以想見是佛羅倫斯的象徵，毫無血色，整齣劇是在圖書館裡拼湊而成，僵硬、枯燥、無力、庸俗、多餘。這些是他的話。

待柯爾將第十段標好了號碼，也寫完時，他滿意地將最後一張紙從打字機上抽下來。一個毀滅。

隔天早上，當湯瑪斯・曼搭上返回慕尼黑的火車時，柯爾讓人把文章送到《日報》（*Der Tag*）的編輯室去。它在一月五日刊登出來。湯瑪斯・曼讀了它，就崩潰了。他「缺乏男子氣概」，柯爾所寫的這點，最刺傷了曼。不論究竟柯爾是想隱射湯瑪斯・曼隱藏的同性戀傾向，或者只是曼自己這麼認為，都一樣。就像大概只有卡爾・克勞斯（Karl Kraus）[14]才辨得到的一樣，柯爾很清楚，藉由語言文字可以在什麼地方留下深層的傷口。無論如何湯瑪斯・曼心中深受創傷，就如同他所寫的，「見血」。整個一九一三年的春天，他都沒法從這個批評中復原，沒有一封信不出現對這件事的暗示，沒有一天心中不對柯爾這個傢伙燃起怒火。曼給胡戈・馮・霍夫曼斯塔（Hugo von Hofmannsthal）[15]這樣寫道：「我大概料到會發生什麼事，但還是超出一切預期。孤陋寡聞、又自以為是的惡毒閒話，最天真無邪的人也必能從中看出謀殺人身的喜悅！」

他之所以這麼寫，只是因為他沒得到我，你，親愛的湯米（Thommy）啊，當卡蒂亞從療養地返回家的時候，這麼安慰他，還充滿母愛地撫摸他的髮分線。

有兩個「民族神話」奠下根基：在紐約，第一期《浮華世界》（*Vanity Fair*）出刊了。在埃森（Essen），卡爾與西奧·阿爾布雷希特（Karl & Theo Albrecht）這對兄弟的母親開了一家店，它是今天阿爾迪（Aldi）[16]連鎖超市的始祖。

至於，恩斯特·雲格（Ernst Jünger）[17]好嗎？「尚佳。」想當年，雲格十七歲時在哈默爾恩（Hameln）改革中學繳交的一篇討論歌德（Goethe）〈赫爾曼與竇綠苔〉（Hermann und Dorothea）的文章便是獲得這樣的成績評價。他文中雖這麼寫：「這首史詩讓我們置身於法國大革命時代，它射出的紅暈火光甚至也打擾到謐靜的萊茵河谷愛好和平的居民，把他們從平凡生活帶來的滿足、半睡半醒的狀態中喚醒。」然而，對老師而言，還不夠好。他用紅墨水在頁邊空白處寫道：「此次表達得太過冷靜客觀了。」我們認識到：當所有人都不把他當回事的時候，恩斯特·雲格原來曾經是冷靜客觀的。

每天下午，恩斯特·路德維希·克爾希納[18]搭乘剛興建完工的地鐵到波茨坦廣場站去。其他「橋派」（die Brücke）的畫家，如埃里希·黑克爾（Erich Heckel）[19]、奧圖·穆勒（Otto

Mueller）[20]、卡爾·施密特·羅特盧夫（Karl Schmidt-Rottluff）[21]，也跟克爾希納一樣離開此派的成立地德勒斯登（Dresden），這座被遺忘、極美的巴洛克夏都，而搬到柏林去。他們是成員彼此關係密切的團體，共享顏料與女人，畫作也相似得會讓人混淆，但柏林，這個律動不已的極度挑戰，這個自稱為首都的城市，讓他們變成了單一的個體，將把他們連結在一起的橋鋸開了。在德勒斯登，當他們歌頌純粹的色彩、大自然與人類的裸體時，一切都很清楚。在柏林，他們恐將滅頂了。

恩斯特·路德維希·克爾希納倒是直到來到柏林，才找到自我風格，他三十歲出頭。他的藝術是屬於城市的，比較粗曠，人物的身材比例拉長；他素描的風格顯得這麼倉促與具有侵略性，就像是城市本身；他的畫作把大都會的煤炭，像是乾性油一樣貼在額上。在地鐵車廂裡，他的眼睛就已飢渴地吸進所見人們的形象，在膝上畫下最初的快速習作，以鉛筆畫出兩三條線，一個男人、一頂帽子、一把雨傘。然後下了車，擠著穿越人群，手中拿著素描本與顏料。他直往阿辛格（Aschinger）餐廳而去，在那裡只要付一碗湯的錢，就可坐一整天。所以，克爾希納就待在那裡，看，畫素描，再看。冬日已經開始暮色迷濛了，廣場上的喧囂震耳欲聾，這裡是歐洲交通最繁忙的廣場，在廣場上以及眾人眼前交錯的，不僅是城市的中央交通幹線，也是傳統與現代社會的路線：不管誰從地鐵站上來，走入白日下的雪水泥濘裡，就還會看見廣場上行駛著運送木筒的馬車，而緊鄰在旁的是第一代高貴的轎車與出租汽車，它們都企圖避開馬糞蛋。同時，還有好幾線電車軌道穿越寬闊的廣場，當軌道拐彎的時候，一道延伸的磨光金屬線條貫穿了廣大的空間。穿梭在中間的是：人們、人們、人們，大家都在奔跑，好像是跟不上時間了。在他們的上方是廣告看板，稱頌著小香腸、古龍水與啤酒。拱門下有穿著入時的風騷女子、妓女，廣場邊上只有她們幾乎沒在移動，就好像是蛛網邊緣的蜘蛛一般。她們戴著黑色的寡婦面紗，以避免被警察監視，不過尤其引人注目的是她們龐大無比的帽子，上面聳立著插有羽毛的怪誕高塔。當冬天傍晚提早降臨的時候，街燈下，綠色的煤氣燈點燃了。

就是這種慘淡的綠，它照亮了波茨坦廣場上風騷女子的臉，以及她們身後大城市中可以把人磨得粉碎的喧囂，它是克爾希納想要化為藝術的對象。變成一幅幅的油畫。不過，他還不知道怎麼做。因此，先繼續畫素描罷。「我暱稱我的素描為你」，他說：「對我的油畫，則是以您來尊稱。」所以，他把他以你暱稱的朋友，那些前幾個鐘頭在餐廳桌上畫下的滿滿一疊的速寫，打包進紙夾中，然後趕緊回家去，趕緊回到他的畫室中。威梅斯多夫區（Wilmersdorf）的杜爾拉赫街（Durlacher Straße）十四號二樓，克爾希納在這裡築了個巢穴：屋內幾乎掛滿中東地毯，四處擺著非洲與大洋洲的雕像與面具，還有日本傘，它們旁邊則是他自己的雕塑作品、自製家具、自己的圖畫。有幾張克爾希納這個時期拍的相片，他不是裸身，就是身穿黑色西裝繫著領帶，雪白色的襯衫第一個釦子都扣上了，香菸懶洋洋地掛在手裡，就好像是奧斯卡・王爾德（Oscar Wilde）本人一樣。身旁總是娥娜・徐林（Erna Schilling）[22]，他的情婦，德勒斯登那位愛沉思的、軟綿綿的兜兜（Dodo）[23]的繼任者，一位現代女子，留著短髮的頭下面是自由的精神，相貌與卡夫卡的費莉絲・包爾相似得令人驚訝。她以克爾希納與自己的設計所做成的編織品布置他們的公寓。

克爾希納是一年前在柏林一間舞廳，認識娥娜與她妹妹葛達・徐林（Gerda Schilling）的，黑克爾的女友希狄（Sidi）[24]也在同一個舞台上跳舞。他以那雙憂鬱的眼睛，第一個晚上就把漂亮的舞孃們引誘到自己的工作室裡，他第一眼就看出，她們建築曲線般的軀體「教導我去感受我們這個時代胴體美麗的女性美，並將它塑造出來。」一開始，克爾希納與十九歲的葛達交往，後來改與二十八歲的娥娜，期間也曾同時跟這兩個人。風騷女子、繆思、模特兒、姊妹、聖女、娼妓、情婦，在他身上不能那樣涇渭分明。藉由上百張的素描，我們得知這兩名女子身體的每個細節，葛達挑逗觀者的感官刺激，娥娜有著小巧高聳的乳房與寬廣的臀部，都被匯集起來，沉浸於多愁善感的寧靜裡。有一幅精彩的油畫在這個時期完成，畫面左邊是三名裸女，擺出求愛的姿態，右邊則是在工作室裡的藝術家，口中叼著香菸，以行家的眼光審視這些女子，這樣令他很稱心，他以黑色顏料在畫布後方寫上「帕利斯的裁判」（Urteil des Paris）[25]，一九一三，恩斯特・路德維希・克爾希納。

然而，當帕利斯・克爾希納這天晚上從波茨坦廣場回家時，燈已經熄滅了，帕利斯來不及做審判，娥娜與葛達已經入睡，身體埋在客廳裡擺放的巨大軟墊中，這間客廳將因這個惡魔三人組，而成為全世界最知名的柏林房間。

普魯士公主維多莉亞・路易絲（Viktoria Luise）[26]與漢諾威王位繼承人恩斯特・奧古斯特（Ernst August）[27]在一月首次親吻對方。

在維也納，新年那一期的《火炬》（*Fackel*）中——那是卡爾・克勞斯的一人期刊，在當時就已成為傳奇——發布了一則求救訊息：「艾爾莎・拉斯克許勒[28]尋求一千馬克，作為她兒子的教育費。」在下面署名的有塞爾瑪・拉格洛夫（Selma Lagerlöf）[29]、卡爾・克勞斯、荀白克等。女詩人在與赫爾瓦特・華爾登（Herwarth Walden）[30]離婚之後，就無力支付兒子保羅（Paul）就讀的奧登瓦爾德中學（Odenwaldschule）學費。克勞斯內心掙扎了半年之久，考慮是否應該印出這則呼籲，在此期間，保羅早已轉入一間德勒斯登的寄宿學校了。倒是聖誕夜這個時刻，慈悲為懷的氣氛甚至也感染並制服了克勞斯，這位劊子手般一絲不苟地嚴格區分感性與理性的人。因此，他真把這則小廣告放到《火炬》最後一個空白處。在前面有克勞斯寫的字句：「我看見末世啟示錄的景象疾馳而來，預示著世界經濟蕭條，墮落的使者把塵世地獄前廳的火爐燒得過旺了。」

柏林格魯內瓦爾德的洪堡街（Humboldtstraße）十三號的樓上，狹小的復折屋頂閣樓裡冰寒徹骨，當刺耳的門鈴聲把艾爾莎・拉斯克許勒從白日夢中猛然喚醒的時候，她的身子正裹在好幾條毯子裡。拉斯克許勒，有著狂野的黑眼睛、深色捲髮、對愛飢渴、無謀生能力，她披上中東風格的晨袍，給郵差開門，接下了信件。是遠方嚴厲的友人卡爾・克勞斯從維也納寄來的熾紅《火炬》，緊接著出現了一個藍色的小奇蹟，一張法蘭茲・馬克[31]寄來的明信片，他是「藍騎士」（Blauer Reiter）的一員。拉斯克許勒脫身於她狂野、童話世界般的想像力，身著色彩斑斕的長袍，戴著咯咯作響的戒指與手鐲；在那個時代，一個社會匆忙趕著進入現代，而她是其內在東方世界的化身，一位夢幻人物；她也是彼此迥異的男人，如克勞斯、瓦西里・康丁斯基（Wassily Kandinsky）、奧斯卡・柯克西卡（Oskar Kokoschka）[32]、魯道夫・史代納（Rudolf Steiner）[33]、亞弗烈・柯爾等人慾望投射的對象。但，人無法靠被崇拜來維生。艾爾莎・拉斯克許勒的現況極糟，她與大畫商暨《暴風》（*Sturm*）雜誌的出版人赫爾瓦特・華爾登的婚姻關係結束了，現在前夫與新任妻子，那位可怕的妮爾（Nell）上她以前常光顧的咖啡廳，因此她無法再去那裡了。不過，也就是在這類的藝術家咖啡廳，十二月的時候，她與法蘭茲與瑪莉亞・馬克（Maria Marc）[34]相遇，他們成為她的護衛隊，她的守護天使。

艾爾莎・拉斯克許勒把《火炬》拿在手裡，絲毫沒料到裡面有那帖卡爾・克勞斯所刊登令人感動的廣告，然後將法蘭茲・馬克寄給她的明信片翻過來。她發愣了，沉浸在寧靜的歡呼聲中。在一方小小的空間裡，她遠方的友人畫了幅《藍馬之塔》（*Turm der blauen Pferde*），渾身是勁的野獸向天空堆疊成塔，完全脫離了這個時代，卻又正處其中。她意識到自己獲得了一份獨一無二的禮物：藍騎士最初的藍馬。也許這個特別的女人，一如她總能體察入微的，甚至還不單如此，此刻她已感知到，畫這張明信片的點子，將在幾星期後於遠方的辛德斯多夫（Sindelsdorf），發展成一幅更大的《藍馬之塔》，一幅作為綱領的油畫、一幅世紀之圖。然後，它會遭到焚毀，只有這張小小的明信片得以倖存，並保留著法蘭茲・馬克與艾爾莎・拉斯克許勒的指紋直到今天，述說藍騎士開始疾馳的那一刻直到永恆。

女詩人看見大畫家把她的符號，一彎鉤月與金色星辰加入小幅的馬畫裡，十分感動，對話開始了，種種聯想、隻字片語與明信片來往於兩人之間。她給他取了個假想的名號迦那伯爵（Fürst von Cana），她自己則是來自底比斯的優素福王子（Prinz Jussuf von Theben）。艾爾莎在一月三日就回覆畫家，為她所體驗的藍色奇蹟而致謝：「這張卡片多麼美啊。我一直希望我的白馬有著這個我摯愛的色彩。我該怎樣感謝您！」

之後，馬克甚至捎來一張明信片，邀請她一同前往辛德斯多夫，當時被離婚與柏林搞得精疲力竭的她立即應允受邀，並與馬克夫婦一起踏上了火車。她的衣著太單薄了，瑪莉亞・馬克把她裹進一張隨身攜帶的毯子裡。她極有可能搭上湯瑪斯・曼在親眼目睹《佛羅倫莎》糟糕的首演後，急急返回溫暖的家庭城堡時搭乘的同一班火車。一九一三年德意志文化的南北兩極相會於同班火車上，是個美麗的想像。

虛弱的女詩人抵達了阿爾卑斯山麓的辛德斯多夫，一開始她還真的寄宿於法蘭茲・馬克與他妻子瑪莉亞的家中，威嚴魁梧的瑪莉亞較馬克年長幾歲，當冷風颼颼的時候，馬克會躲至其羽翼下。「馬克與他的母獅」，艾爾莎如此稱呼這對夫妻。

在這對膝下無子的夫婦的客房裡，她只待得住幾天，然後就搬入辛德斯多夫的客棧，房間有廣闊的視野，可以俯視沼澤及遠眺山脈。但是，她在這裡依然無法靜下心來，女店主替她擔心，建議她採用克奈普氏療法（Kneippkur）[35]，並借給她相關的書籍。一切皆無用。艾爾莎・拉斯克許勒匆匆離開辛德斯多夫，前往慕尼黑，落腳於特雷絲恩街（Theresienstraße）的一間民宿。

馬克夫婦追了過去，在民宿的早餐室裡找到她，她前面的桌上擺著一隊應該是為她兒子保羅買的錫兵，她正拿著它們在藍白格子花紋的桌布上，進行激烈的爭戰——取代現實生活不斷帶給她的戰鬥。她正處於戰鬥的情緒，憤怒、顫抖、幾日來的心神不寧。一月底，在唐豪瑟畫廊（Galerie Thannhauser）法蘭茲・馬克大展的開幕酒會上，她將結識康丁斯基，隨後跟女畫家佳布莉兒・明特[36]上演宛如拳擊場上兩位拳擊手緊抱在一起的場面，因為明特說了一句評語，拉斯克許勒覺得是對馬克的汙辱，於是以響徹整棟畫廊的音量大喊道：「我是藝術家，怎能受這個微不足道的人氣。」

站在兩位破口大罵的女人間，瑪莉亞・馬克毫無招架之力，只能頻頻呼喚著：「孩子們，孩子們。」後來她抱怨這件事，說艾爾莎・拉斯克許勒一直很有「人世間痛苦文學家的姿態」，不過，相較於柏林那些年輕的人世間痛苦家們，她畢竟真有一些不幸經歷。這就是從辛德斯多夫來看一九一三年的世界面貌。

一月二十日，在埃及中部的阿馬爾奈山丘（Tell el-Amarna）[37]舉辦了一場最新考古挖掘行動的出土物分配會，此次考古挖掘行動是由柏林人詹姆斯・西蒙（James Simon）[38]贊助，並由德意志中東協會（Deutsche Orient-Gesellschaft）執行：結果是一半出土物歸屬開羅博物館，而另一半，包括了一尊「皇家公主的彩繪石膏胸像」則分給德國博物館。裁決者是挖掘行動領隊、德國考古學家路德維希・博爾哈特（Ludwig Borchardt）[39]，並經過開羅法國古文物管理局局長的許可。先前，當一位激動的埃及籍挖掘助手把一尊胸像塞入博爾哈特手裡的時候，後者馬上就意識到世紀出土文物落入手中了。幾天後，這尊石膏胸像就踏上前往柏林的旅途。此時，它還未被稱作娜芙蒂蒂（Nofretete）[40]，還不是舉世最知名的女胸像。

這是一整個興奮過度的一年。因此，俄國飛行員彼得・尼古拉耶維奇・涅斯捷羅夫（Pjotr Nikolajewitsch Nesterow）[41]在一九一三年，以戰機飛出人類史上第一個空中翻筋斗，就一點也不意外了。同樣一點也不意外的是，奧地利花式溜冰好手阿洛伊斯・盧茨（Alois Lutz）[42]在嚴寒一月結凍的湖面上做出精湛的空中旋轉，這種跳躍直到今日都還是以盧茨為名。要做出這一跳，必須先往後助跑，然後以左腳朝外的角度起跳，再以兩隻手臂往後扯住上身，來完成旋轉。至於「雙盧茨」，理所當然的是要做兩次。

ஐ

史達林將會在維也納待上四週。未來，他再也不會離開俄國那麼久的時間，下次為期較長的國外旅行是在三十年後前往德黑蘭，他的會談夥伴是邱吉爾（Churchill）與羅斯福（Roosevelt）（一位在一九一三年當上英國首相，另一位這時的身分是參議員，在華盛頓堅決反對美國森林的砍伐計畫）。史達林很少離開他位於美泉宮宮殿路三十號托楊諾維斯基家的祕密藏身處，埋首撰寫列寧委託他的文章——〈馬克思主義與民族問題〉（Der Marxismus und die nationale Frage）。只是有時會在午後較早的時刻，到附近美泉宮的花園裡活動活動一下腿腳，這時的花園很冷清，工工整整地躺在一月雪裡。每天弗蘭茨・約瑟夫皇帝（Kaiser Franz Joseph）[43]搭乘馬車離開皇宮，前往霍夫堡（Hofburg）治理國家時，這裡就會引起一天當中一次小小的騷動。這真令人難以置信，弗蘭茨・約瑟夫從一八四八年起就大權在握，已有六十五年了。他始終無法從摯愛的西西（Sisi）[44]之死中平復過來，他書桌上至今仍掛著她真人尺寸大小的肖像。

年老的君王彎著腰朝深綠色的馬車走來，他呼出的鼻息在寒冷空氣中化作一朵小雲，一位穿號衣的侍從關上車門，駿馬開始在雪中疾走。然後又是一片寂靜了。

史達林在花園裡走著，一面沉思，天色已暗。迎面走來另一位散步者，二十三歲的失敗畫家，藝術學院拒絕他的入學申請，如今在梅德曼街（Meldemannstraße）的男子宿舍裡打發時間。他跟史達林一樣，都在等待自己的大好時機。他的名字是阿道爾夫・希特勒。我們從他們這個時期的熟人那裡得知，他們都喜歡去美泉宮花園散步，也許當這兩位在廣闊無邊的花園走著自己散步的路徑時，曾有一次禮貌地掀起帽子向對方致意。

這個極端的時代，短得可怕的二十世紀開始於一九一三年一月午後的維也納。只餘靜默。甚至一九三九年，當希特勒與史達林簽訂禍害無窮的「協定」（Pakt，指「德蘇互不侵犯條約」）時，兩人都沒碰面。所以說，他們彼此從不曾像這嚴寒的一月午後般，距離得那麼近過。

* * *

迷幻藥（Ecstasy）首次被合成出來，申請專利的過程跑了一九一三整整一年的時間。不過，接下來有數十年之久，都無人聞問。

* * *

現在，萊納・瑪利亞・里爾克終於登場！為了逃避冬天與創作危機，里爾克來到西班牙的龍達（Ronda）。做一趟西班牙之旅，是他在一次夜間舉行的降神會上，從一位陌生女子那裡得到的指令，因為里爾克終其一生都需仰賴熟齡貴婦指示如何行事，當現實世界裡的女性贊助人與情婦們恰好都不知道要給他什麼指令的時候，顯然他就得求助於神祕的「中間世界」的女居民們了。他現在下榻於雷納維多利亞飯店（Hotel Reina Victoria），一棟英式建築，坐落於最新開闢出來的沙灘上，然而這個時候不是旅遊旺季，所以幾乎是空蕩蕩的一片。在這座山城上，他每週都乖巧地給「親愛的好媽媽」寫信。也寫給其他住在遠方、會跟他一起傷感的貴婦們，寫給圖恩塔克西公主瑪麗（Marie von Thurn und Taxis）[45]，寫給伊娃・卡西勒（Eva Cassirer），寫給席多妮・納德尼（Sidonie Nádherný）[46]，寫給露・安德烈亞斯・莎樂美。別著急，我們在這一年還會對這幾位貴婦多所聽聞的。

露，這位讓他失去童貞，並說服他將名字由雷內（René）[47]，改為顯得比較精神抖擻的萊納（Rainer），她的行情在這個時候突然又高漲了：「只要我們再相見啊，親愛的露（他在「親愛的」下面畫了三條線），這是我現在的由衷期望。」他在信紙邊上又潦草地添上這一句：「自始至終，我的支撐，我的一切。」然後，這封信上了郵政列車，到達直布羅陀海峽需要三個鐘頭。從那裡再繼續前往維也納伯格巷十九號，露・安德烈亞斯・莎樂美，西格蒙德・弗洛依德教授代收。而露是這麼寫給「親愛、親愛的男孩」，她認為現在對他可以比先前來得嚴厲些。「我相信你必得受苦，並且永遠皆是如此。」這還是施虐與受虐（Sado-Maso）的關係，或者已經算是愛情了？

日子就在受苦與寫信中度過。有時，里爾克會繼續寫他的《杜英諾悲歌》（*Duineser Elegien*），不管怎樣，他寫了第六首悲歌開始的三十一句詩行，然而，就是無法把這部作品完成，因此他寧可穿上白西裝，戴上淺色帽子出門散步，或是讀《古蘭經》（以便即刻寫出心醉神迷地歌詠天使與馬利亞升天的詩作）。在這裡可以過得很舒適，遠離晦暗的冬季，里爾克一開始也是很享受此地的陽光，即使在一月，太陽也是五點半才落下山頭，而在此之前，夕陽餘暉的照射還讓威風凜凜端坐在高原上的龍達城再次散發出溫暖的光輝，「一幕無以倫比的劇」，如同他寫給母親大人的。杏花已經開了，還有紫羅蘭，在飯店的花園裡，甚至連淺藍色的鳶尾花都綻放了。里爾克抽出黑色的口袋小書，點了一杯咖啡在陽台上落坐，把毯子裹在臀上，瞇起眼睛再望向太陽一眼，接著記下了：「啊，了解綻放的人：將會有顆心超越一切／弱點與危害且在浩瀚裡安心自在。」

ஐ

是的，能了解綻放的人。慕尼黑，奧斯瓦爾德・史賓格勒[48]，三十三歲的厭世者、反社會人士與數學老師，在教書的餘暇正在撰寫巨作《西方的沒落》的第一部。就沒落來說，他本身便是一個很好的楷模。一九一三年，他在以供未來撰寫自傳用途的筆記中寫著：「我是我這族類的最後一人。」一切都會走到盡頭。在他內心，在他身上，可見到西方國家遭遇的苦難。否定的自大狂。枯萎中的花朵。史賓格勒最初始的情感：恐懼。恐懼進入一間店裡，恐懼見到親戚，恐懼聽到其他人講方言。當然還有：恐懼女人，一旦她們脫下了衣服的時候。唯有在思考中，他才知道什麼是無所畏懼。當一九一二年鐵達尼號（Titanic）沉沒的時候，他在其中看見深刻的象徵意義。在他同時期所記下的筆記裡，我們可以看見他在受苦、悲嘆，抱怨有個艱辛的童年與更為艱辛的當下。他每天都記下新的發現：一個偉大的時代正步向盡頭，都沒人發現這件事嗎？文化，熄滅前最後一次的深呼吸。之後，在《西方的沒落》中，他是如此闡述的：「每個文化在表達上都有它新的可能性，我們看見它們出現、成熟、枯萎，然後一去不復返。」不過，這樣一個文化會下沉得比一艘海輪緩慢，所以別擔心。

杜塞爾多夫的卡爾・西蒙（Carl Simon）[49]出版社從年初開始推售一系列新的原版相片，包含有七十二種色彩的玻璃原底，一只內含七個紙板匣子的木箱，及一本三十五頁的附冊。主題：《鐵達尼號的沉沒》。還到全國各地舉辦相片放映的演講會。在座者一開始看見的是船長、小船與包廂。然後是逼近而來的冰山、災難、逃生艇。下沉的船。沒錯，海輪沉得比西方國家快速。李奧納多・狄卡皮歐（Leonardo di Caprio）還沒誕生。

順便一提，法蘭茲・卡夫卡也是一位極為恐懼見到女子脫下衣服的人，他首次有了其他完全不一樣的擔憂。從一月二十二日到二十三日的夜晚，他寫了大概是第兩百封致費莉絲・包爾的信，問道：「妳到底能不能讀懂我的字？」

你到底能不能讀懂這個世界？巴勃羅・畢卡索（Pablo Picasso）與喬治・布拉克（George Braque）[50]這樣問自己，並總是能發明讓觀者自行拆解的新密碼。他們才剛給世界上了一課，告訴大家視角的轉換是畫得出來的，也就是所謂的「立體主義」（Kubismus），現在，一九一三年一月，他們又更往前踏了一步。「綜合的立體主義」（Synthetischer Kubismus）是人們後來給它的稱呼，因為他們把木質纖維薄膜與其他各式各樣的物品貼在畫面上，畫布成為冒險遊樂場。布拉克剛剛搬進他巴黎的新工作室，位於科蘭古街（Rue Caulaincourt）羅馬飯店（Hotel Roma）的頂樓，在這裡他突然拿起髮梳劃過自己油畫《水果盤與撲克牌》（*Compotier et cartes*）的表面——弄出看來像是木紋的線條。畢卡索在當天就將這種畫法納為己用，並且一如往常，他很快就比發明者運用得更好。藝術革命家就是如此這般急急地不斷前進，擔憂中產階級的觀眾能夠全然了解，而被這股惶恐所驅使。假使畢卡索知道亞瑟・施尼茨勒（Arthur Schnitzler）[51]在二月八日的日記寫下這個句子：「畢卡索：早期的畫作傑出；極度抗拒他現在的立體主義。」那麼，他就會安心了。

他驚險萬分地度過險境。現在洛維斯・柯林特（Lovis Corinth）[52]得為畢生作品好好地付出代價。一月十九日會有場壯觀的展覽在柏林選帝侯大道（Kurfürstendamm）兩百零八號上的「分離派」（Secession）館開幕，將展出兩百二十八件作品，標題：「畢生作品」（Lebenswerk）。今天，一年當中的第一天，他身心俱疲地躺在克洛普施托克街（Klopstockstraße）四十八號家中的長沙發上，對即將舉辦的展覽有些畏懼。還不到四點，天色又已經暗了，從天上落下雪雨。

現在首先是德芬恩格街（Derfflingerstraße）二十八號上的韋伯（Weber）裱框店要「畢生作品」的裱框費用——而且是極為可觀的一千六百三十二馬克五十芬尼。然後還得預支兩百馬克給開幕酒會的承辦人，熟食供應商阿道夫・喀拉夫特（Adolf Kraft）的繼任者，地址選帝侯大道一百一十六號。將會供應：「一碗牛舌。一碗科堡火腿（Coburger Schinken）蘸坎伯蘭醬（Cumberlandsauce）[53]。一碗鹿背肉蘸坎伯蘭醬。一碗烤牛肉蘸蛋黃醬。」洛維斯・柯林特光是讀這份菜單就想吐。「畢生作品」蘸坎伯蘭醬。他胃裡還留有前天晚上煮壞的波蘭鯉魚。當摯愛夏綠蒂（Charlotte）[54]不在家的時候，他總是會吞下太多的食物，那是渴望，他已經認識到了。所以，他給正在遙遠山上雪地裡跋涉的妻子夏綠蒂的賀年信裡寫道：「有誰知道這新的一年會如何進展呢；過去那一年也並不美好。別提了。」確實如此。柯林特這位始終精力旺盛的畫家，從巴洛克極盛時期被掃進二十世紀早期的柏林，被一次重度中風大大地搖撼了，他的妻子廢寢忘食地照料他。當計畫要舉辦「畢生作品」展的時候，所有人都擔心是柯林特就此完結了。然而，他奮力搏鬥，重獲生命。同樣的，在畫架上也是如此。現在城裡到處都張貼著大展的海報，每日上午九點到下午四點，門票一馬克，柯林特出現在海報上，對自己驚異又懷疑，這個時候夏綠蒂人在提洛（Tirol），遠離柯林特，舒緩在柯林特身邊的壓力，稍微恢復了精神。在酒會開始前，她及時趕了回來。夫人，您的氣色很好，馬克斯・利伯曼（Max Liebermann）[55]在「分離派」館一月十九日的開幕酒會上，對她這麼說道，右手拿著蘸坎伯蘭醬的鹿背肉。我的「畢生作品」看來不錯，當洛維斯・柯林特邁著沉重腳步穿梭在展覽間的時候，心裡這麼想。現在會繼續走下去。但未來請還是不要立體派罷。

ঙ

再來短暫拜訪維也納伯格巷十九號的弗洛依德。他在一月的這些日子裡，已經坐在書房裡，努力寫完他的《圖騰與禁忌》。自然而然的，這本依照人類學原則探討打破禁忌與拜物化的書中，處處牽涉到潛意識的層面。不過，看來他自己完全沒意識到。至少在那個時刻，當他的學生，特別是來自蘇黎世、一八七五年次的榮格向他挑戰，激烈指責他的時候，一八五六年次的弗洛依德發展了他的「弒父」（Vatermord）理論。榮格在一九一二年十二月寫信給弗洛依德道：「不過，我想提醒您，您將學生當成病人來對待的方法，是個失策。」因此，產生出一些「放肆的小淘氣」與「具奴性的兒子們」。然後又繼續寫道：「在此同時，作為父親的您一直穩坐在上端，在極盡卑躬屈膝的心理狀況下，沒人想到要來扯先知的鬍鬚。」

在弗洛依德一生當中，很少有像這次弒父事件一樣深受創傷。他的鬍鬚在那幾個月白了好幾根。他先草擬了一封回信，卻沒有寄出去，人們在他死後才在他書桌的抽屜裡發現到那封信。但他在一九一三年一月三日還是奮力一搏，寄了一封信給住在屈斯納赫特（Küsnacht）的榮格：「您的前提，指稱我把學生當作病人來看待，有證據可以證明並不符事實。」接著又寫道：「此外，您的信是無以回覆的。它製造了一種藉由口語溝通有困難，而透過書面的途徑則毫無解決可能的情況。在我們精神分析師之間有個不成文的默契，無人需要為自身某種神經官能症感到羞恥。要是有誰明明有不正常的舉止，卻不斷喊說他是正常的，就會令人懷疑他對疾病缺乏認識。因此我提議斷絕彼此的私人關係。我毫無所失，因我早已因先前的種種失望，在情感上僅與您有薄弱的聯繫而已。」這是怎樣的一封信啊。一位被兒子挑戰的父親，惱怒地回刺過去。他的寶貝女兒安娜（Anna）後來描述道，弗洛依德從未像在這幾個一月份的日子裡那樣發火過，她也從未看過他像在一九一三年那麼抑鬱寡歡。

榮格在一月六日回了信：「我順從您的心願，中斷彼此的私人關係。此外，您自己應該最清楚，此刻對您具有怎樣的意義。」他是以墨水寫下這幾個句子。接下來的則是用打字機打的，「只餘靜默」，看起來就像是為一段二十世紀偉大男性知識分子間的友誼，立了個墓碑。發生在一九一三年最常被分析、描寫、討論的決裂之一，便是從一個沉默的約定開始，這真是個美麗的諷刺。從這時刻開始，榮格竭盡可能地使用弗洛依德的方法來研究；反之，弗洛依德則是使用榮格的方法。在這之前，他又再次給原始民族的弒父行為下了極為明確的定義：他們戴上被謀殺父親的面具，然後祭拜他們手下的犧牲者。這幾乎可算是啟蒙的辯證（Dialektik der

Aufklärung）。

不過，我們還是先來認識一下啟蒙的辯證。當時年紀十歲的狄奧多・W・阿多諾（Theodor W. Adorno），綽號泰迪（Teddie），住在法蘭克福市好風景（Schöne Aussicht）十二號，正在學黑森語。除了他媽媽之外，他最重要的關係人就是法蘭克福動物園裡的母黑猩猩芭索（Basso）。弗蘭克・魏德金，這位《春之覺醒》（*Frünglings Erwachen*）與《露露》的作者在那個時候則是跟蜜西（Missie），一隻柏林動物園的母黑猩猩結為好友。

馬塞爾・普魯斯特（Marcel Proust）端坐在他位於巴黎奧斯曼（Haussmann）大道一百零二號的家中書房裡，他建造了一個自己的牢籠，陽光、灰塵與噪音都不能干擾他的工作。一種工作與生活之間十分特殊的平衡。他在書房裡掛上三層窗簾，四面牆全用軟木塞板裱糊起來。坐在這個隔音的小房間裡，在電燈的照明下，他寫著過度彬彬有禮的賀年信函，就如往年，殷切地請求收件人以後別再寄給他什麼禮物了。他雖然每每都會被邀請，不過邀請人知道這是件多麼費勁的事，因為他會先寄來好幾封通知與便條，告知他現在是來或是不來，以及為了什麼原因比較可能不會來等等，一位猶疑不決者，在這件事情上，大概只有卡夫卡可以與他一較高下。

因此，馬塞爾・普魯斯特坐在守護精神的隔音小房間裡，嘗試書寫回憶與追尋逝去的時光。出來的第一篇將會叫做〈斯萬之戀〉（Un amour de Swann）。他用細鋼筆在紙上寫下最後一句：「我曾經認識的真實不復存在了。回憶某個特定影像是對某個特定片刻充滿感傷的思想；房舍、巷弄、林蔭大道是稍縱易逝的，啊！那些年。」

ꙮ

回憶只會是充滿感傷的思想嗎？葛楚德・史坦因（Gertrude Stein）[56]，偉大的巴黎沙龍女主人與前衛藝術家的朋友，與普魯斯特相距幾條街，她感到寒冷。她跟哥哥李奧（Leo）[57]發生了很嚴重的爭吵，他們長達數十年的共同生活看似即將崩盤了。一切都是稍縱易逝的嗎？她夢想著春天。她藉由一個想法來取暖。她注視牆上畢卡索、馬諦斯（Matisse）與塞尚（Cézanne）的一幅幅畫作。但是，一個想法就能帶來春天嗎？她寫了一首小詩，裡面有這麼一句：「一朵玫瑰是一朵玫瑰是一朵玫瑰」。就跟普魯斯特一樣，她想要抓住會被遺忘的事物。在一九一三年一月的時候，詩歌的世界已經走到這個境界了，想像力已經走到這個境界了。

ꙮ

馬克斯・貝克曼（Max Beckmann）[58]完成了他的油畫《鐵達尼號的沉沒》（*Der Untergang der Titanic*）。

1 位於波蘭南部維斯拉河畔，首都華沙南方約二百五十公里。小波蘭省的首府，曾為波蘭舊都（至一五六九年），今天也是波蘭第二大城，擁有中歐第二古老的大學，是波蘭的文化中心、歷史名城。

2 維也納行政區之一，也是維也納森林、美泉宮坐落處。

3 美泉宮位於奧地利首都維也納西南，巴洛克藝術建築，曾是神聖羅馬帝國、奧地利帝國、奧匈帝國和哈布斯堡王朝家族的皇宮。十七世紀神聖羅馬帝國一位皇帝在打獵時發現一口自流井而驚呼：「多美的一口井！」因而得名。一九九六年聯合國教科文組織選入世界遺產，今天也是維也納最負盛名的旅遊景點。

4 莎樂美（1861-1937），女作家、散文家、精神分析師，出生於俄國聖彼得堡，父親是法裔俄國將軍，母親家族來自北德與丹麥。一生周遊歐洲各地，曾與當時歐洲知名人物往來。尼采向她求婚兩次，都被拒絕。關於她與名人的關係歷來有各種不同的詮釋。

5 里爾克（1875-1926），出生於奧匈帝國時期的布拉格，一生周遊歐洲、東歐、北非各國，逝世於瑞士，在德語詩壇占有重要地位。六歲前被母親當女兒養育，以撫慰喪失長女的哀傷。曾就讀軍校，但因健康因素休學，之後進入商校，也因故中斷，後來進入布拉格大學、慕尼黑大學就讀。一八九七年在慕尼黑認識了莎樂美，愛上這位比他年長且已婚的女性，兩人關係一直持續到一九〇〇年。直到去世，她仍是他的知心密友。一九〇一年春天與女雕刻家克拉拉・韋斯特霍夫（Clara Westhoff）結婚，次年即獨自前往巴黎，之後以巴黎為生活中心，歷經低潮後，一九一二年開始創作新詩組。一次大戰爆發時在慕尼黑，無法返回巴黎，被徵召入伍，觸動早年軍事學校的恐懼經驗。退伍後前往瑞士，繼續創作，之後健康出現狀況，直到去世前才診斷出為罕見的白血病。

6 魏德金（1864-1918），德國作家、劇作家、演員。因其劇作帶有社會批評的色彩，在當時經常被搬上舞台。

7 理查・史特勞斯（1864-1949），德國作曲家、指揮家，與維也納史特勞斯家族無關。早期風格傾向浪漫派，後逐漸創立自己的風格。歌劇《莎樂美》取材自王爾德作品，音樂節奏感強烈，情節混合《聖經》故事、情慾、暴力等元素，給當時的觀眾帶來震撼，最後莎樂美親吻施洗者約翰斷頭的嘴唇，引起爭議，但劇作也獲得成功。納粹時期曾擔任音樂部長，後因與諸威格的信件往來以及保護猶太兒媳而辭去職務。二次大戰後經過審查並獲得平反。

8 鄧南遮（1863-1938），義大利作家、詩人、劇作家、記者。一次大戰時支持義大利參戰，發表影響群眾的演說，並投筆從戎。大戰接近尾聲時，搭機進入敵方維也納的上空，投下大量戰爭文宣，包括他所撰寫的文章。想法影響了義大利的法西斯主義，也被視為墨索里尼的先驅者。

9 達佛斯位於瑞士東部，海拔一千五百多公尺，是滑雪勝地，有世界上最好的滑雪道，以冬季運動和在此召開的世界經濟論壇知名。空氣品質好，十九世紀中期成為各種肺病（肺結核、氣喘）患者以及上流社會人士的療養地。

10 柯爾（1867-1948），德國作家、劇評家、記者。從自然主義時期到一九三三年之間具有相當大的影響力，甚至有「文化教父」的綽號。

11 卡蒂亞・平林恩斯海姆（1883-1980），父親是數學教授，母親是演員，家中有四位兄弟，生活環境非常富裕、自由。是湯瑪斯・曼的妻子，在他作品的人物身上可以發現與卡蒂亞的關聯。

12 哈登（1861-1927），德國當時頗具有影響力的出版人、評論家、演員、記者。

13 義大利佛羅倫斯最有歷史且最著名的藝術博物館。興建於一五六〇年至一五八一年，當時是為托斯卡尼大公科西莫一世・德・梅迪奇建造的辦公室，義大利語Uffizi與「辦公室」諧音。館中收藏文藝復興時期的作品，今天也是旅遊景點。

14 卡爾・克勞斯（1874-1936），出生於奧地利一個猶太商人家庭，二十世紀初重要奧地利作家，也是語言與文化評論家、記者、詩人、諷刺作家。文學與政論雜誌《火炬》的創辦人，一九一一年起為唯一撰稿人。這份刊物評批奧地利中產階級的自由主義以及自由派報刊，認為其應對歐洲傳統文化精華的衰落負責。一九三六年《火炬》發行最後一期後，他在黑暗中遭腳踏車撞成重傷，最後心臟病發過世。

15霍夫曼斯塔（1874-1929），奧地利作家、劇作家、詩人，屬於德語文學「世紀末」、「維也納現代派」重要代表人。長期與作曲家理查・史特勞斯合作，許多作品搬上舞台，與馬克斯・萊因哈特創辦了薩爾茲堡音樂節。在政治劇作與預言西方文明的短文中，表達對一次大戰後歐洲文化危機的想法。

16阿爾迪是德國知名平價連鎖超市，名稱為創立家族姓氏Albrecht與Discount（折扣）前面兩個字母縮寫而成。二次大戰後，卡爾與西奧從母親手中接下棒子，因經營目標精準，以簡馭繁，節省成本，追求業內最低銷售價格，不斷拓展業務，如今全球有近七千家，其中德國境內四千家。

17恩斯特・雲格（1895-1998），德國作家、哲學家。一次大戰時為德國陸軍，被派往西部前線，因戰功彪炳，獲得榮譽勳章。著名作品《鋼鐵風暴》（*Sturm*）講述其一次大戰經驗。早年有軍國主義傾向，但從未與德國納粹合作；二次大戰後，宣布不再與政治有牽扯，德國文學史上占有重要地位。

18克爾希納（1880-1983），德國表現主義畫家。大學完成建築師養成教育，之後放棄這項職業。一九〇五年在德勒斯登與多位畫家創立藝術家團體「橋社」。他認為藝術是將內心衝突轉化為視覺形象最有力的方式。作品表現人的邪惡心理與情色，或對當時社會的諷刺，如知名的《柏林街景》。之後橋社成員遷往柏林，曾為當時的先鋒刊物《風暴》製作木刻版畫，或為作家、詩人的作品繪製插畫。後來作品被納粹當局宣布為「頹廢」，六百多件創作遭到變賣與銷毀，舉槍自盡。

19黑克爾（1883-1970），德國表現主義畫家，藝術家團體「橋社」創立者之一。早年作品有強烈色彩，注重內在需求的表現，喜歡描繪病人、小丑等飽受折磨的人物形象，亦經常使用方塊等幾何圖案，傳達出人物內心的苦難與焦慮。

20奧圖・穆勒（1874-1930），德國表現主義畫家，「橋社」成員。作品主題多為人與自然的融合，常強調形式、色彩與輪廓的和諧交融。以描繪裸婦和吉普賽女性聞名，綽號為「吉普賽穆勒」。

21羅特盧夫（1884-1976），德國表現主義畫家，「橋社」創立者之一。作品風格狂野奔放，構圖奇特，用色大膽，常以強烈的色塊製造出視覺上的衝突性，在不和諧當中產生出生氣勃勃的印象。

22 娥娜之後成為克爾希納長年來的伴侶，一直到他過世為止。

23 指朵莉絲・葛羅斯（Doris Große），一九〇九年起為克爾希納的模特兒，同時也是他的情人。

24 指希狄・利哈（Sidi Riha），舞者，於一九一〇年開始成為幾位畫家的模特兒。一九一五年和黑克爾結婚，婚後仍繼續舞者的工作，直至二次大戰結束為止。活躍於丈夫的藝術家生活圈，自學義大利文、法文和英文，後從事翻譯。

25 帕利斯是荷馬史詩《伊里亞德》中特洛伊王子。在一場宴會中，一顆刻有「獻給最美麗的人」的蘋果引起希拉、阿芙蘿特與雅典娜的爭奪。帕利斯被帶到她們面前，裁判誰是最美麗的女神。他判阿芙蘿特獲勝，阿芙蘿特幫他將海倫誘拐到特洛伊，讓他娶她為妻，因而引發戰端。

26 維多莉亞・路易絲（1892-1980），父親為德意志帝國皇帝威廉二世，母親為奧古絲塔・維多莉亞（Augusta Viktoria）。

27 恩斯特・奧古斯特（1887-1953），父親為漢諾威末代王儲，母親為丹麥公主。漢諾威遭普魯士併吞以後，祖父奧古斯特五世被罷黜並流亡奧地利，之後恩斯特的父親宣稱其具有布朗施維格（Braunschweig）公國的繼承權，但被當時德意志帝國的首相俾斯麥罷黜其位。之後，藉著恩斯特與威廉二世唯一的女兒維多莉亞的婚姻達成和解，恩斯特的父親放棄繼承權，改由恩斯特繼承祖先的布朗施維格公國。

28 拉斯克許勒（1869-1945），德國當代知名猶太裔女詩人，也有小說、劇本、散文、繪畫的創作。她是文學前衛現代派與表現主義的重要代表人物，少數加入表現主義運動的女性，活躍於文壇。長期生活於柏林，以波希米亞的生活風格知名。有兩段婚姻，第一任丈夫是醫生，第二任丈夫是畫商兼出版人。第二次離婚後，沒有收入，受到卡爾・克勞斯的照顧。與詩人戈特弗里德・本恩有一段密切的情誼，她創作許多情詩獻給他。一九三三年納粹取得政權，拉斯克許勒流亡至瑞士，曾兩度前往巴勒斯坦，即她文學中的「希伯來書故鄉」。一九三九年第三度前往，因二次大戰爆發而無法返回瑞士，在耶路撒冷度過餘生。

29 拉格洛夫（1858-1940），瑞典女作家、詩人，一九〇九年基於「作品中崇高的理想主義，生動的想像力和高度的感性」，獲得諾貝爾文學獎，是第一位得到此殊榮的女作家。二次大戰時，捐出自己的諾貝爾獎章和獎金給芬蘭政府，以支持芬蘇戰爭；芬蘭政府大為感動，不過將獎章還給了她。拉格洛夫的肖像曾出現在瑞典二十克朗的鈔票上。

30 華爾登（1879-1941），德國畫商，長期發掘並資助許多藝術家，表現主義、未來主義、達達主義和魔幻寫實主義的藝術家們都曾經得到過他的幫助。他亦是德國知名表現主義雜誌《暴風》創始人。與拉斯克許勒的婚姻自一九〇一至一九一一年，之後又經歷過兩次婚姻。一九一九加入過共產黨，一九三二在蓋世太保的脅迫下離開德國。之後到莫斯科，擔任教師與出版商的工作，但他對前衛藝術的關注和支持引起了史達林政府的疑慮；一九四一年，死於薩拉托夫（Saratov）的獄中。

31 法蘭茲・馬克（1880-1916），德國表現主義畫家，二十世紀最偉大的畫家之一。一九〇九年參加慕尼黑新美術家協會。一九一〇年與康丁斯基編輯《藍騎士》刊物，共組藝術團體「藍騎士社」。他認為藝術不是逼真地模仿外貌，而是要揭示自然形象的精神實質，即表現人們眼睛所見到背後的東西，抽象就是表現精神實質的最佳方法。作品常以動物為主角，尤其是駿馬、鹿群、虎。他認為這種生命型態最能充分表達自然界的活力。一九一一年的重要作品《藍馬》，以大面積鮮豔的色彩和起伏有致的曲線，營造出一種形體節奏以及寧靜動人的動物世界。純抽象表現主義的手法在作品中日益明顯。一次大戰爆發，自願參軍，在法國陣亡，年三十六歲。

32 柯克西卡（1886-1980），奧地利表現主義畫家、詩人和劇作家。早期的畫作多為風景和名人畫像，也畫遍了歐洲各城市，他使用表現主義技巧，呈現出個人風格，甚至給人一種強烈的幻覺印象。柯克西卡和阿爾瑪・馬勒於一九一二年相識並相戀，幾年後阿爾瑪提出分手，他一生都深愛著她，畫作《風的新娘》是獻給她的作品。他在納粹迫害下逃往布拉格，德國入侵捷克以後，又逃往英國，一直居住到二次大戰結束。一九七八年，恢復奧地利國籍，在瑞士定居並終老。

33 史代納（1861-1925），奧地利社會哲學家，「華德福教育」創始人，提出「人智學」（anthroposophy），主張存在一種可藉由內在發展直接體驗的心靈世界，並培養獨立於感官的純思維與理論，希望扭轉世界過度朝向物質的發展。「人智學」理論運用於許多領域中，包括教育、醫藥、農業、藝術、建築、組織發展等。其思想在當時廣受歡迎，成為一種文化運動，影響眾多領域發展。不過亦有人批評其言論包含了種族主義思想，且曾被納粹利用作為宣傳手段。

34 瑪莉亞・馬克，法蘭茲・馬克的第二任妻子。

35 一種水療法，十九世紀時由德國牧師賽巴斯欽・克奈普（Sebastian Kneipp, 1821-1897）發明。克奈普年輕時曾罹患肺結核，醫生束手無策，他每星期到寒冷的多瑙河做三次冬浴，神奇地恢復健康。之後他致力於水療及藥用植物療法的研究，被譽為歐洲水療之父。其所創立的組織如今成為歐洲知名水療、藥草和精油療法產品集團。

36 佳布莉兒・明特（1877-1962），德國女畫家，慕尼黑新美術家協會成員，與《藍騎士》有密切關聯。當年女性無法進入藝術學院，她在慕尼黑的繪畫學校學習，成為康丁斯基的學生與伴侶（儘管對方已婚，且至一九一一年）。作品表現藍騎士派風格特徵，色彩強烈，線條有力。一次大戰期間與康丁斯基逃往瑞士，他被視為敵人，只能返回俄國。明特前往北歐，一九一六年兩人最後一次見面，後來康丁斯基拒絕聯繫，一年後明特才知他已再婚，兩人結束關係。其後創作風格經歷變化，納粹期間被禁展出畫作，仍祕密創作。八十歲時將珍貴收藏贈與慕尼黑市，包括自己的畫作、八十多幅康丁斯基的作品，以及藍騎士社其他成員的畫作。

37 阿馬爾奈為埃及尼羅河畔的古城。十八王朝的法老易肯阿頓為進行宗教改革，崇拜新太陽神而遷都至此，改革失敗後該都城遭遺棄。一八九一年考古學家發掘遺址，其中包括王宮、神廟、軍營及居民遺址，還有石碑、壁畫、雕像與泥板文書紀錄，有高度歷史研究價值。

38 詹姆斯・西蒙（1851-1932），猶太裔德國企業家、慈善家，在威瑪時期贊助許多藝術活動。與威廉二世關係親密，都對考古學有興趣。一九一一年，贊助考古學家路德維希・博爾哈特挖掘阿馬爾奈，且根據他與埃及政府單位的合約，其中幾樣出土文物成為他的私人收藏。過世前將大多數的收藏品捐給博物館，做公開展示。

39博爾哈特（1863-1938），德國埃及學家。一九〇七年在開羅成立「德國考古研究所」，長期擔任負責人。專長是古埃及建築，一九〇二年至一九〇八年負責挖掘薩胡拉金字塔。

40有三千三百年歷史，由石灰岩和灰泥雕塑成的人物像，為易肯阿頓法老的王后，一般認為是西元前一三五四年雕刻家圖特摩斯（Thutmose）的作品，一九一二年時由考古學家博爾哈特所挖掘出來。據聞當時胸像被嚴密包裹起來，並標示為石膏像以誤導審查員，然後送至德國。之後胸像一直成為德國和埃及政府之間的爭議點，自德國公開胸像以來，埃及政府沒有停止歸還胸像的請求。「娜芙蒂蒂」意指美麗的人來了，目前胸像收藏在柏林新博物館（Neues Museum）。

41涅斯捷羅夫（1887-1914），亦為特技飛行的先驅。軍人出身，剛開始在砲兵部隊，後來接觸到飛機並接受飛行員訓練，成為軍隊的飛行員。一次大戰時，在與奧地利飛行員的空戰中陣亡。

42盧茨（1898-1918），發明的「盧茨跳躍」又稱「勾手跳」，為花式溜冰比賽六種常見跳躍中難度第二高的動作。

43弗蘭茨・約瑟夫皇帝（1830-1916），一八四八年，伯父奧地利皇帝斐迪南一世宣布遜位，父親也放棄繼承權，由當時十八歲的弗蘭茨・約瑟夫繼位為奧地利皇帝和匈牙利國王，稱為弗蘭茨・約瑟夫一世。

44原名伊莉莎白・亞美莉・歐根尼（Elizabeth Amalie Eugenie, 1837-1898），暱稱「西西」，巴伐利亞王國公主，奧地利皇后，弗蘭茨・約瑟夫一世的妻子。她的美貌和魅力征服歐洲，成為文化偶像，有「最美麗的皇后」稱號，許多電影和戲劇以她為主角，如《我愛西施》。在宮廷政治中沒有發揮多大作用，但戲劇中常將她描繪為擁有自由精神，卻遭宮廷繁複傳統束縛的悲劇人物。一八九八年在日內瓦湖畔遭義大利無政府主義者刺殺身亡。

45圖恩塔克西公主瑪麗（1855-1934），奧地利公主，一八七五年嫁給遠親圖恩塔克西公爵。自小接受皇室貴族教育，精通德文、法文和義大利文，是個熱誠的讀者，也創作詩文，更是個音樂愛好者。一九〇九年時在巴黎遇見里爾克，年長他二十歲的公爵夫人成為詩人如母親般的存在，也是他的主要贊助者。一九一一年至一九一二年里爾克至公爵夫人的杜英諾城堡作客，十年後完成代表作，里爾克並將它獻給公爵夫人。公爵夫人也著有關於里爾克的回憶錄。

46 席多妮・納德尼（1885-1950），捷克貴族，文學家的贊助者。她是里爾克的朋友，和他長期通信，後來和作家卡爾・克勞斯相戀。

47 里爾克母親曾生下一個女嬰，但不幸早夭，她似乎沒有走出傷痛。她將里爾克取名為René，法文的意思是「重生」，讓他替代死去姊姊的角色。直到六歲，里爾克都被當女孩養育，幼年照片中的他留著長髮、身穿洋裝。

48 史賓格勒（1880-1936），德國歷史哲學家、文化理論家。取得哲學博士學位後，曾擔任小學校長，因世界史《西方的沒落》而知名，出版於一九一八、一九二二年，屬於歷史哲學研究著作。不同於線性歷史書寫將人類歷史發展視為進步的歷程，他支持周期理論，認為每個文化都會歷經新生、繁榮與沒落的循環，因此歷史學家可以重建過去並預言未來。他認為西方文化經過了創造階段，接下來就是無可挽回的沒落。觀點備受爭議，有人讚揚也有人視其為納粹同路人，儘管其論點與種族主義無關，他個人也與納粹畫清界線。在當時世人眼中他準確預言了時代的發展，就今天來看對於歷史學科未有太大影響力。

49 卡爾・西蒙出版社一九〇七年成立，主要業務為出版攝影集。創立者卡爾・西蒙曾發表近三百場的照片放映活動，向德國人介紹世界各地的風景，包括日本、印度、中國和西藏。

50 布拉克（1882-1963），法國立體主義畫家和雕塑家，「立體派」一詞即由他的作品得名。早年畫風接近印象派，接觸野獸派畫作開始轉變；一九〇九年以後，與畢卡索密切合作，開啟立體派的發展。以抽象手法用多重角度描繪物體，發明拼貼技巧，在繪畫中引入字母與數字，風格創新，被譽為法國繪畫和現代藝術的代表。

51 施尼茨勒（1862-1931），猶太裔奧地利作家和劇作家。早年學醫，後棄醫從文。作品通常有大量情色內容與反猶傾向，最著名的劇作是《輪舞》（*Reigen*），描述十個不同身分階級男女的對話與性接觸，是第一齣直接將「床戲」搬上舞台的劇作，赤裸裸反映當時奧地利資產階級生活的腐敗與荒淫。一九二一年第一次在奧地利公演時，因猥褻嫌疑而被警察制止。《輪舞》後來多次被改編為電影及舞台劇，至今依然引發各種爭議與話題。據聞當施尼茨勒被問及為何每一部作品都處理類似的主題時，他回答：「我寫的主題都是有關愛與死亡。除此之外還有什麼好寫的？」

52 柯林特（1858-1925），德國印象主義和表現主義畫家，曾為「分離派」的領導者。早年畫作接近自然主義的表現手法，且相當反對印象主義，但在一九一一年中風以後越來越傾向印象主義風格，用色明亮，以具有活力的方式描繪風景與人物；亦以裸體畫和聖經畫而聞名。

53 坎伯蘭醬，十九世紀時由英國坎伯蘭發明，源自德國的醬汁，主要是以水果為基底（橘子、檸檬汁、蕃茄、酒、芥末、蒜等），多半搭配野味、羊肉等一起食用。

54 夏綠蒂・伯蘭柯林特（Charlotte Berend-Corinth, 1880-1967），德國畫家，為「分離派」的一員。年輕時在柏林手工藝品博物館學習藝術，後來成為柯林特私人繪畫學校的第一批弟子，也擔任他的模特兒。一九〇三年與柯林特結婚，婚後持續作畫，作品主題有風景、人物和靜物。一九三三年，丈夫死後帶著孩子移民美國，一九五八年，出版了一本完整收藏柯林特畫作的書籍，是研究柯林特畫作的主要資料來源。

55 利伯曼（1847-1935），猶太裔德國印象主義畫家，擅長以寫實手法描繪現實生活，尤其喜歡以社會底層的勞動者為主題，畫風簡潔，色彩輕快洗鍊，具有典型的印象主義風格。一八九九年發起「分離派」，被譽為德國印象主義派大師。

56 葛楚德・史坦因（1874-1946），美國女作家、詩人。一九〇三年後移居巴黎，在法國終老一生。喜愛現代藝術，她在巴黎居所的沙龍成為前衛藝術家和作家的聚集地，包括畢卡索和海明威都是座上常客。作品有強烈、獨特的實驗風格，經常使用重複的句子，呈現出早期意識流的元素。在拉德克利夫學院（Redcliffe

College）唸書時曾師事心理學家威廉・詹姆斯（William James），在其指導下進行了「自動書寫」（normal automatic writing）的實驗，但當心理學家史金納（B.F. Skinner）認為她的一些作品為「自動書寫」時，其回應是從未接受過相關理論。實驗性作品獲得前衛藝術家及評論家的好評，但難以為大眾所接受，直到《艾莉絲・B・托克拉斯的自傳》（*The Autobiography of Alice B. Toklas*）才有一本真正的暢銷書。這本書是以她的伴侶托克拉斯的語氣寫成的傳記。

57 李奧・史坦因（1872-1947），美國藝術收藏家和藝評家。對二十世紀繪畫藝術的推動有很大影響力，曾與妹妹葛楚德一起住在巴黎，後來與妻子移居義大利佛羅倫斯，因癌症過世。

58 貝克曼（1884-1950），德國畫家、雕塑家。被認為屬於表現主義畫家，威瑪時期享有盛名，納粹掌權以後，畫作被認為是「頹廢」，失去了藝術學院的教職，約五百幅作品全數充公，與妻子逃到荷蘭，過了十年窮困潦倒的生活。二次大戰結束後，移居美國，在美國終老。三聯畫《起程》（*Abfahrt*）最知名，抨擊納粹集權，也以自畫像的數量聞名。

Februar

2 月

開跑了：在紐約，軍火庫藝術博覽會（Armory-Show）引發了當代藝術的大爆炸，馬塞爾・杜象（Marcel Duchamp）展出《走下樓梯的裸女》（*Nude Descending a Staircase*）。之後，他的運勢宛若一飛沖天。此外，就是：到處都是裸體畫，尤其在維也納，奧斯卡・柯克西卡畫赤裸的阿爾瑪・馬勒（Alma Mahler），古斯塔夫・克林姆（Gustav Klimt）與埃貢・席勒（Egon Schiele）在畫許多維也納女人。其他人則是每小時付給西格蒙德・弗洛依德醫生一百克朗（Krone），以揭露自己的靈魂。與此同時，阿道爾夫・希特勒則在維也納的男子宿舍裡繪製動人的史蒂芬大教堂（Stephansdom）水彩畫。亨利希・曼（Heinrich Mann）在慕尼黑寫《臣僕》（*Der Untertan*），並在他弟弟家慶祝自己四十二歲的生日。大地依舊覆蓋著厚重的積雪。就在隔天，湯瑪斯・曼買了塊地，要在上面蓋房子。里爾克繼續受苦，卡夫卡繼續猶疑不決，不過，可可・香奈兒（Coco Chanel）帽子小店的事業版圖開始向外擴展。還有奧地利王位繼承人弗蘭茨・斐迪南（Franz Ferdinand）大公坐在他裝有金輪輻的轎車裡，疾行穿越維也納市區，玩火車模型，為在塞爾維亞發生的暗殺事件擔憂著。史達林第一次遇見托洛斯基（Trotzki）——就在同一個月，那位後來受史達林委託謀殺托洛斯基的人在巴塞隆納出生了。一九一三年真是個不幸之年？

到底什麼時候才能開始？奧地利王位繼承人弗蘭茨・斐迪南因無邊無盡的等待快要發瘋了。令人難以置信的，現年八十三歲的弗蘭茨・約瑟夫坐在寶座上已有六十五年之久了，但就是不願把位子讓給他的堂兄弟，在弗蘭茨・約瑟夫的愛妻西西與愛子魯道夫（Rudolf）相繼去世之後，現在是輪到他了。雖然，至少他的轎車是跟皇帝的馬車一樣裝著鍍金的輪輻，然而，頭銜自一八四八年以來卻只有他擁有：弗蘭茨・約瑟夫皇帝。或者，確切地說：「皇帝、國王、使徒陛下、君權神授奧地利皇帝、匈牙利與波希米亞、達爾馬提亞（Dalmatien）、斯洛沃尼亞（Slawonien）、加利西亞（Galizien）、洛多梅里亞（Lodomerien）與伊利里亞（Illyrien）國王；耶路撒冷等地國王；奧地利大公；托斯卡尼（Toskana）與克拉考大公；洛林（Lothringen）、史特亞（Steyer）、克恩頓邦（Kärnten）、克拉尼斯卡（Krain）、布科維納（Bukowina）公爵；錫本布爾根（Siebenbürgen）親王、摩拉維亞（Mähren）總督；上與下西利西亞（Ober- und Niederschlesien）、摩德納（Modena）、帕爾馬（Parma）、皮亞琴察（Piacenza）與瓜斯塔拉（Guastalla）、奧斯威辛（Auschwitz）與扎陀（Zator）、切申（Teschen）、弗留利（Friaul）、拉古薩（Ragusa）與札拉（Zara）公爵；哈布斯堡（Habsburg）與提洛（Tirol）、基堡（Kyburg）、戈里齊亞（Görz）與格拉迪斯卡（Gradisca）封為侯國的伯爵；特倫托（Trient）與布雷薩諾內（Brixen）侯爵；上與下勞西茨（Ober- und Niederlausitz）及伊斯特里亞半島（Istrien）總督；霍恩埃姆斯（Hohenems）、費爾德基希（Feldkirch）、布雷根茲（Bregenz）、索南伯格（Sonnenberg）等伯爵；第里雅斯特（Triest）、科托爾（Cattaro）與溫迪許馬克（Windische Mark）的主人；塞爾維亞省（Wojwodschaft Serbien）的大省長等等。」

對必須熟記這串名號的學童來說，這「等等」最是好笑，聽來就好像全世界事實上都是屬於皇帝的，好像人們只是列舉其中一小部分而已。不過，正好就是在這「等等」之前的兩個詞令弗蘭茨・斐迪南激動難耐：塞爾維亞省。在下面那頭巴爾幹半島上正在激戰，令他頗有疑慮。他向美泉宮裡的塞爾維亞省大省長——皇帝，他的白鬍就像他的頭銜一樣長，請求晉見。

在美泉宮的大門前，弗蘭茨・斐迪南比較像是從他的格拉夫・施蒂夫（Gräf & Stift）[1]轎車跳下來，而不像是跨出車來，身穿將軍制服，他衝上階梯，往弗蘭茨・約瑟夫書房奔去。必得趕快有些什麼行動以制止塞爾維亞人的挑釁。王國在帝國東南邊境表現得不服控制、煽動挑釁，導致局勢不穩。但得仔細觀察再行動，絕對不可發動一場先發制人的戰爭，如參謀總長在一月二十日的備忘錄上所提出的，因為如此一來將會不可避免地把俄國牽扯進來。皇帝心中平靜無波地傾聽他堂弟大聲的叱責、謾罵與請求：「我會仔細考慮。」然後冷淡地告別。只餘靜默。弗蘭茨・斐迪南激動地衝進他龐大的轎車裡。穿號衣的駕駛啟動馬達，在王位繼承人的催促下，以瘋狂的速度駛下美泉宮的宮殿路。如果弗蘭茨・斐迪南已得一輩子等待，那至少不要在道路交通上也是如此。

史達林站在樓上托楊諾維斯基家的窗邊，在一段時間辛苦的書寫後，正稍事休息，他拉開窗簾，好奇地往外看，一方面也是因為被王位繼承人的車子弄出來的聲響嚇到了，它正以極快的速度在他視線下飛馳而去。列寧在維也納的時候，總是藏匿在托楊諾維斯基家，而他也做過同樣的事。在這個一九一三年二月，城裡的某處，一位年輕的克羅埃西亞人也正帶著行家神情打量著從旁奔馳而過、有金輪輻的汽車。他十分清楚王位繼承人車子的品質，因為他是汽車機械師，最近剛當上維也納新城（Neustadt）梅賽德斯（Mercedes）[2]車廠的試車師。他名叫約瑟普・布羅茲（Josip Broz）[3]，現年二十一歲，是位鋌而走險的潘安，當時是麗莎・許仆恩納（Liza Spuner）的情人，由這位出身大資產階級的女子供養與支付擊劍課的費用——並拿她贈予的金錢支付他剛在家鄉出生的兒子雷奧波特（Leopard）的贍養費，兒子的母親不久前才被他拋棄了。麗莎要他用測試的汽車穿越全奧地利，替自己購置新衣。當她懷孕時，他也棄她而去了。同樣的情況將會不斷上演。某天他返回家鄉，現在稱作南斯拉夫的地方，使它臣服在自己腳下。約瑟普・布羅茲就開始自稱為：狄托（Tito）。

所以說，一九一三年最初的幾個月，史達林、希特勒與狄托，兩位二十世紀的大暴君以及一位最惡劣的獨裁者，都正好同時在維也納度過一小段時間。第一位在別人家的客房鑽研民族問題，第二位在男子公寓畫水彩畫，第三位駕駛著汽車在環城大道（Ringstraße）上繞著無意義的圈圈，以測試汽車在轉彎時的狀態。我們可以這麼說，在《一九一三年的維也納》大劇中，他們是三位無台詞、跑龍套的腳色。

ꕥ

這個二月的天氣冰寒，但陽光普照，對維也納的冬天來說，不論是從前還是現在都很罕見，不過也正因為這樣，環城大道富麗堂皇的新氣象在白雪映照下，顯得更加耀眼奪目。維也納精力充沛，已經是一座國際性的大城市，但人們在全世界都看得到與覺察到的，唯獨在維也納看不見，也沒察覺，這裡的人們滿腦袋熱中於自我毀滅，以致意外地被推到這個自稱為現代主義運動的浪頭上。因為正是自我探詢與自我摧毀變成新思想的主幹，一如卡夫卡所稱的，緊張的時代爆發了。在維也納，神經，無論是實用上的、象徵的、藝術的、心理上的，從未像現在這麼赤裸裸過。

柏林、巴黎、慕尼黑、維也納。它們是一九一三年四個現代主義的先鋒城市。芝加哥在伸展筋骨，而紐約正慢慢脫胎換骨，直到一九四八年它才從巴黎手中接下接力棒。然而，在一九一三年，那裡就有伍爾沃斯（Woolworth）[4]大樓建造完工，它是世界上第一棟比艾菲爾鐵塔還高的建築，世界最大的火車站大中央車站（Grand Central Station）開始啟用，軍火庫藝術博覽會也讓前衛藝術的火花噴濺至美國了。相較之下，巴黎在那一年仍舊自成一格，無論是伍爾沃斯大樓、軍火庫藝術博覽會或大中央車站，都沒有在法語報紙中掀起多大的漣漪。有什麼必要呢？畢竟那兒有羅丹（Rodin）、馬諦斯、畢卡索、史特拉汶斯基（Strawinsky）、普魯斯特、夏卡爾（Chagall）「等等」，而且全都在創作下一個大作。這個正處於矯揉造作與頹廢的巔峰，由「俄羅斯芭蕾」（Ballets Russes）與謝爾蓋・賈吉列夫（Sergej Djagilew）[5]的舞蹈實驗所體現出來的城市，其魅力吸引著歐洲每一位文雅人士，特別是那四位穿著白西裝的過度文雅人士，也就是胡戈・馮・霍夫曼斯塔、朱利葉斯・邁耶格列菲（Julius Meier-Graefe）[6]、萊納・瑪利亞・里爾克與哈利・凱斯勒伯爵（Harry Graf Kessler）[7]。只有普魯斯特在一九一三年的巴黎就想要回憶過往了，所有其他人都想不斷往前，但與在柏林的人不同，這期間他們最想要做的事不過就是手裡拿杯香檳。

在德語地區，柏林的人口爆炸，但就文化而言，它最偉大的時代還未來到，依舊顯得有些猛衝躁進的樣子，然而，「柏林夜生活是個珍品」的傳言，已經口耳相傳到巴黎，到了杜象[8]身邊的藝術家圈子。相較之下，慕尼黑則很有格調，卻有些趨於休止的狀態，這可從慕尼黑當地人開始「頌揚自我」這點上最容易看出來（在柏林，沒有人有時間做這樣的事），例如法蘭西斯卡・馮・麗雯特羅（Franziska von Reventlow）[9]到了瑞士的阿斯科納（Ascona），撰寫了一部小說《致紳士的女士手記或來自一個奇特城區的事件》（*Herrn Dames Aufzeichnungen oder Begebenheiten aus einem merkwürdigen Stadtteil*），書中她便俯身回顧自己這樣一位波希米亞女子在慕尼黑的施瓦賓格（Schwabing）區生活的那段時間。當然「頌揚自我」也可在波希米亞人完全中產階級化這一點上看出來，湯瑪斯・曼為了孩子的緣故在郊區找尋合適的房子，要地處僻靜，還要有大花園，結果他在一九一三年二月二十五日買下浦戍根街（Poschingerstraße）一號的土地，計畫在上面建造一棟富麗堂皇的別墅。他的哥哥[10]則是尋尋覓覓踏遍了慕尼黑，因為從那兒倒很適合描寫柏林這座逕自向前直射而去的城市，他《臣僕》的故事就是發生在柏林，這部偉大的長篇小說在這個月就可以完成了。如果有人翻閱慕尼黑的《傻大哥》（*Simplicissimus*）周刊，就會看到裡面充滿了關於慕尼黑警察晚上八點後就會擔心因太無聊而睡著的諷刺圖文，這份世紀交替間的偉大期刊已不能在自己的城市上，再磨擦出什麼火花，因極度適意而顯得困倦，就好像伸展著四肢賴在躺椅上，左手還拿著根香菸。反而是在維也納的《火炬》、柏林的《暴風》、《行為》（*Tat*）與《行動》（*Aktion*），這些期刊已透過它們氣喘吁吁的名稱洩露出，當代的戰鬥正在那裡展開。

當然，身為「青年風格」（Jugendstil）與「世紀末」（Fin de Siècle）首都的慕尼黑，它靜婉的結局也可從下面這點看出端倪，艾爾莎・拉斯克許勒於一九一三年二月入住坐落於特雷絲恩街的民宿叫做「現代之家」（La Maison Moderne，德國藝術宣傳家暨作家朱利葉斯・邁耶格列菲在巴黎那間已成傳奇的裝潢店也是這個名稱，不過它已在一九〇四年關門大吉了）。所以，如果民宿會驕傲地把「現代」掛在名號上，代表它早就轉移到別處去了，而且是轉到柏林的「自大狂」（Größenwahn）咖啡廳、維也納男士巷（Herrengasse）十四號的「中心」

（Central）咖啡廳。名字是可以這樣善於表達的。

因此，前往維也納，這個一九一三年的現代主義中心。它的主角名叫：西格蒙德・弗洛依德、亞瑟・施尼茨勒、埃貢・席勒[11]、古斯塔夫・克林姆、阿道夫・路斯（Adolf Loos）[12]、卡爾・克勞斯、奧圖・華格納（Otto Wagner）[13]、胡戈・馮・霍夫曼斯塔、路德維希・維根斯坦（Ludwig Wittgenstein）、喬治・特拉克爾（Georg Trakl）[14]、阿諾・荀白克、奧斯卡・柯克西卡，僅先提幾個名字。這裡正在為潛意識、夢、新音樂、新視野、新建築、新邏輯、新道德，而激烈地戰鬥著。

* * *

傑特・佛羅比（Gert Fröbe）[15]於二月二十五日誕生。

* * *

「恐懼女人，一旦她們脫下衣服的時候。」一九一三年的歐洲有兩個地方，沒有散播這種史賓格勒式的恐懼。一個是馬焦雷湖畔（Lago Maggiore）阿斯科納的真理山（Monte Verità），那裡聚集了一群有些奇妙、腦筋不正常的人，他們是自由思想者、精神自由者以及裸體主義者，正在進行混和了身體律動（Eurythmie）、瑜伽與醫療體操的身體練習。另一個地方是古斯塔夫・克林姆與埃貢・席勒在維也納的工作室。兩位畫家的素描，上面的線條充滿性慾地遊走於色情畫與新即物主義（Neue Sachlichkeit）[16]之間，是「世界上最情色城市」的體溫曲線，如同露．安德烈亞斯．莎樂美這麼感覺到當時的維也納。相較於克林姆油畫中的女人總是裹上金色裝飾花紋，他素描中的軀體則往往被一種無法模仿的線條所鑲邊，總是稍微呈波浪狀地劃過紙張，像是一綹垂到肩膀的捲髮。席勒在探索身體這一層上，又向前更跨了好幾步，他試圖掌握的，是那些痛苦的、神經緊繃的、受折磨的身體，比較不那麼具情色意味，而是性慾的。克林姆那裡是柔軟的肌膚，席勒這裡則是神經與肌腱；克林姆那裡是流暢，席勒這裡則是軀體叉開、交疊與扭轉；在克林姆那裡女人是在施展誘惑，在席勒這裡她則是令人害怕（而席勒自然是比較偉大的藝術家）。

「我對自己本身不感興趣」，克林姆說：「而是對他人比較感興趣，尤其是對女性。」

這些迫使每位觀者都成為偷窺者的圖畫，一旦為眾人所知，馬上就遭到被禁的命運，卻同時也使創作者的名聲更為響亮。當席勒想要在慕尼黑展出他的畫作《友誼》（*Freundschaft*）的時候，他收到一封有趣的拒絕信。展覽場的負責人寫信給席勒，說這件作品因為過於露骨，有損善良風俗與禮儀，絕不可能展出。句號。下一段。不過，負責人自己倒是很有興趣買下這件作品。這就是一九一三年公德與私德之間的分裂點。

柏林變得太亮。煤氣路燈、霓虹燈廣告以及城市燈光都快要蓋過蒼穹的燦爛星光了。一九一三年，拆除車駛來，把哈勒門（Hallesches Tor）附近的「新柏林天文台」

（Neue Berliner Sternwarte）拆掉。這棟坐落於菩提樹街（Lindenstraße）與腓特烈街（Friedrichstraße）之間新的普魯士天文台是卡爾・弗里德里希・申克爾（Karl Friedrich Schinkel）[17]於一八三五年建造完工的，它就如同其他在這德國歷史中最美麗的十年所建造的建築一樣，無論在實用上或美學成就上，後世幾乎很難再超越。一棟樸素無比的建築，一個圓頂端坐在上方，就好像是教堂塔一樣——一棟俗世的教堂，卻是直視天空。在這裡發現了幾顆彗星以及小行星，尤其重要的是發現了海王星。然而，在一九一三年的時候，沒人再對這些感興趣。只費了幾天的功夫，申克爾最具原創性建築當中的一棟曾經聳立的地方，再度化為一片農地。天文台被遷移到巴貝爾堡（Babelsberg），因為那邊比較暗，比較能夠清楚觀察海王星。普魯士人善於計算，位在菩提樹街與腓特烈街之間的土地售出了，以一百一十萬的進款來成立新天文台與購置新儀器。新館的土地由皇家所捐贈，那是巴貝爾堡皇宮花園內的一塊地。去年就有電影製片廠在這裡成立了，因此柏林所有關係到大明星與小星星的，都及時趕在一九一三年落腳於巴貝爾堡。

根據中國年曆，牛年是開始於一九一三年二月六日，關於牛，有句中國古諺是這麼說的，新鮮的青草勝過金牛槽。

在辛德斯多夫，法蘭茲・馬克正在畫那幅將成為他代表作的作品。艾爾莎・拉斯克許勒已經踏上返回柏林的旅程。在辛德斯多夫舊農莊的上面，沒有燒著爐火的頂樓內，幾乎聽不到瑪莉亞・馬克在下面彈琴的聲音，他在這裡布置了自己的工作室。天氣是如此寒冷，連心愛的貓咪漢妮（Hanni）也縮在壁爐邊。康丁斯基從慕尼黑過來拜訪他，之後描述道：「外面一片銀白——白雪掩蓋了田野、山脈、森林——鼻子都凍僵了。在上面低矮的頂樓裡（頭會不斷地撞到樑木），畫架上擺著《藍馬之塔》。法蘭茲・馬克身穿皮大衣、頭戴大皮帽、腳穿著自編的草鞋站在那裡。您現在老實地跟我說，您覺得這幅畫如何？」這是個怎樣的問題啊！

雷奧納多本來掛在羅浮宮裡的《蒙娜麗莎》，到了二月十三日還是下落全無。羅浮宮出版了新的目錄，裡面不再列入這幅畫了。在柏林，魯道夫・史代納於二月十三日做了一場偉大的演講——「雷奧納多精神的浩瀚，於邁向近代之際」（Lionardos geistige Größe am Wendepunkt zur neueren Zeit）。史代納的演講不短，幾乎有兩個鐘頭。聽眾聽得入神。他也跟史賓格勒一樣，談了不少沒落。不過，他認為這是必要的，如此一來才能讓出位子給新事物：「因為在逐漸消逝的力量中我們可以預感到，是的，最終可以看見那股為將來做好準備的力量，晚霞讓我們想起朝霞蘊含的預期與希望。對於人類的發展，我們的心靈永遠必須這樣感受，告訴自己，萬物的形成如同我們所見的那般進行：就在受造物變成廢墟之處，我們知道，總是會從廢墟中綻放出新的生命。」

二月十七日，本世紀最重要的展覽之一在紐約以前的武器庫房「軍火庫」開幕了。哪一個世紀？我們也許可以這麼說，十九世紀的藝術是直到第一屆軍火庫藝術博覽會的開幕才落幕。藉由它，現代主義不僅在歐洲，而在全球占據了優勢的地位。

三位極富好奇心又具備行家判斷力的畫家，華特・帕克（Walter Pach）[18]、亞瑟・戴維斯（Arthur Davies）[19]、沃爾特・庫恩（Walt Kuhn）[20]於一九一二年底前往歐洲，目的是要認識最有意思的畫家，並將他們的代表作帶回紐約。小組裡有克勞德・莫內（Claude Monet）、奧迪隆・雷東（Odilon Redon）[21]、阿弗雷德・史蒂格利茲（Alfred Stieglitz）[22]等大畫家與大攝影家，美國大眾馬上理解，這牽涉到古老歐洲的立體主義者、未來主義者與印象主義者對抗美國沉於安逸的「世紀末」風格。這是場戰鬥。在歐洲打過好幾場戰役之後，首次延燒到了美洲大陸。總共展出一千三百幅畫，當中只有三分之一來自歐洲。不過就是這三分之一讓美國畫作相形之下顯得古老——尤其是八幅畢卡索及十二幅馬諦斯的畫。而特別是布朗庫西（Brancusi）[23]的雕塑、弗朗西斯・畢卡比亞（Francis Picabia）[24]與杜象的畫作，引發了熱烈的討論。我們在史蒂格利茲的傳奇雜誌《攝影作品》（*Camera Work*）裡可以讀到：「來自歐洲的新藝術展覽像顆炸彈一樣，落在我們身上。」爆震的衝擊力一樣也很強烈——觀眾的反應是憤怒、不解與嘲笑，但是，眾多的觀眾還是像朝聖一樣湧進展覽場，他們要親眼目睹，自己做個評價。報紙幾乎每天都會刊登諷刺畫，後來到了展覽的第二站芝加哥的時候，芝加哥藝術學院的學生還走上街頭抗議，據說他們甚至焚燒了三幅馬諦斯畫作的複製品。馬諦斯在美國觀眾的心目中是頭號野蠻人。總是這樣的，以長遠的角度來看，這可是最大的品質保證。

不過，造成最大轟動的是雷蒙・杜象・維庸（Raymond Duchamp-Villon）[25]、雅克・維庸（Jacques Villon）[26]與馬塞爾・杜象三兄弟。展出有十七件他們的作品，除了一件，全被售出。杜象的那幅《走下樓梯的裸女》[27]儼然成為軍火庫藝術博覽會的商標，它是最常被討論、被畫成諷刺漫畫的作品。「一座木瓦工廠的爆炸」，有位評論者這樣稱呼它，本來是有諷刺之意，反倒展現了從這幅作品射出來的爆炸波有多強。一名穿越時間與空間的女子，一個天才的組合，由包含了立體主義、未來主義與相對論的偉大時間現象所組成。掛著這幅畫的大廳每天都湧進大批人潮，人們大排長龍，等上四十分鐘，只為看這幅製造了醜聞的畫一眼。顯然的，對保有傳統意識的美國人來說，這幅畫是奇特、非理性歐洲的化身。一位舊金山的骨董商買下了它，在搭乘從紐約出發的火車上，彷彿無盡頭的回程旅途中，他在新墨西哥州某個鄉下車站下了車，拍電報到紐約去：「買杜象下樓梯的裸婦請預約。」

杜象兄弟則繼續在他們位於巴黎西北郊納伊（Neuilly）的工作室埋頭工作，對於他們在美國聲名遠噪一事毫不知悉，然後，卻突然收到郵寄來的支票。杜象收到賣出他四幅畫作所得的九百七十二美金——這在一九一三年並非高價。譬如在同一場展覽中塞尚的《貧困山區》（*La Colline des Pauvres*）就是以六千七百美金賣給大都會藝術博物館（The Metropolitan Museum of Art）。不過，杜象卻很高興。

但是就在這個時刻，當美國與巴黎都發現到他這位畫家，杜象卻告別了立體主義以及動作的主題，或是如他自己說得很漂亮的，「動作混合著油畫顏料。」就在這個時刻，當他可能躋身入他那個時代的大畫家之列，杜象宣告畫畫令他無聊。他要尋找不一樣的新東西。

ꕤ

在布拉格，卡夫卡正在受苦。為了十二月的時候寄了一冊《觀察》（*Betrachtungen*）給費莉絲，而這位他從遠方透過信件表達渴慕的對象，卻對此不置一詞；為了他妹妹瓦莉（Valli）要結婚了；為了公寓裡總是那麼嘈雜（門啪啪作響，還有他父母親與姊妹們竟敢交談）；為了他白天在保險公司上班，而晚上在寫作。出差、中斷、感冒在在威脅著他。不過，他特別因為害怕創作力枯竭而受苦。還有，可能成為單身漢的這個念頭是如此可怖——也許這是當作家的唯一可能性。因一個這樣的問題引起他的恐慌：「步入婚姻後，會把我變成怎麼樣的人？」他應該如何面對他稱之為「妻子的權利」的問題？這對他來說是建造於兩個恐怖場景之上：妻子身體的需求，但尤其是時間的需求。因此，他請求費莉絲在信中不要再提到，當他寫作的時候，她想坐在他身旁，因為假使她或其他人坐在他後面，寫作的祕密就會被干擾。然後，他又給費莉絲寫了這麼一句：「當上父親，我應該絕對不會讓自己去承受這個風險。」一拒他人於千里之外，卡夫卡有可能比在這封信裡所做的更明顯嗎？不過，費莉絲即使在辦公室與家庭、寫信與擔憂家人之間拉扯，因而備受煎熬，但她的反應就好像這是神賦予她的使命，擔任卡夫卡與世界文學的收信人。她安然又極其認真地，接下這個任務。

一九一三年，世界各地的藝術都在朝抽象推進。康丁斯基在慕尼黑，羅伯特・德洛涅（Robert Delaunay）[28]及弗朗齊歇克・庫普卡（František Kupka）[29]在巴黎，卡薩米爾・馬列維奇（Kasimir Malewitsch）[30]在俄國，還有皮耶・蒙德里安（Piet Mondrian）[31]在荷蘭，每位都透過個人途徑盡可能努力擺脫所有與現實的關聯。然後，又有巴黎這位受過好教養、行事審慎的年輕人：杜象，他突然不想再畫了。

在慕尼黑，為艾爾莎・拉斯克許勒舉辦的慈善拍賣會一敗塗地。法蘭茲・馬克以十分感人的方式請求他的藝術家友人們提供畫作，以進一步金援卡爾・克勞斯在《火炬》上發起的救濟行動：結果二月十七日真有克爾希納、埃米爾・諾爾德（Emil Nolde）[32]、黑克爾、羅特盧夫、柯克西卡、保羅・克利（Paul Klee）、阿勒塞・馮・亞夫倫斯基（Alexej von Jawlensky）

[33]、康丁斯基以及法蘭茲・馬克自己的畫作送來拍賣。只有柏林畫家路德維希・邁德內爾（Ludwig Meidner）[34]拒絕了（他自己也沒錢，正餓著肚子）。拍賣會是在新藝術沙龍（Neuer Kunstsalon）舉行，然而沒有買主表示興趣。為了避免顏面盡失，藝術家們只好彼此出價，聚資了一千六百馬克。

在二月十七日沒有拍賣出去的作品總價，今日大約是值一億歐元，哎呀，什麼？是兩億。

西格蒙德・弗洛依德繼續在琢磨弒父的理論。於此同時，新成立的波茨坦巴貝爾堡電影製片廠在二月二十八日舉辦電影《父親們的罪》（*Die Sünden der Väter*）的盛大首映，由阿斯泰・妮爾森（Asta Nielsen）[35]主演。呼應片名，阿斯泰・妮爾森後來覺得自己對「早期電影的庸俗」，也要負點責任。在電影海報上，她穿一件窄裙與開襟襯衫。阿斯泰・妮爾森很苗條，這在當時還不普遍，看見一個瘦排骨演出，可是諷刺漫畫家之福。然而，大多數的男人卻不在意。一九一三年，阿斯泰・妮爾森是個不折不扣的性感象徵，與電影公司簽下一筆大合約，八部片子，自一九一二至一九一四年間連續開拍並且上映。新雜誌《圖像與電影》（*Bild und Film*）裡面有寫道：「人們就好像是鬧饑荒時往麵包店門口擠一樣，為了要得到一張票，幾乎摔斷脖子。而且，還有很多人在短時間內，重複觀看這部片子兩次或是三次，還再三地被逗樂。」薩穆埃爾・費雪（Samuel Fischer）[36]，他那時代最有名的出版家，看到阿斯泰・妮爾森怎樣地感染群眾，益加驚喜佩服。他看出電影是未來的媒體，想說服旗下最有名的作家將來也寫電影劇本。

ஐ

這是一九一三年，不過，阿諾・荀白克的災難還得再等上好一陣子。二月二十三日星期天晚上七點半，他的《古雷之歌》（*Gurre-Lieder*）在維也納音樂協會大廳（Großer Musikvereinssaal）舉行首演，聽眾引頸盼望會發生新的醜聞。他上次的演出與曲子就已讓維也納市民驚惶失措，還引發了騷動，原先的浪漫主義者徹底演變成「新音樂」的創作者。去年，他的第二十一號作品《月光小丑》（*Pierrot lunaire*）令聽眾大感震驚。然而，現在竟是：突然從他那聽到的不是現代主義的極端，而是純粹的後浪漫主義。五位聲樂家、三個四聲部的男子合唱團、一個包含各式各樣笛子、鼓與弦樂器的大型管弦樂團。在首演的時候，單是弦樂器的部分就有八十位演奏家上場，整個世紀交接的巨人症在這裡，替自己開闢道路。若樂團沒有達到一百五十名成員，就無法演奏這齣清唱劇，荀白克如此解釋。樂曲本身是一部浩大、浮華、喃喃低語、盪氣迴腸的自然劇，與暴風雨和夏風有關。無法忽略的合唱團歌詠陽光之美，就如它曾一度以令人震撼的自然印象照射在荀白克身上般，那時他在通宵狂飲後，漫遊於阿寧格山（Anninger）上，一座維也納的郊山。

「幸災樂禍已經潛伏在上百隻眼睛裡：今天人們欲再度向他表示，是否真可依從自己所想的作曲，而非如其他人所示範的那般」，理查・斯佩赫特（Richard Specht）[37]在替柏林的《三月》（*März*）雜誌所寫的報導中如此寫道。然而，醜聞並沒有發生，反倒是：勝利。「在第一部結束後，就已爆發出歡呼聲，等到第三部結束後，就提升為騷動，……。當合唱團聲勢浩大、精疲力竭地歌詠日出結束後，…… 歡呼聲久久不願中止。 張張被淚水沾濕的臉龐朝著音響詩人呼喊答謝，它聽來比一般在『成功』的演出所聽到的，更來得溫暖與迫切：聽起來像是賠罪。一些我不認識的年輕人面紅耳赤地走過來，跟我招認他們隨身攜帶住家鑰匙，原先打算在荀白克的音樂中加入他們認為合適的聲響，但現在他們完全被他征服了，絲毫沒法離開他一步。」

《古雷之歌》以其讚美詩式、華麗磅礴的曲調，堪稱荀白克畢生當中最受聽眾歡迎的作品。但荀白克也從未像在這裡一樣，這麼顧及他的聽眾，顯然的，也是出於對一九一三可能招致災難的驚恐。《古雷之歌》是一部豐盛、毫無節制的晚期浪漫主義作品，具備旋律，雖然他的創造者早就把調性界線拋到腦後了。美得令人迷惑，近乎庸俗。荀白克花費了十年的時間，才寫出適合的管弦樂，然而，譜曲本身的根源依舊是這個世紀交界，所以，十三年後正好切中維也納聽眾的口味。來得太遲的人，生命會給他酬報。那些本來要丁鈴噹啷作響，把荀白克的音樂蓋下去的鑰匙，這回聽眾把它們留在口袋裡。不過，它們不會一直待在那裡。

在一九一三年的維也納，重要的事情接二連三地發生。

就在同一晚，亞瑟・施尼茨勒的新劇《伯恩哈迪教授》（*Professor Bernhardi*）[38]突破了禁演的規定：以「朗誦」的形式在科夫勒公園（Koflerpark）旁的人民之家協會（Verein Volksheim）上演，緊鄰八號電車車站，「晚上七點正」。雖然，維也納皇家警察局已聲明：「從保護人民宗教情感的觀點，來反對此劇上演的疑慮，即使可以透過刪除或修改某些段落予以排除，然而此劇藉由眾多情節的交互作用，企圖反映我們的公共生活，卻多方歪曲此地的情況，在其整體架構上以如此貶抑的方式呈現奧地利的國家機構，因此，在必須維護公共利益的考量下，無法允許它在本國舞台上演。」

在《古雷之歌》首演之夜後，一群傑出的人物於星期一下午五點四十五分在亞瑟・施尼茨勒家的沙龍碰面。胡戈・馮・霍夫曼斯塔在二月二十一日允諾參加——「因為從您口中聽到您新的作品，能帶給我最大與最純粹的喜悅——也因為我那麼不常見到您，為此總是感到悲傷。您衷心的胡戈。」亞瑟・施尼茨勒自己在朗誦時，則是從頭到尾飽受折磨，他咳嗽、冒汗、發著高燒。之前《古雷之歌》的首演，他就已無法前往了。不過，醫生可不適宜當病人，因此他在這個星期一晚上很勇敢地朗誦自己最新的小說《貝亞特太太與她兒子》（*Frau Beate und ihr Sohn*），一篇伊底帕斯（Ödipus）的故事，以娛友人。篇幅很長，但施尼茨勒力撐到最後。一位婦人跟她青少年兒子的朋友上了床。這個朋友四處張揚這件事，兒子羞愧得要死，母親羞愧得要死，在湖上，母親與兒子一同划船出去，兩人彼此相愛，然後就真的羞愧而死。所有人，包括批評者，都同意施尼茨勒極為擅長刻畫感官世界。今天更是如此，尤其在他的日記也公諸於世後。

一九一三年，亞瑟・施尼茨勒跟夫人歐爾嘉（Olga）正處於一場具破壞力的陣地戰，互相對峙著，當時她與客人們還在吃喝點東西，他退進自己的房裡，然後寫下筆記：「下午發著高燒朗誦『貝亞特』，從六點幾乎唸到九點。理查、胡戈、亞瑟・考夫曼（Arthur Kaufmann）[39]、里奧、沙頓（Salten）、瓦塞爾曼（Wassermann）、古斯塔夫；歐爾嘉。」菲利斯・沙頓（Felix Salten）[40]，那位維也納二十世紀早期絢爛的雙重天才，據說是小說《小鹿斑比》（*Bambi*）以及用假名發表的《約瑟芬・慕澄巴哈爾之回憶》（*Die Erinnerungen der Josefine Mutzenbacher*）的作者，這是一本用維也納方言寫的色情作品，甚至對維也納這座在情色思想上極前衛的都市，也顯得挑釁十足。介於色情與小鹿斑比之間，正是這樣的兩面性，造就了維也納那些年的獨特魅力，以及特殊、顛覆的力量。從西格蒙德・弗洛依德的分析、亞瑟・施尼茨勒的故事，到古斯塔夫・克林姆的畫作，阿道夫・路斯為其中出現的各種人物，找到了一體適用且獨一無二的公式：「裝飾與犯罪」。

在施尼茨勒家朗誦會的隔天，二月二十五日星期二，湯瑪斯・曼在慕尼黑買下浦戌根街一號上的土地。就在當天，他正式委託建築師路德維希蓋一棟能與他相配的別墅，安靜、優越、略帶拘謹。他與建築師一同在建地旁邊等待開往市中心的三十號電車。一如往常，湯瑪斯・曼把那枝圓柄枴杖掛在左手臂上，當他發現一顆塵粒時，用手將它從雙排鈕上拍掉。然後，他聽到電車從博根豪瑟山丘（Bogenhauser Höhe）上駛下來。

ঌ

畢卡索有三隻暹羅貓。馬塞爾・杜象只有兩隻。因此直到今天，在兩位偉大的藝術革命家之間的比數還是：三比二。

法蘭茲・卡夫卡在一九一三這一年裡最重要的作品是他寫給費莉絲的信。信中滿是嚴肅、絕望與滑稽。在二月一日，他寫下這麼一句：「我的胃就跟我整個人一樣，幾天來都不對勁，我試圖用飢餓來對付它。」接著他用美妙無比的文字跟費莉絲報告在過去一天所舉辦的法蘭茲・魏菲爾（Franz Werfel）[41]朗誦會：「就像一首詩升起，它渾然天成的結尾即已蘊涵於開頭，以一種不間斷、內在、湧流前進的發展——在長沙發上蜷縮的人們，是怎樣猛然地睜開眼啊！」他甚至把一本魏菲爾的新詩集獻給費莉絲，給「一位陌生女子」；然而，「哦，唉」：「我下回再寄給妳，假使我不會再為要如何包裝、用什麼方式託運等等問題困擾就好了。」因此，法蘭茲・卡夫卡坐在他布拉格的房間裡，為了該如何包一本書而感到絕望。多好啊，《審判》（*Das Urteil*）的校樣就在這個時刻送來了。

不過，費莉絲這位不受拘束、摩登、跳探戈舞的年輕女職員，風華正茂的女子，讀到她的法蘭茲寫出這樣字句時，會有什麼念頭閃過腦海呢？「最親愛的，為什麼妳剛好會愛上這樣一個不幸的男子呢？長期下來妳一定也會感染上他的不幸。我必得在不幸的影響範圍下活著。但別害怕，最親愛的，待在我身邊！緊緊地待在我身邊！」

之後，他又談起肩膀疼痛、感冒與腸道不適。後來，二月十七日，他寫下了寄給住在遠方柏林魔女的話語當中，可能是最誠實，卻也絕對是最美麗的話語：「有時我想妳費莉絲對我確實有這樣的能力，把我變成一個能夠泰然處世的人。」這點她自然是不會成功的。

❧

一九一三年二月十六日，約瑟夫・史達林在維也納北車站上了火車，踏上返回俄國之旅。

❧

他的每日配額是一具屍體。到最後，共有兩百九十七個軀體，它們是載送啤酒的馬夫、娼妓、無名溺死者的大體，被醫學博士戈特弗里德・本恩自一九一二年十月二十五日至一九一三年十一月九日之間解剖。在這個寒冷、極為不舒適的二月，他一天又一天地穿著白袍走下柏林夏綠蒂堡（Berlin-Charlottenburg）西端醫院（Westend-Klinikum）的地下室，然後抽出手術刀。在屍體裡面四處翻攪，找出死因，但沒有靈魂。這對來自諾伊馬克（Neumark）、剛滿二十歲善感的牧師之子來說，是個地獄，這樣不停歇地切開、塞起來、縫合、切開。這些寂寥的歲月，在地底下與死亡面對面，他把上下眼瞼各闔上一點，如相片所傳達的。他不會再把它們完全打開了。「他薄薄地透過眼瞼看著」，甫從地下解剖室走上來的本恩寫下這句，試圖在龍尼（Rönne）的角色中刮出心靈苦痛。透過他薄薄眼瞼的目光，本恩意識到一點，同時也不相信地眨眨眼，在他悲哀的地下解剖室藏著二十世紀的模型：大開眼戒（Eyes wide shut）。因此，在喝下兩三杯啤酒之後，他隨便在一張紙上寫詩：「萬物之靈，豬、人」。他知道，次日晨曦微明的時候，下一具屍體就在地下室等著，而它現在也許還活著，繞著一棟棟房屋遊蕩。下一個春天時，疲憊不堪的他請求解職，柯勒（Keller）教授在他結業證書上撒了個謊：「本恩醫生任職期間，在各方面都展現足以勝任自身之任務。」而本恩的首部詩集《停屍間》（*Morgue*），一九一二年三月出版、來自太平間的詩作早就證明了相反的情況：毫不留情、冷酷、大膽、流露晚期浪漫主義風格，有關身體、癌症與血液的詩作暴露出人類存在遭受極巨大的震撼，即使到了今天在空腹的情況下，依然無法讀下去。

不過，它們爆發出來的憤怒與衝擊力，卻讓創作者一夕成名，這位貌不驚人、僅一百六十七公分高、髮線後退、凸肚的病理學家，一躍成為柏林前衛作家中一位神祕莫測的人物。市民驚恐三部曲。「第一本詩集就給我帶來敗德的浪蕩子名聲」，本恩回憶道：「還有惡魔般的自負傲慢者、典型的咖啡廳文學家，在此同時，我卻在烏柯馬克（Uckermark）的馬鈴薯田裡隨著軍團操練，一起行軍，並在杜伯里茲（Döberitz）師長參謀部那裡，以英式小跑步穿越松樹丘。」我們不知道那是否是軍醫本恩，某天傍晚在坐落於選帝侯大道上、約阿希姆施塔勒爾街（Joachimsthaler Straße）口的「西方咖啡館」（Café des Westens）中走到艾爾莎・拉斯克許勒的桌邊，或者相反的，是她走到他的桌邊。不過，沒有更好的地方可以讓這兩位因詩歌的震動而顫抖的邊緣人相遇了。藝術家餐廳已是被貴氣敗壞了的地方，供應中等的維也納餐點，一如柏林今天所有守成的藝術家餐廳皆如此，空氣中菸霧瀰漫，從外面湧進街道上震耳欲聾的喧囂，報上印著「在西方咖啡館遭竊」，這種標籤惹人注意，裡面坐著波希米亞人，以賒帳的方式喝飲料。一杯咖啡或啤酒二十五芬尼，而且可以坐到隔天凌晨五點。

本恩與艾爾莎・拉斯克許勒都在這裡，他們先像兩頭猛獸般打量彼此，繞著對方躡手躡腳地來回走。夜晚當他們穿越西邊新建好的街道，往回家的路上走時，兩人大聲朗誦對方的詩歌，以填飽自己的轆轆飢腸，這樣做已有數週之久。「他每句詩行是獵豹的啃咬、野獸的一躍」，當時她是這麼描寫本恩的。艾爾莎・拉斯克許勒，年長了十七歲的女詩人，剛和第二任丈夫離婚，與柏林波希米亞圈中每個核心人物都有愛情瓜葛，她身上亂掛著首飾，戴腳鈴，穿中東長袍，立刻迷上這位拘謹的醫學博士。他的眼神迷濛，說話語調羞怯，近乎置身事外，他能用如同詩作中的語調，談著有關死亡、屍體與女性身體聞所未聞的事情，好似只是在點一杯咖啡而已。戈特弗里德・本恩，神態還帶有些許傲慢與沒自信，也迷上這位有著一雙黑鑽石般閃閃發光眼睛的性感熟女。

在這個寒冷的柏林冬天，兩人相遇並靠近彼此，他們是失敗者，一個四十四歲，一個將滿二十六歲。艾爾莎・拉斯克許勒，本是來自艾柏菲爾德（Elberfeld）備受呵護的銀行家之女，現在一貧如洗，週週只靠堅果與水果維生，受持續高燒所苦，帶著兒子整夜在外遷徙，棲身在橋下與民宿裡，每杯咖啡都是用討來的。身上穿著破爛的中東長袍，她看起來就像一千零一夜裡的遊民。在從郵政總局偷來的電報單上寫詩。那一頭的本恩是鄉下牧師的兒子，既被呵護又陷入迷失，拚命在尋找他的職業，剛遭到第二次挫敗，第一次是沒當上夏里特醫院（Charité）精神科醫生，然後也沒當成軍醫，反被迫去度假。評鑑說他與人相處困難。建議他與屍體相處。他剛去病理科任職不久，親愛的母親就過世了。在這期間本恩已對縫合習以為常，寫下這句：「我把妳戴在額上，如一個不會癒合的傷口。」那個時刻，當本恩與拉斯克許勒意識到彼此，像兩位溺水的人緊緊攀住對方，是傳記上重要的事件。「噢，你的雙手」是拉斯克許勒一九一二年十月間寫的一首詩的標題，這是第一次可在她心上辨識出戈特弗里德・本恩醫生的筆跡。她甚至可以用希伯來語寫信給他，多麼幸運啊，牧師之子理論上是熟舊約的。那現在就能實際運用了。

有可能會順利嗎？

伯格巷十九號，這個在他生前就已是維也納最有名的地址，那裡坐著西格蒙德・弗洛依德醫生。他做的分析使他致富，一天可進行十一個治療，每個可獲得一百克朗，等同於他女僕一整個月的工資。但是，他在古斯塔夫・馬勒（Gustav Mahler）死後寫信給他的遺產管理人，欲索取跟作曲家一同散步的費用，這就令阿爾瑪・馬勒[42]終身無法諒解。他在一九一三年是個傳奇。他有關夢與性的研究成為文化共同財產，當施尼茨勒或卡夫卡把他們夢中景象記錄下來時，都喜歡接著問，弗洛依德醫生對這個會怎麼說。他研究性慾，別人則是壓抑之，而根據現今的研究成果顯示，一九一三那年他自己同樣也壓抑性慾。在妻子生了六個小孩之後，他顯然寧願禁慾，也沒傳出什麼緋聞，唯有他與同在一個屋簷下的小姨子敏娜・貝內斯（Minna Bernays）[43]之間摸不清的關係，引人疑竇，不過在沒有更確切的證據之前，無人知道真相到底如何。

弗洛依德被任命為教授後，看到維也納人開始認真看待他有關壓抑與潛意識的研究，他覺得很有趣。「當性慾的地位突然被皇帝官方承認，夢的重要性被內閣認可後，現在賀詞與花束就紛紛湧至了。」

對同時代的人來說，弗洛依德醫生和施尼茨勒醫生就已宛如一對連體雙胞胎。這裡有《夢的解析》（*Traumdeutung*），那邊是《夢的小說》（*Traumnovelle*，常譯為《綺夢春色》）；這裡是伊底帕斯情結，那邊有《貝亞特太太與她兒子》。但就是因為兩人想法顯然極為接近，所以他們一直禮貌性地迴避對方。有一次弗洛依德毅然決然寫了封信給施尼茨勒，告知對於跟他碰面感到羞怯，那是「一種面對分身的羞怯」。因為他透過閱讀施尼茨勒的小說及戲劇得到了這個印象：「您藉由直覺，事實上卻是細膩自我觀察的結果，就知悉我辛苦在其他人身上分析所揭露出來的事情。」然而，即使有了這份自白，仍然沒帶來什麼改變。就像是兩塊同極相斥的磁鐵，反倒因此無法太靠近對方。但是，兩人都幽默地看待這件事。一九一三年，一位實業家的兒子被送進施尼茨勒醫生的診所，因一匹小馬咬了他的陰莖而大量出血，醫生下了這樣的指示：「立即將病人送往醫院急救——而小馬最好帶去弗洛依德教授那裡。」

柏林最大的香菸公司「問題」（Problem）在柏林許多地方，如巴士與出租馬車上，替他們的香菸牌子「穆斯林」（Moslem）打廣告。因此，若有人穿越波茨坦廣場或是選帝侯大道，就會看到有大字寫著：「穆斯林。問題香菸」。

現在亨利希・曼跟咪咪・卡諾瓦（Mimi Kanová）[44]在慕尼黑同居，他是一九一二年——多麼剛好——在他的戲劇《大愛》（*Die große Liebe*）的柏林預演上認識她的。她有一點胖。他叫她「噗咪」（Pummi）。她寫信給他說，如果他替她在劇院爭取到別的演出機會，她就會「像照料嬰兒一樣地照料他」。顯然的，他認為這個提議頗有吸引力。其他人都對這個鄙俗的女人，以及這樣不符合身分地位的關係嗤之以鼻（當然，他弟弟湯瑪斯也是，每當亨利希又衝動地與異性交往時，他總是噘起嘴脣）。亨利希臉上的山羊鬍子與有點下垂的眼皮使他看起來像是一位西班牙貴族，他心滿意足地與他的咪咪坐在慕尼黑利奧波德街（Leopoldstraße）四十九號的家中寫作。

亨利希滿四十二歲時，湯瑪斯邀請哥哥與其妻子，過來家中共進晚餐。除此之外，亨利希都持續不斷地在寫他的大作《臣僕》。他非常有紀律，用秀麗的字跡在四開本的簿子上一頁又一頁地寫，他對威廉二世統治下的德國社會毫不留情的剖析近乎大功告成。在寫作的空檔，他就只是畫畫裸體素描，大都是擺出大膽姿勢的豐滿女人，令人很容易聯想到喬治・葛羅茲（George Grosz）[45]在妓院畫的素描。後來，在亨利希過世後，才從他書桌的下層抽屜裡找到這些素描。

亨利希・曼與好幾家雜誌洽談預先刊載《臣僕》的事宜。現在與慕尼黑的雜誌《時代畫報》（*Zeit im Bild*）達成了協議，將在一九一三年十一月一日開始預先刊載。憑支付一萬帝國馬克的酬勞，亨利希・曼同意在需要的情況下，「刪去情色描寫得太過露骨的段落」。好罷，亨利希・曼可能是這麼想的，在這個情況下，我比較在意的是那些對社會有過度批判性質的段落……。數年前，他在柏林菩提樹大道一間咖啡廳裡，興起寫這本書的念頭，因為他目睹了人山人海的市民觀眾，飢渴地把臉壓在玻璃上，那時皇帝正從外面騎馬經過。「這裡，在這座世界大城中機器般的集體行動，已達到舊有的、蔑視人的普魯士下級軍官的精神了」，曼寫道：「結果就是人性尊嚴下降到前所未有的程度。」曼很早就興起念頭，想寫一個製紙廠主的故事，這人只印上頭有皇帝肖像、歌功頌德的明信片。他蒐集大量的資料，前往探視造紙廠與印刷廠，做縝密的筆記，與工人談話，就像是一位記者在工作。關於理查・華格納（Richard Wagner），尤其是華格納能對抗爭精神產生令人不解的催眠般的影響力，在他眼中簡直是一團謎，因此，也為了蒐集資料的緣故，他第一次去看了場《羅恩格林》（*Lohengrin*）[46]。也就是說，當他弟弟正在跟「國王陛下」以及筆下的人物騙子菲利克斯・克魯爾（Felix Krull）[47]打交道的時候，亨利希・曼則是在探索德國人的奴性，並且驚駭地認清一個事實：它無所不在。他還向一位法學家討教，請對方為他精確解釋關於侮辱陛下的犯罪事實。因為他正是要如此，他的書《臣僕》就是對陛下、對德意志小市民精神的侮辱。

在伯恩（Bern），赫曼・赫塞（Hermann Hesse）很不快樂地跟妻子瑪麗亞（Maria）生活在一起。他與特奧多爾・豪斯（Theodor Heuss）[48]（是的，就是那位後來的德國總統特奧多爾・豪斯）共同投身出版《三月》雜誌，然而，家裡的情況沉重地壓在他身上，也影響到他的寫作。即使搬離波登湖（Bodensee），他們在那裡嘗試過一種吃素的改革生活，遷居到瑞士寧靜的中心，他妻子的故鄉，也沒能改善他們的關係。他們育有三名子女，最小的馬丁（Martin）才剛滿兩歲，然而父母間的聯繫已經脆弱不堪了。赫塞服用唯有作家才能開給自己改善心臟及循環系統的藥方：杜撰。他在小房間裡跟自己吵架，然後進入寫作室，拿一張新紙夾入他親愛的打字機裡，寫下剛才的爭吵當作對話。就是這樣，一九一三年誕生了《藝術家的命運》（*Roßhalde*）一作，就在同年發表於《文哈根斯與喀拉幸恩斯月刊》（*Velhagens & Klasings Monatshefte*）上。主角約翰尼斯・梵阿固（Johannes Veraguth）熬過赫塞所受的痛苦兩次，也就是他的狂熱，必然而然止於冷卻。阿黛爾（Adele）是小說裡妻子的名字，她如此的死心斷念與憤世嫉俗，就像赫塞的妻子瑪麗亞一樣。被他開誠布公剖析的，不僅是他失敗的婚姻，還有原則上完全不可能辦到的事，那就是身為藝術家在婚姻與社交中，依然堅持自我。二十三歲的年輕大學生庫爾特・圖霍斯基（Kurt Tucholsky）[49]，自一九一三年一月開始替《劇場》（*Schaubühne*）雜誌工作，這份雜誌後來改名為《世界舞台》（*Weltbühne*），他寫下了對《藝術家的命運》目光銳利的評語：「若不是前面封頁上印有赫塞的名字，就不會知道這本書是他寫的。這不是我們所認識親愛的好赫塞，而是別的人。」不過，圖霍斯基尤其一眼看穿了虛構與真實之間模糊的界線：「赫塞就像是這個梵阿固，他拆除了家鄉的帳篷，然後離開，但是去哪裡？」好問題。

自然，在一九一三年也不是諸事順利。有個巡迴展覽正在籌備，開場首站選在法蘭克福，柏林表現主義和分離派的藝術將與藍騎士的藝術一起展出。然而，出乎上巴伐利亞（Oberbayern）藍騎士的意料之外，他們收到從柏林寄回的畫作。被激怒的法蘭茲・馬克，二月二十八日從辛德斯多夫寄了一封信給柏林新分離派主席喬治・塔帕特（Georg Tappert）[50]，信紙上方印有藍騎士的標誌：「在打開畫箱時，我怒不可遏地發現那幾幅《鹿》（*Hirsche*）也被裝入其中，而我已特別強調過，這幾幅也要送去參加巡迴展覽（一開始是四月在法蘭克福）。今天康丁斯基寫信給我，告知他看到自己四幅柏林的畫作被寄回，因而驚異不已。對這件事，我們該有什麼看法？若依照邏輯來推測，巡迴展覽應當是不辦了。不過，怎麼可能會這樣，您竟沒事先詢問，就逕自把畫作丟還給我們？」然而，不要太早下定論。在秋天，德國表現主義南北兩極一場獨一無二的高峰會還是成功舉辦了。

對萊納・瑪利亞・里爾克而言，二月初的氣溫已經太高了。他逃到南方，就是為了想看太陽。而現在穿著白色的夏季西裝，躺在龍達的雷納維多利亞飯店的花園躺椅上，他卻渴望起涼爽的北方了。但若非如此，他就不是里爾克了。他是一位偉大的能了解女性、神入大自然與切身感受的人，如果看到城市在晚夏的時候，「被毫不退讓的夏天苦苦折磨著」，他甚至會心生同情。或許也只有像里爾克這樣的人，在第一道溫暖的陽光裡就察覺到它未來、燙灼的毀滅力量。在二月初的時候，他是這樣跟媽媽與遠方的紅粉知己們抱怨的，春天對他不宜：「太陽太強了，清晨七點時顯然還是二月，四小時後，約十一點時，人們會相信簡直到了八月。」他這麼寫給席多妮・納德尼，您一定能了解，當太陽如此刺人是「無以承受」的。二月十九日，他像逃難般地離開那裡。月底搬進他在巴黎首鄉街（Rue Campagne-Première）的新寓所。在經歷一年半逃離自己，而橫越半個歐洲後，他落腳於冬春之交光影閃爍的大都會。他恐懼抵達。然而，他想再試一次，在這裡，這個巴黎，這個地方。但是他完全不知道要如何做。坐下，工作，保持鎮靜。生活。

❧

一九一三年春天，查爾斯・法布里（Charles Fabry）[51]完成了數項對發現臭氧層具有決定性意義的實驗。當時，它還是完整無缺的。

❧

只要一天火車的車程，就到了西班牙西北端的加利西亞，這個奧地利王室世襲領地，因此維也納在這幾年，成為最受俄國革命人士歡迎的政治流亡地。譬如在德布林區魯德勒巷（Döblinger Rodlergasse）貧窮的小市民氛圍裡，就有一位作家兼記者里歐・布朗斯坦（Leo Bronstein）在那裡工作，比較知名的是他的另一個名字里歐・托洛斯基[52]，他的妻子及小孩都在身邊。聖誕節的時候，托洛斯基一家購置了一顆聖誕樹，佯裝他們歸屬於那裡，好像他們再也不會離開。托洛斯基替好幾家自由與社會民主主義的報章寫報導，來賺取微薄的稿費。他常常整天坐在中心咖啡廳下棋，一九一三年時，「布朗斯坦先生」堪稱維也納咖啡廳界最厲害的棋手，這可是要有點本領的。然而每當他需要錢的時候，就帶幾本書到當鋪去，他別無選擇。

二月初時，史達林繼續在寫〈馬克思主義與民族問題〉這篇長文，它將成為他最知名的著作，而奧匈帝國境內多民族雜處，提供了他鮮明的示範教例。史達林就是在維也納發展出，在表面的民族自主下建立一個中央帝國的思想——也就是蘇維埃的綱領。被朋友們暱稱為「叟叟」（Sosso）的史達林，他跟托楊諾維斯基的小孩們也都在談這件事。他曾試圖跟女傭調情，但沒成功，於是他再度投身於工作中。嗯，好，他還有點時間來實際運用資本主義的惡。有一次，當他跟托楊諾維斯基的妻子一同在美泉宮花園時，他跟她打賭，如果他們兩人同時呼喚她個性熱情活潑的女兒嘉莉娜（Galina），她將會朝他跑來，因為她期待史達林會再買糖果給她。在這件事上，他也是正確的。

這段時間，有兩名男子曾來托楊諾維斯基家拜訪過他。其中一位是尼古拉・布哈林（Nikolai Bucharin）[53]，他來幫忙翻譯，這令史達林頗為高興，但與史達林不同的是，布哈林得到女傭的親睞，這就叫史達林一輩子都無法原諒他了（日後布哈林得被一顆子彈打進腦袋才能償還此債）。而托洛斯基也偶然見過史達林一次：「我坐在史高狄洛夫（Skobelow）公寓裡的銅茶炊旁邊……在哈布斯堡的古老首都」，托洛斯基這麼寫道：「門上突然響起一聲敲扣聲，隨即打開了，一個陌生人走進來。他個子矮……瘦……天花疤蓋滿灰棕色的皮膚……在他的眼睛裡，我看不到一絲友善。」那是史達林。從銅茶炊取了杯茶後，就跟他進來時一樣輕聲地走出去。他沒認出托洛斯基，幸好，因為他在文章裡，已經稱托洛斯基是「市場上鼓著假肌肉叫賣的大力士」了。

***

就在史達林與托洛斯基第一次見面的一九一三年二月，那名後來受史達林命令謀殺托洛斯基的男子，在遠方的巴塞隆納誕生了。他叫做海姆・拉蒙・麥卡德・德・里奧・埃爾南德斯（Jaime Ramón Mercader del Río Hernández）[54]。

***

二月二十三日，約瑟夫・史達林在馬路上被逮捕。他身著女裝、頭戴假髮逃命。這身服飾既與嘉年華會無關，也不涉及到特殊癖好。不，革命家在俄國非法居留，那套行頭是他先前在一場慈善音樂會的衣帽間偷來的，音樂會是為了在警方大搜捕行動中被炸掉的《真理報》（*Prawda*）而辦的活動。警察逮住跛腳的逃亡者，扯下他身上五彩的夏季女裝與假髮，史達林現形了。他被認了出來，流放到西伯利亞的圖魯漢斯克（Turuchansk）。

***

風起雲湧的維也納發生一場戀愛事件，連維也納人也聞之屏息。阿爾瑪・馬勒，維也納最美的女孩，有著不可思議的纖腰與豐胸，在她偉大的作曲家丈夫死後不久，還穿著喪服的時候，她就愛上了奧斯卡・柯克西卡，這位維也納最醜的畫家、狂暴的挑釁者，他總是穿著鬆垮垮的褲子或是敞開的襯衫四處跑，他最有名的作品叫做《謀殺者，女人的希望》（*Mörder, Hoffnung der Frauen*），那不只是標題，他也正是那個意思。才剛迅速征服了年輕漂亮的寡婦，他就感到害怕了。但不是怕她，而是怕可能出現的競爭對手：「小阿爾瑪，我不想有哪隻眼睛會看到妳露出的胸脯，不管是穿睡衣或是晚禮服。好好保護我的祕密，那是妳親愛的身體。」如此毫不掩飾的性慾，展現在柯克西卡與阿爾瑪・馬勒兩人的通信與戀愛事件中，對一九一三年的維也納來說，並沒什麼大不了。白天的時候，阿爾瑪以全城第一寡婦的身分從事社交活動，在自己的公寓接待訪客並舉辦沙龍聚會；不過，到了晚上的時候，柯克西卡就盡情施展他的權利。只有在每晚都跟她同床共寢的情況下，他才能工作，他是這麼告訴她的，她也著迷於他的著迷。當他被請去她繼父母莫爾（Moll）家中，為她畫肖像的時候，她把他拉到隔壁房間裡，唱起令人心碎的〈伊索德的愛之死〉（Isoldes Liebestod）[55]。帶著歌劇裡的絕對態度，他一頭栽進這個戀愛事件。柯克西卡就只畫阿爾瑪，別無其他了。通常是裸體，披散的頭髮，襯衫敞開，他畫得狂野猛烈，他也是這樣愛著。他沒耐心地把畫筆丟開，因為覺得這樣太慢了，改用手指來畫，把左手掌心當成調色盤，再用指甲在隆起的顏料上，抓刮出線條。生活、愛情、藝術：皆是艱辛的戰鬥。

如果他不畫阿爾瑪，就畫阿爾瑪與自己，譬如《奧斯卡・柯克西卡與阿爾瑪的雙人肖像》（*Doppelbildnis Oskar Kokoschka und Alma*）。他稱它為《訂婚畫像》（*Das Verlobungsbild*）。因為他想娶她，並且希望如此永遠抓住她。不過，阿爾瑪是條蛇，她這樣跟他聲明，直到他創作出絕對的傑作，才會跟他結婚。柯克西卡希望這幅訂婚畫像會成為自己的大作。到了二月底，他幾乎精疲力盡了，而她內心不平靜。他懇求她：「請寫給我許多許多親愛的話語，讓我不會再舊疾復發，不再損失創作這幅畫的時間。」然而，阿爾瑪剛墮掉他們兩人的孩子，並為了柯克西卡給她畫上孕婦肚而生氣。畫中兩人奇異地交叉著——柯克西卡眼神流露出受苦，阿爾瑪則顯得沉著。她與母親一同前往森梅林格（Semmering），在古斯塔夫・馬勒先前替他們兩人買的地產上，挑選合適的建地。現在，她計畫為下一任築愛巢。《訂婚畫像》完成後，柯克西卡把它寄到柏林分離派去。自然如他所希望的，那是一張公開的訂婚帖。沃爾特・格羅佩斯（Walter Gropius）[56]這位偉大建築師的法古斯工廠（Fagus-Werke）[57]剛建造完工，他抱著娶阿爾瑪的希望，當他在柏林看見了《訂婚畫像》，正如所願地崩潰了。（不過，私下透露給你，最後是他跟阿爾瑪結婚，而非柯克西卡。）

阿爾伯特・史懷哲（Albert Schweitzer）在史特拉斯堡（Straßburg）寫第三篇博士論

文。那篇哲學論文《康德的宗教哲學：從純粹理性批判到單純理性限度內的宗教》（*Die Religionsphilosophie Kants. Von der Kritik der reinen Vernunft bis zur Religion innerhalb der Grenzen der bloßen Vernunft*），早讓他成為哲學博士了。他也是神學博士，《近代史上聖餐觀點不同的批判呈現》（*Kritische Darstellung unterschiedlicher neuerer historischer Abendmahlsauffassungen*）便是他神學博士論文的主題。後來他當上史特拉斯堡大學的講師，甚至也成為聖尼古拉（St. Nikolai）教堂的副牧師，而他就在這個時候下定決心，還要成為醫學博士。一九一二年，他獲得醫生開業許可。這位醫生暨副牧師、講師、哲學博士、傳道師，卻還不放鬆，他必須完成第三篇博士論文《耶穌的精神病學研究》（*Die psychiatrische Beurteilung Jesu*）。參考文獻壓垮了他。三重的工作負擔令他極度疲憊。為了讓自己在閱讀時不會睡著，他習慣在書桌下擺桶冷水。當他昏沉到無法真正理解書中的論點時，他就脫去襪子，把腳伸進冷水裡繼續讀。他現在幾乎精疲力盡。眼前他已經找到下一個偉大的目標：非洲。

1格拉夫・施蒂夫，奧地利車廠，一九〇二年成立，一九七一年被ＭＡＮ集團（Maschinenfabik Augsburg-Nurnberg）併購，目前為ＭＡＮ集團的子公司。名字來源是創立者的法蘭茲（Franz）、亨利希（Heinrich）和卡爾・格拉夫（Karl Gräf）兄弟，以及投資者威廉・施蒂夫（Wilhelm Stift）。該公司擅長製造豪華大型車輛，很快就成為奧地利貴族的新寵，深受哈布斯堡皇室的喜愛。一九一四年，奧匈帝國王儲弗蘭茨・斐迪

南和妻子就是在乘坐格拉夫・施蒂夫的車子時遭到暗殺。被MAN集團併購以後，該公司仍持續製造有格拉夫・施蒂夫名稱的汽車，直到二〇〇一年公司改組，才不再使用該名稱。

2 即德國著名車廠梅賽德斯賓士（Mercedes-Benz）。該品牌的創始人為兩位德國工程師戈特利布・戴姆勒（Gottlieb Daimler）和卡爾・賓士（Karl Benz），但賦予正式品牌名稱的是奧地利商人埃米爾・耶里內克（Emil Jellinek），他用女兒的名字梅賽德斯（有「優雅」之意）為品牌重新命名。耶里內克為精明的銷售員，原本只是用梅賽德斯做為新車的暱稱，但一九〇〇年，使用戴姆勒賓士引擎的梅賽德斯汽車出廠，並造成空前暢銷，耶里內克便在一九〇二年申請讓梅賽德斯賓士成為正式商標。

3 約瑟普・布羅茲（1892-1980），亦即約瑟普・布羅茲・狄托，南斯拉夫革命家、政治家、總統以及獨裁者。出生於奧匈帝國的克羅埃西亞北部，一九一三年加入奧匈軍隊，一九一八年加入南斯拉夫共產黨。一九三七年，狄托接掌南斯拉夫共產黨，在二次世界大戰取得勝利後，決定了由五個民族組成邦聯的國家形式。狄托以獨裁者身分統治南斯拉夫長達三十七年，雖然執政時期被批評為威權政治，但卻是南斯拉夫境內民族統一的象徵。過世後其理念一直在南斯拉夫政治方面發揮影響力，直到一九九〇年代南斯拉夫解體為止。

4 伍爾沃斯大樓，位於紐約的摩天大樓，由建築師卡斯・吉伯特（Cass Gilbert）設計，於一九一三年落成。高度七百九十二公尺，為美國早期的摩天大樓之一。

5 賈吉列夫（1872-1929），俄羅斯藝術評論家、芭蕾舞團經理人，也是「俄羅斯芭蕾」舞團的創立者。出生於富裕家庭，受到熱愛藝術的繼母極大影響，至聖彼得堡大學唸書時，被引薦入藝術家團體，開始為皇家劇院製作各種類型的表演活動。後來在巴黎成立「俄羅斯芭蕾」，與著名的舞者、編舞者、作曲家及藝術家合作，是第一個將二十世紀新型態的音樂和藝術帶入現代芭蕾舞界的人。俄羅斯芭蕾，為一巡迴演出的芭蕾舞團，以巴黎為根據地，活動期間為一九〇九年至一九二九年間，曾於歐洲、北美和南美洲巡迴，但從未在俄羅斯演出過。被譽為二十世紀最具影響力的芭蕾舞團，做出劃時代的演出。

6 邁耶格列菲（1867-1935），德國作家和藝術評論家，在藝術雜誌撰稿，將當時尚未為人所知的新型態藝術介紹給大眾，其中對印象主義作品的介紹和說明被認為是引發熱潮的功臣之一。一九三〇年代，為了躲避納粹政府的壓迫（他所介紹的那些藝術型態被納粹認為是「頹廢」），與第三任妻子移居法國，並提供猶太裔德國作家和藝術家庇護，鼓勵他們創作。

7 凱斯勒伯爵（1868-1937），德國作家、外交官、藝術活動贊助者。年輕時在歐洲各地遊歷，發展出對藝術的興趣，在藝術雜誌工作，也與藝術家和作曲家合作寫劇本，他和英國設計師艾德華・戈登・克雷格（Edward Gordon Graig）合作，在德文版《哈姆雷特》（*Hamlet*）上做的木刻插畫和內頁設計獲得好評，被認為是二十世紀做得最好的版本，至今仍有藏書家在尋找該版本的《哈姆雷特》。

8 馬塞爾・杜象（1887-1968），法國達達主義畫家、雕刻家。出身自喜愛藝術與音樂的家庭，早年受到家族成員影響，作品有印象主義風格。一次大戰後，對戰爭殺戮感到失望，開始傾向非理性的達達主義；他利用日常生活中常見物品，以不同的觀點來啟發藝術概念，最著名的為一九一七年的《噴泉》（*Fountain*），他把一個小便斗倒過來，使其脫離實用目的，創造新的概念。他認為藝術不該只是視覺上的效果和美感，而應轉移至心靈、語言與視覺的交互感受。杜象所涉及的藝術領域及使用的媒材非常廣泛，被認為是二十世紀的藝術大師，影響了戰後西方藝術的發展。

9 麗雯特羅（1871-1918），德國女作家。出身於普魯士貴族世家，從小個性強烈，離家至漢堡，再到慕尼黑唸書。離婚後，她靠寫作和翻譯謀生，並與以慕尼黑為根據地的幾位作家交好。早期的女權主義者，致力於爭取女性在社會、政治和經濟上的平等地位。

10 亨希利・曼（1871-1950），德國作家。作品常有強烈的社會議題，嘲諷當時德國社會。著作《垃圾教授》（*Professor Unrat*）被改編為第一部有聲電影《藍天使》（*Der Blau Engel*）。因反對納粹政權流亡法國，法國被占領後，又輾轉逃至西班牙、葡萄牙，最後到美國。在美國，他的作家名聲逐漸走下坡，雖持續創作，但未引起任何注意。在加州聖塔莫尼卡過世，死前孤單一人，身無分文。

11 埃貢・席勒（1890-1918），奧地利表現主義畫家。一九〇七年時師事畫家克林姆，在其引薦下參與許多畫展，年僅二十八歲死於流行感冒。早期畫作有明顯模仿克林姆的痕跡，但很快就發展出自己的風格。主題以裸女和自畫像居多，以獨特的線條傳達出情色與不安、性與死亡、扭曲的肢體、驚恐的表情，帶給觀者強烈的感受。

12 路斯（1870-1933），奧地利建築師。對歐洲現代建築的形式有極大影響力，他曾大肆抨擊維也納分離派的風格，認為當時流行的過度裝飾是多餘的，沒有裝飾的建築才能展現出精神力量。其理念影響了後來極簡形式的建築。

13 奧圖・華格納（1841-1918），奧地利建築師，曾為維也納建造了許多著名建築，至今仍為地標。他認為應要廣泛使用各種新的素材和形式，反映人類社會不斷求新求變的一面。他加入維也納分離派，代表了十九世紀的創新和探索，對後世具影響力。

14 特拉克爾（1887-1914），奧地利詩人，被認為是最重要的表現主義作家。高中時因為藥物成癮而退學，之後當了三年藥劑師，接著到維也納學習醫藥。認識了當地的藝術家，在他們幫助下出版詩集。一次大戰時被徵召為陸軍，目睹殘酷的戰爭，近乎精神失常且企圖自殺，最後在醫院中服食過量古柯鹼身亡。評論家認為其詩作對德國表現主義影響極大，有獨特的音韻、色彩和象徵符號，但內容和技巧超越了時代，至今仍難以定位。

15 佛羅比（1913-1988），德國演員。原是小提琴手，後來改行當。一九一七年時加入納粹黨，一九三七年退黨，在納粹統治期間曾幫助兩個德籍猶太人逃離蓋世太保的追捕。受到詹姆士・龐德系列電影製片的注意，在《金手指》（*Goldfinger*）中飾演著名反派奧瑞克・金手指（Auric Goldfinger）。因曾加入納粹黨的背景，電影上映時遭以色列抵制，直到一位曾受他協助過的猶太家庭公開表示感謝，才得以化解。

16 新即物主義，德國威瑪時期的藝術流派，表現在藝術、文學、音樂和建築上。反對表現主義抒發內在熱情與主觀的傾向，提出對物體的客觀、理性描繪，注重實用性，通常用寫實的手法表達社會觀察和批判。新即物主義運動在威瑪政體結束、納粹政權崛起時即消失。

17申克爾（1781-1841），普魯士建築師和設計師。早年是畫家，後來從事建築，其建築風格通常稱為新古典主義，以及後期的新歌德主義。最著名的風格是他的希臘式建築，代表作為一八二三年到一八三〇年間建造的柏林老博物館（Atles Museum）。他是第一個將博物館當作藝術殿堂，設計成希臘神廟形式的建築師。設計的大部分建築物位於柏林。

18帕克（1883-1958），美國藝術家，評論家。在紐約市立學院學習藝術和繪畫，後遠赴巴黎，成為史坦因兄妹沙龍的座上客，也結識了很多歐洲傑出藝術家。他精通法文、德文和西班牙文，能擔任美國與歐陸之間溝通的橋樑，並將歐洲和墨西哥的藝術家及其作品介紹至美國。

19戴維斯（1863-1928），美國前衛藝術家。其風格於當代美國藝術家中屬於異數，在寫實主義當道的美國藝術界，畫作如馬諦斯的大膽用色，結合立體主義的結構；以如夢似幻的風景畫最為出名。

20庫恩（1877-1949），美國畫家，年輕時遊歷歐洲學習繪畫，接觸到歐陸的現代藝術。他極具宣傳技巧。有許多作品為雜誌的插畫，其中一系列描繪馬戲團表演者的畫作最著名，目前仍是收藏家注目的焦點。

21雷東（1840-1916），法國象徵主義畫家。在父親的堅持下成為建築師，三十九歲下定決心轉為畫家。畫作以豐富的想像力創造出離奇、夢幻的畫面，被認為是超現實主義和達達主義的先驅。

22史蒂格利茲（1864-1946），美國攝影師。在五十年職業攝影師的生涯中，致力將攝影納入藝術領域，並贊助許多現代藝術的活動和展覽。他在紐約的藝廊舉辦許多二十世紀藝術展，將歐洲前衛藝術引介入美國。他不僅是傑出攝影師，也挖掘並支持有才華的攝影師和畫家，在美國視覺藝術史上占有重要地位。

23布朗庫西（1876-1957），羅馬尼亞雕塑家，二十世紀最具原創性與影像力的雕塑家。作品常以銅、大理石、石膏等，刻劃抽象的主題，對現代主義的美學核心造形與材質，提出嶄新回應。其戰爭紀念碑的創作，融合建築與雕塑，為知名作品。

24畢卡比亞（1879-1953），法國畫家，與立體主義、抽象主義、達達主義和超現實主義皆有關連。畫風多變，曾巡迴美國並參與各種前衛藝術運動，將現代藝術介紹至美國。

25 雷蒙・杜象・維庸（1876-1918），法國雕刻家，畫家馬塞爾・杜象的哥哥。他原本跟哥哥雅克住在巴黎，學習醫藥，但因風濕痛而放棄學業，轉為雕刻家，自學出高明技巧。一次大戰時以軍醫身分從軍，因感染傷寒去世。

26 雅克・維庸（1875-1963），法國畫家，畫家馬塞爾・杜象和雕刻家雷蒙・杜象・維庸的哥哥。原名加斯頓・艾密爾・杜象（Gaston Emile Duchamp），一九三〇年代，其聲譽在美國比在法國高。畫作高度抽象，卻不失優雅，被認為啟發了未來主義概念。

27 《走下樓梯的裸女》是馬塞爾・杜象一九一二年的作品，表現出連續動作的形象，人物造型為圓錐形，有立體主義的風格，但又有一連串的動作，呈現未來主義的動力感。公認是立體主義與未來主義的融合之作，目前收藏於費城藝術博物館。

28 德洛涅（1885-1941），法國畫家，與妻子蘇妮亞・德洛涅創奧菲主義（Orphism）流派。以他為首的奧菲主義融合聲音、光、影、色彩的技巧，但他並不認為奧菲主義一詞能代表自己，他稱他的畫作為「純粹繪畫」。

29 庫普卡（1871-1957），早年醉心象徵和譬喻的主題，後來畫作轉為抽象，注重色彩與聲音、光影的互動，不以真實主體作為描繪基礎，而重傳達心靈與情緒的面向，被認為是奧菲主義藝術家。創立「抽象創作協會」。

30 馬列維奇（1879-1935），俄羅斯畫家。當時俄羅斯以構成主義為主流，亦即藝術有實用目的，其純粹抽象風格在俄羅斯引起軒然大波並發揮影響力。後來發展「至上主義」（Supretism），將世間萬物都以幾何圖案呈現，是他心目中最理想的繪畫形式。

31 蒙德里安（1872-1944），荷蘭畫家。早期多為風景畫，後轉為立體主義，創作純粹抽象畫，有四幅以「樹」為主題的系列畫作，呈現從寫實到抽象的轉變。稱自己的風格稱為「新造型主義」，將藝術和自然形象完全分離。藝術雜誌《風格》（*De Stij*）的創始人，在藝術、建築和工業設計上發揮影響力。

32 諾爾德（1867-1956），德國表現主義畫家。一九二〇年代加入納粹黨，反對幾位猶太藝術家，納粹黨仍將其畫作視為「頹廢」，一千餘件被充公，也禁止作畫，一九四六年後才重執畫筆。

33 亞夫倫斯基（1864-1941），俄羅斯表現主義畫家。早年從軍，後來興趣轉至繪畫，為了追求更自由的表現形式，移居慕尼黑，加入「慕尼黑新藝術家聯盟」，畫風從豐富色彩轉為抽象、簡潔的線條。結識馬諦斯後，又轉為表現主義風格。最有名作品為肖像畫系列，用色大膽，線條簡潔，視覺效果強烈。

34 邁德內爾（1884-1966），德國表現主義畫家和版畫家。年輕時受過石匠訓練，後來投入繪畫。一九一二年創作系列版畫《啟示錄風景》，表現大都會人們內心的躁動不安，畫作中彗星劃過天際，世人四處逃竄，建築物傾倒，被認為預示一次大戰的爆發。後來躲避反猶勢力迫害，逃到英國，戰後多年才返德。

35 妮爾森（1881-1972），丹麥默片女演員，移居德國，一九一〇年代最受歡迎的女演員，也是第一個受到國際矚目的巨星。有深邃的大眼，面具般冷豔面孔，以及男孩般削瘦身材，常扮演面臨悲劇命運但個性堅強的女性，表演中含有情色成分，在美國常遭禁演。僅拍過一部有聲電影，因演技無法配合新技術，加上美國新星不斷出現，退休專心從事舞台表演。反對納粹政權，離開德國回到丹麥。是二十世紀偉大女演員，以自然、生動的演出方式，打破過去電影中劇場式表演的傳統。

36 費雪（1859-1934），德國匈牙利裔出版商，一八六六年創立費雪出版社（S. Fischer Verlag），商標為一個撒網漁夫。主要出版現代文學，旗下作者囊括當代歐陸重要作家，如兩位諾貝爾文學獎作家湯瑪斯・曼和傑哈特・豪普特曼（Gerhart Hauptman）。

37 斯佩赫特（1870-1932），奧地利作家和音樂評論家，古斯塔夫・馬勒的研究者，替馬勒寫過傳記，後來也與馬勒遺孀阿爾瑪交好。

38《伯恩哈迪教授》，亞瑟・施尼茨勒一九一二年劇作，描述一位猶太醫師伯恩哈迪與牧師爭論，是否該讓他照護的一個女孩知道自己死期將至，就在兩人做宗教與道德的爭辯時，女孩過世了。在柏林上演時，隨即遭禁，諸多論點備受爭議，後曾改拍成電影。

39考夫曼（1888-1971），德國前衛藝術畫家，風格接近表現主義，是推動「新即物主義運動」主要人物。一九三三年，因其猶太人身分遭到納粹驅逐，輾轉到美國，以專為名人畫肖像聞名。

40沙頓（1869-1945），奧地利作家。青年時期父親破產，離開學校到保險公司工作，開始於報章雜誌發表詩和書籍評論，之後每年發表一本著作，最有名的是一九二三年的《小鹿斑比》。一九二八年翻譯成英文成為暢銷書，以一千美金賣出電影版權，之後輾轉賣給華德・迪士尼，改編為經典動畫。一九三六年，因猶太人身分著作遭禁，後移居瑞士。

41魏菲爾（1890-1945），奧地利作家、詩人。出身猶太家庭，曾出版詩集，與卡夫卡和里克爾等作家交好。一九一七年，與馬勒遺孀阿瑪爾相遇（當時她是格羅佩斯的妻子）並愛上她，阿瑪爾離婚後九年才與他結婚。這段期間創作許多小說和劇本，名聲達到顛峰。一九三八年，離開奧地利到法國，之後又與妻子輾轉到美國，在洛杉磯過世。重要作品有《摩西山四十天》（*Die vierzig Tage des Musa Dagh*），描述一次大戰期間土耳其與亞美利亞的戰爭，是引起國際媒體注目的暢銷書，後改拍成電影。

42阿爾瑪・馬勒（1879-1964），奧地利社交名流，年輕時以美貌與活躍聞名，三任丈夫前後為音樂家馬勒、建築師格羅佩斯、作家魏菲爾；此外，還與幾位當代名人關係密切。本身也是作曲家，在音樂上頗有才華，活躍於藝術家圈子，後世有人讚譽她為藝術家的繆思，但因其多采多姿的男女關係，也被視為「致命女人」（femme fatal）的化身。

43敏娜・貝內斯（1865-1941），弗洛依德妻子瑪莎的小妹。十七歲時曾有婚約，後來解除，母親去世後，就到維也納與弗洛依德家族同住，直到過世。在弗洛依德家中既是親戚也是女管家，在姊姊忙時看護孩子、煮飯，也擔任弗洛依德祕書，協助處理信件、校對稿件。從其信件和周遭人觀點得知，是聰慧的女子，個性活潑，理解弗洛依德工作內容。一直以來有人質疑其與弗洛依德的關係，榮格甚至在訪談中明指，但均屬謠言，未能證明。

44卡諾瓦（1886-1947），布拉格女演員，亨利希・曼第一任妻子。離婚後與女兒回到布拉格，因猶太人身分被送入集中營，一九四七年死於酷刑。

45 葛羅茲（1893-1959），德國畫家，柏林達達主義的一員，新即物主義運動一份子。一次大戰加入軍隊，因不服軍法遭到審判並驅逐。作品表達出對社會的批評和不滿，後因反對納粹政權，移民美國。該時期改畫傳統的裸體畫和風景畫，風格柔美，有新浪漫主義色彩，但失去過往作品的活力。一九五一年返德定居，在柏林過世。

46 《羅恩格林》為華格納一八五〇年創作的三幕歌劇，描述聖杯騎士羅恩格林前去拯救一位女士，但這位女士不可知道他的姓名。基本上是童話故事，引起巴伐利亞國王路德維希二世（Ludwig II）興趣，依照劇中描述蓋了如夢似幻的「新天鵝堡」。

47 《國王陛下》（*Königliche Hoheit*）是湯瑪斯・曼在一九〇九年創作的小說，敘述德國一小王國的王子獲得美國富翁之女的芳心的故事。菲立克斯・克魯爾是作者另一本小說《騙子菲利克斯・克魯爾的自白》中的人物，以回憶錄形式描述其人招搖撞騙的一生。一九一一年開始寫作，直到作家一九五四年過世，仍未完成。

48 豪斯（1884-1963），德國政治家和作家。二次世界大戰後創立政黨，為戰後德國的政治與法律打下基礎。一九四九至一九五九年擔任德意志聯邦共和國第一任總統。

49 圖霍斯基（1890-1935），猶太裔德國記者和作家，致力時政評論，反對氾濫於政治和軍事界的反民主潮流，一再呼籲國家社會主義的危險。一九三〇年代納粹崛起，發現沒人將自己的警告當真，甚至讚揚獨裁者希特勒，令他失望至極，一九三五年吞服過量安眠藥自殺身亡。

50 塔帕特（1880-1957），德國表現主義畫家，屬分離派成員，成立「新分離派」。遭納粹政權迫害，失去教職，禁止作畫，一百餘幅作品遭到破壞。

51 法布里（1867-1945），法國物理學家、光學專家。與裴洛（Alfred Pérot）共同製作法布里裴洛干涉儀。

52 托洛斯基（1879-1940），俄羅斯馬克斯主義者、革命家、政治家，及紅軍的第一位領導者。一九〇六年因推動革命而被捕，判終身流亡，歷經十年的流亡生涯。一九一七年回國，為十月革命的主要領導人之一。

一九一八到一九二二年出任政府要職，對內戰的勝利以及蘇聯與周遭諸國關係的周旋做出貢獻。一九二七年，因反對史達林集權主義流亡海外，期間組成「第四國際」對抗史達林，最後在墨西哥遭到蘇聯情報特務刺殺身亡。

53布哈林（1888-1938），俄羅斯政治家、馬克斯主義者。在列寧死後與史達林、托洛斯基等人並列共產黨主要領導人物。後因與史達林對於蘇聯未來發展的想法不合受到排擠。一九三四年，史達林開始了「大清洗」行動，布哈林在「莫斯科審判」中以叛國罪被判處死刑，於一九三七年槍決。

54埃爾南德斯（1913-1978），西班牙共產主義者，後來證實是蘇聯特務。他以冰鎬刺入托洛斯基頭部，將其殺害，因謀殺罪坐了二十年牢，出獄之後被授予蘇聯最高榮譽的蘇聯英雄獎章。

55〈伊索德的愛之死〉為華格納一八五九年三幕歌劇《崔斯坦與伊索德》（*Tristan und Isolde*）的第三幕。描述英格蘭騎士崔斯坦與愛爾蘭公主伊索德之間悲劇的愛情故事。華格納創造「崔斯坦和弦」，並不重視和聲的機能，而強調聲音的效果，藉由管弦樂表達強烈的內心情感，堪稱二十世紀現代音樂的開端。

56格羅佩斯（1883-1969），德國建築師，馬勒遺孀阿爾瑪第二任丈夫，公認為現代建築的先驅。他成立包浩斯學院，致力設計教育，意圖抹除藝術家、工匠和工業之間的界線，理論與實務並重，培養出藝術與技術統一的人才。後在納粹壓迫下關閉，他前往美國，將包浩斯的理念帶往美國建築學系。

57法古斯工廠是世界第一座玻璃帷幕建築，二〇一一年列入世界文化遺產。整個立面都採用玻璃，轉角處沒有支撐，設計概念非常新穎。該工廠為製鞋楦工廠，設計時劃分生產區、倉儲區和發送區等，至今仍正常運作。

März

3 月

三月，卡夫卡真的前往柏林找費莉絲・包爾，他要拜訪她，並一同散步，然而未能如願。羅伯特・穆齊爾（Robert Musil）向一位神經科醫生進行諮詢，之後他得以安然離開，不過卡蜜兒・克洛岱爾（Camille Claudel）則進了精神病院，且必須在裡面待上三十年。三月三十一日，在維也納舉辦了偉大的「耳光音樂會」：阿諾・荀白克遭到公開摑耳，因他讓過於刺耳的樂音響起。阿爾伯特・史懷哲及恩斯特・雲格做著非洲夢。在劍橋，路德維希・維根斯坦開始出櫃，並撰寫他的新邏輯學。維古妮亞・吳爾芙（Virginia Woolf）完成了她的第一本書，萊納・瑪利亞・里爾克感冒了。社會上普遍有個大哉問：「我們將漂往何處？」

柏林的尼科拉斯湖（Berlin-Nikolassee）區，城門前像被施了魔法的狍草地（Rehwiese）邊緣，教堂路（Kirchweg）二十七號與二十八號上，兩棟特別的別墅幾乎同時建造完工：赫曼・慕特修斯（Hermann Muthesius）[1]為銀行行長朱利葉斯・史坦（Julius Stern）所建的「史坦之屋」，緊鄰隔壁的是建築師沃爾特・艾皮斯坦（Walter Epstein）替也許是最重要的德國藝術作家朱利葉斯・邁耶格列菲蓋的別墅。後者因為繼承了一筆遺產、書賣得暢銷以及藝術品買賣，而獲致了不小的財富。在別墅興建期間，邁耶格列菲總是從工地出發驅車進城，讓洛維斯・柯林特為自己繪製肖像，他一坐就是好幾個鐘頭，那將是一幅特別的畫作，把「世紀末」藝術界中德國最重要的兩位人物永遠地結合起來。

邁耶格列菲坐落於尼科拉斯湖附近的房子，散發出法式時髦、優雅及某種特定的舒適氛圍，它是為剛滿五十歲的邁耶格列菲與其夫人量身打造的（附帶一提，幾年過去，建築師艾皮斯坦在死後當上邁耶格列菲的岳父，因為邁耶格列菲的第三任太太就是艾皮斯坦的女兒安瑪莉〔Annemarie〕，不過這位女士現在才剛守寡）。在教堂路二十八號這裡，「在外頭鄉下」，如同邁耶格列菲在給畫家愛德華・孟克（Edvard Munch）的信中，這麼描述他房子的所在位置，於一九一三年產生了一部藝術史的核心之作：《現代藝術發展史》（*Die Entwicklungsgeschichte der modernen Kunst*），預計一九一四年開始出版。

邁耶格列菲書桌的上方掛著一幅德拉克羅瓦（Delacroix）[2]的巨幅油畫，《撕咬一匹馬的獅子》（*Lion Dévorant un Cheval*），門廳豎立著蘭姆布魯克（Wilhelm Lehmbruck）[3]的裸體軀幹雕像《轉身的女人》（*Frau, sich umwendend*），家具與全部的裝潢則是經過邁耶格列菲的知己魯道夫・亞歷山大・施羅德（Rudolf Alexander Schröder）[4]的美學標準檢驗。這棟別墅是一個強烈受到親法派影響、絕佳熟成的總體藝術作品，一座夢幻城堡。但也就不再是一棟「現代之家」了。

現在橫豎得為這一年的「現代主義」下個結論，「現代」是一個頗有彈性的統稱，總是會被當代及後世的人賦予不同的解釋，每個世代的人將其發生的時間挪前或移後，以致事實上完全無法恰如其分地描述極不同時的同時性，而同時性尤其是一九一三這一年的特色。

邁耶格列菲在柏林的房子就是這樣一座將「同時性」展現得令人困惑的殿堂：飯廳掛的畫出自埃里希・克洛索夫斯基（Erich Klossowski）[5]之手，他是邁耶格列菲的友人，來自蒙馬特區，是一位有在創作繪畫的藝術史家。這幅畫是最中規中矩且怡人的晚期印象主義作品（不過，克洛索夫斯基的四歲兒子巴爾塔薩〔Balthasar〕，他在父親替邁耶格列菲畫這些畫時，總在一旁入迷地觀看，他將來會以巴爾蒂斯〔Balthus〕之名，成為法國偉大、不守規矩的畫家，這說明了父親們與兒子們當時的情況）。邁耶格列菲毫無保留地為世仇法國的藝術投注心力，這立場讓他在當時已是一位極具爭議的傳奇人物。早在第一版的《發展史》裡，他就將竇加（Degas）、塞尚、馬奈（Manet）、雷諾瓦（Renoir）譽為現代主義的四大柱石了。因此時髦術語「邁耶格列菲風」的意思，是指極端偏好法國印象主義，對德國藝術則是持批判的態度。現在，就在寫下第一個版本的十五年後，一個全新的版本誕生了，因為藝術家們成熟了，一如他所描述的，特別是作者自己也成熟了。

不過，千萬當心。在品味的問題上，「成熟」常是棘手的範疇。世人一再驚奇又訝異地經歷到，在前衛藝術中最大聲疾呼的宣傳家眼裡只有這麼一個藝術革命。然後下一個世代來了，他們打算要讓上個前衛顯得老舊，而前一代的鑑賞力、判斷力、不受賄賂的「眼光」常常不再跟得上腳步。這裡也是如此。這位邁耶格列菲，他曾單槍匹馬地僅憑一己之力，促使德國人張開雙眼，看見德拉克羅瓦以及柯洛（Corot）[6]、塞尚、馬奈、竇加等等，也就是說這位邁耶格列菲於一九一三年坐在他柏林尼科拉斯湖的鄉村別墅，內心平靜無波地寫下這句：「到了畢卡索的名字，未來的史學家會停下筆，並且記錄著：在這裡結束了。」完畢。在經歷立體主義的形狀摧毀之後，難以想像還有可能再走下去。這位偉大的作家，也許是那個世紀撰寫藝術批評最慷慨激昂的文體學家，一位講述藝術「發展」的大師，他無比冷靜地看著它，認為現在抵達了終點。然而在那裡，今天的我們看到的是其開端。

與此情況很相稱的，他於《新評論》（*Neue Rundschau*）發表〈我們將漂往何處？〉（Wohin treiben wir?）一文，在社會上造成了很大的轟動與驚惶失措。這位國與國之間偉大的中介人，近三十年來他致力於引介法國人的藝術與工藝品，並將其轉化入帝國的美學意識裡，但如今他火力大開，對德國以及法國的當代藝術爆發了滿腔怒火。尤其是年輕的表現主義畫家，也就是剛移居柏林的「橋派」與慕尼黑的藝術家團體「藍騎士」，他在文中稱他們為「壁紙畫家」。他為「當前許多畫家專注地以結構性與裝飾性為目標的傾向」，感到震驚。這明顯是沒落的徵兆，邁耶格列菲這麼寫道（在此同時，慕尼黑的史賓格勒鑑於藝術與文化上的弊病，同樣也看到西方沒落的到來）。年輕的表現主義畫家不鑽研傳統，他們是沒教養的，邁耶格列菲抱怨道：「他們在各方面皆是平面藝術家，為人也膚淺。」

驚駭是有理的！柏林表現主義畫家，以及他們的宣傳家如卡爾・舍夫勒（Karl Scheffler）[7]紛紛表示驚駭。他們同樣也驚駭於，當邁耶格列菲這位文字大師在面對對他個人而言代表著恐怖的「當代」時，竟失去了理智。不過，這也是個徵兆，顯露德法關係在一九一三年正處於怎樣沸騰的氣氛中，就算在法國當地〈我們將漂往何處？〉一文也絕未獲得贊同。雖然，在邁耶格列菲的書中對法國印象主義再度高唱了頌歌，並且清楚地傳到塞納河畔，《法國新評論》（*Nouvelle Revue Française*）卻以一種非常曲扭的方式嗅到危險。正因為邁耶格列菲這麼激烈地批評表現主義畫家，法國人認為，如今他也慢慢變成了民族主義者。他「之所以如此嚴格對待帝國的文化，只是因為他選定它作為我們的接班人，讓其餘歐洲皆受其統治。」這就是一九一三年瀰漫在巴黎的恐懼。

❧

德意志帝國的內閣批准普魯士於一九一三這一年得以鑄造價值一千兩百萬馬克的紀念幣，以茲紀念一八一三年普魯士反抗法國統治的起義，以及德皇威廉二世（Wilhelm II.）於六月十五日執政屆滿二十五周年。

❧

「俄奧之間如果開戰的話，」列寧在一九一三年寫給馬克西姆・高爾基（Maxim Gorki）[8]道：「將非常有利於在西歐土地上發動革命。不過，幾乎無法想像，弗蘭茨・約瑟夫與尼古拉會幫我們這個忙。」

❧

阿爾伯特・愛因斯坦（Albert Einstein），這位偉大的相對論理論家展現了現實的實踐家的一面。一九一三年，居住在布拉格的那段時間，他與妻子米列娃（Mileva）[9]明顯地漸行漸遠。他不再跟她談起自己的研究、新的發現與擔憂。而她保持緘默，順其發展。他們之間的情況至少是跟伯恩的赫曼・赫塞與其妻子，以及維也納的亞瑟・施尼茨勒與其妻子一樣糟糕，只舉這兩對為例，聊以慰藉。傍晚的時候，愛因斯坦便形單影孤地上咖啡廳或是酒館喝杯啤酒——也許是坐在馬克斯・布洛德（Max Brod）[10]、法蘭茲・魏菲爾或者卡夫卡的旁邊，但彼此並不相識。然後，阿爾伯特・愛因斯坦在這個一九一三年三月動筆寫了封長信到柏林去，就跟卡夫卡一樣。在一次拜訪期間，他愛上了表妹艾爾莎（Elsa）[11]，她剛離婚。他告訴她有關自己婚姻不堪的真相：他們不再睡在同一間房裡，無論如何他都避免跟米列娃獨處，因為她是一個「不和善、毫無幽默感的生物」，而他待她如雇員，可惜是一位不能解雇的。然後，他把信塞進信封，出去投郵。因此，愛因斯坦與卡夫卡透過書信向心中渴慕的遠方女子費莉絲與艾爾莎所傾訴的苦惱，有可能躺在同一個郵袋裡，從布拉格運送至柏林。

「女人的世界中」，一份《涼亭》（*Gartenlaube*）週刊的副刊，在第五期昭告世人：「奢華風與美妙絕倫的皺褶是本季晚禮服的特色，即使是對有著最靈巧手指的女裁縫而言，也是項難題。」這些極其美麗的晚禮服的紙樣可以直接訂購。有趣的是，臀寬只有幾個選擇：一一六、一一二、一〇八、一〇四、一〇〇與九十六。再窄就不可能提供了。一直到第九期，編輯部才展現憐憫心，敲鑼打鼓地宣告即將出現「苗條女子的時尚」！緊接著便是流露出高度同情心的美麗文句：「瘦削、過於苗條的夏娃女兒，妳們若想穿著體面並跟上流行，絕非易事。這意味著妥協並採取措施，天生不足的要藉由巧妙的打褶加以掩飾。」天生不足的苗條身材，到了一九一三年依然被視作一種不幸。

在紐約，聯準（Fed），聯邦準備（Federal Reserve）系統，於一九一三年成立了。其中最重要的股東為羅特希爾德（Rothschild）[12]、拉扎德（Lazard）[13]、華寶（Warburg）[14]、雷曼（Lehmanns）銀行、洛克斐勒（Rockefeller）的大通曼哈頓銀行（Chase Manhattan Bank）以及高盛（Goldman Sachs）銀行。聯準的實施讓美國政府得以不必再印製新鈔。一九一三年，接下來是開始徵收所得稅。

瓦特・拉特瑙（Walther Rathenau）[15]預見了美國帶來的經濟挑戰。因此，他於一九一三年，這個積極備戰且互相較勁的一年，草擬一份促進和平且在經濟上緊密聯繫的歐洲聯盟的藍圖：「惟剩下最後一個可能性：組織一個中歐關稅同盟。為歐洲地區國家創造經濟的自由流動是項艱鉅的任務，但並非無法克服。」

於一九一三年三月六日出刊的第三十四卷第八百五十三號的《劍橋評論》（*Cambridge Review*），在第三百五十一頁刊出大學生路德維希・維根斯坦發表的第一篇文章。一篇有關彼得・科菲（Peter Coffey）《邏輯學》（*The Science of Logic*）的評論，但其實已是他自己的新邏輯的第一份宣言了。他認為科菲所言，不合邏輯。即使面對他在劍橋三一學院（Trinity College）的老師，傳奇的伯特蘭・羅素（Bertrand Russell），這位將滿二十四歲的維也納實業家之子也敢表現悖逆。在學期結束的假期間，他跟情人數學系學生大衛・品森（David Pinsent）[16]前往挪威，他們已在斯寇爾登（Skjolden）購置了一棟小木屋，他在那裡撰寫他的理論基礎，後來以《邏輯哲學論叢》（*Tractatus logico-philosophicus*）為題，成為這個世紀最重要的著作之一。附帶一提，它牽扯的層面是如此地錯綜複雜，以至於即使是羅素，當維根斯坦寫信請託他修改他的文章時，也必須再次寫信去提出自己的問題，才能明白維根斯坦的回覆。只有他的朋友品森能夠完全了解他。之前，年長兩歲的維根斯坦在學院裡張貼告示，徵求一位受試者做有關語言與音樂節奏的心理學實驗，品森前來報名。很快的，他也成為其同性戀與邏輯學方面的受試者。維根斯坦將會合乎邏輯地，將《邏輯哲學論叢》題獻給他。

春之覺醒。三月八日，弗蘭克・魏德金、阿道夫・路斯、法蘭茲・魏菲爾與卡爾・克勞斯，在維也納的帝國咖啡廳（Café Imperial）碰面，同飲起床後的大杯牛奶咖啡。

卡夫卡像隻狗一樣忍受著他父親的折磨，覺得父親在布拉格的公寓裡一旁咳嗽或大聲關門都難以忍受。不過，那封《給父親的信》（*Brief an den Vater*），卡夫卡還沒寫。倒是埃貢・席勒，二十二歲的維也納畫家，於一九一三年提筆寫了《給母親的信》（*Briefe an die Mutter*）。他在三月三十一日寫道：「我將會成為果實，那是在其腐爛後還遺留下來的永恆生物，想必妳將會多麼高興生下了我。」母親的看法卻大有出入。她因丈夫，即席勒的父親位在圖爾恩

（Tulln）墓園的墳墓雜草蔓生，無人照管而憤怒，她寫信給兒子道：「在最敗破、最可悲的墳墓內藏著你父親的遺骸，而他卻是為你流血流汗。你浪擲了多少金錢。對每個人、每件事你都有時間，只有對你可憐的母親沒有時間！上帝寬恕你，但我辦不到。」

席勒的父親阿道夫（Adolf）很早就精神異常了，他一定總是把小埃貢當成一個同桌用餐的陌生人，就在過世不久前，他燒掉了所有的錢與股票，從此以後他們家就過得極為清苦。埃貢與他的姊妹梅拉妮（Melanie）與葛蒂（Gerti）異常親密，他不斷畫她們的裸體素描，饒富興趣地以婦科的精確性探索她們正值青春期變化的身體。當他還是個青少年的時候，曾在沒有母親的陪伴下，與葛蒂一起去旅行，從他們之間的關係而產生的圖畫，就像是為喬治・特拉克爾對他妹妹的悲劇性戀情所繪製的插畫，那也是同時期發生的。

之後葛蒂與埃貢的朋友安東・培希卡（Anton Peschka）[17]交往，這個關係令席勒瘋狂嫉妒了很久，不過後來還是給予祝福，因為他自己也認識了瓦莉（Wally）[18]，就是那名女子，其胴體透過他的素描成為二十世紀最有名的胴體之一。但他同樣也是這麼赤裸裸地畫自己以及所屬於他的，就好像他不是用鋼筆，而是用解剖刀在畫畫。與古斯塔夫・克林姆不同的是，席勒顯然絕非總會跟他的模特兒上床，他是透過保持距離的觀察，才對身體的奧祕有深入的認識。當時卻幾乎無人能了解這點。甚至他的畫商，那位來自慕尼黑觀念開通的漢斯・戈爾茨（Hans Goltz）[19]，也於一九一三年三月在一場又沒賣出一幅畫的展覽後，寫信給他：「席勒先生，不論我總是多麼高興收到你的素描作品，也樂意配合最古怪的脾氣，但是誰會買這些畫呢？我抱著極微弱的希望。」這是席勒在搬入新公寓後收到的第一封信，隨著這間公寓一切將漸入佳境。不再是第九區，不再是施拉格巷（Schlagergasse）五號，底層第四號門，而終於是第九區，赫岑大道（Hietzinger Hauptstraße）一百零一號，三樓。

埃貢母親的看法跟他的畫商如出一轍——「古怪的脾氣」，這點可能是從她那裡遺傳而來。她不僅指責兒子的道德敗壞，還有他不尊重父親的遺產，不支付墳墓的費用，以及將母親拋諸腦後。她再度寫信給兒子。因此，接下來就有第二封《給母親的信》，開頭的句子有可能出現在所有精神分析的教科書當中：「親愛的母親席勒，何必總是寄這些信來，它們遲早都會被拋進火爐裡。如果妳最近需要什麼東西的話，就過來找我，我不會再回去了。埃貢。」

一九一三，弒父之年，對母親們也意味著挑戰。或者是，如喬治・特拉克爾在一封給朋友艾哈德・卜許貝克（Erhard Buschbeck）[20]的信中所寫的：「寫信告訴我，親愛的，我母親是否因為我而平添很多苦惱？」（特拉克爾，好樣的，才剛典當了父親的手錶，以支付上妓院的花費。）

ↅ

相反的，古斯塔夫・克林姆在一九一三年，也就是他五十一歲時，還跟母親同住。用過早餐後，他前往十三區的菲特慕爾巷（Feldmühlgasse）十一號（與席勒的畫室只有四個街區的距離）。他在那邊畫畫，在那邊生活，用粉筆在門上寫著：「G. K.」以及：「大力敲門」。地板上到處都是坐墊，多幅畫布擺在立著的好幾個畫架上。他早上抵達的時候，已有數名渴望為他寬衣解帶的女子等候在門口了。當他不發一語地站在畫布前，六名裸體的女人或是女孩就在四周走動，她們伸懶腰，無所事事，等待，直到他以一個短促的招手動作叫喚她們。在寬鬆的罩衫下，他沒穿任何衣物，如此一來如果慾火上身，以及模特兒的姿勢對畫家身體裡的男人太挑逗的話，就可快速脫下。不過，晚餐時間他又會準時回到家中媽媽的身邊，或者是跟艾蜜莉·芙洛格（Emilie Flöge）[21]上劇院。克林姆去世時，有十四名前模特兒提出申請，要登記他是小孩生父的。

一九一三年春天的喬治·特拉克爾，是一齣自成一格的劇碼。他像是處於神志昏迷的狀態，在世上到處遊蕩，他跟一位朋友坦承，他只有一半降生於這世上。因此他撒錢買醉，服用佛羅拿（Veronal）[22]及其他的藥物與毒品，又酗酒，四處狂奔，像個小孩一樣吼叫，甚至與他妹妹發生亂倫，因此恨自己及連帶整個世界。他嘗試成為藥劑師，卻沒成功；他嘗試過正常的生活，自然也沒成功。在此同時，他也寫出最美麗又恐怖的詩歌，還有像是這樣的信：「我渴望那一天的到來，在這一天靈魂不願與不能再棲身於這個可悲的、被憂鬱汙染的軀體，離開這個由糞便與腐爛所組成的可笑形體，這個太過忠實於被詛咒的無神世紀的倒影。」這是一封寫給路德維希・馮・菲克爾（Ludwig von Ficker）的信，他的資助者，亦師亦友，嗯，假使這個詞可以用在特拉克爾身上的話。也是他的出版商，因為菲克爾的雜誌《火爐》（*Der Brenner*）是第一個登出特拉克爾的絕望連禱的刊物。在這一年，特拉克爾毫無目標，無可救藥地在三個地方來回遊蕩；薩爾茲堡是「腐朽之城」，茵斯布魯克（Innsbruck）是「殘酷、卑鄙至極之城」，最後，維也納是「骯髒之城」。奧地利，憎惡的百慕達三角。在火車車廂中，他無法坐下，因為他若坐下來必得直接面對一個人，然而「面對面」是他無法忍受的。所以，他總是羞於他人的目光，被驅趕到走道上站著。如果有人注視著他，他會汗流浹背，嚴重到必須更換襯衫。

然而，一九一三年三月，他突然收到一封來自萊比錫的信件，是庫特・沃爾夫出版社（Kurt Wolff Verlag）[23]寄來的。他們想要在即將出版的新系列「最後的審判」（Der jüngste Tag）中，收入一部他的詩集。那麼一切還是會好轉嗎？

❧

萊納・瑪利亞・里爾克感冒了。

❧

三月九日，時年三十一歲、為重度憂鬱症所苦的維吉妮亞・吳爾芙，將她第一本長篇小說《出航》（*The Voyage Out*）的手稿寄給她的出版社。她共花了六年的時間創作這部小說。

一九一三年三月九日恰巧也是她未來的情人薇塔・薩克維爾・韋斯特（Vita Sackville-West）[24]的成年日，即年滿二十一歲。不過，現在維吉妮亞・吳爾芙還深陷於一張截然不同且極為老舊的蜘蛛網裡。因為她把手稿寄過去的那一位出版商，是她同母異父的哥哥傑瑞德・杜克沃斯（Gerald Duckworth）[25]。如世人今天從她私密日記中得知的，傑瑞德在她童年時代，顯然曾與哥哥喬治（George）一起脅迫或是性侵她。

《出航》的故事情節圍繞著未婚、無子女的瑞秋・凡瑞斯（Rachel Vinrace），由此發展出來的長篇小說，已經蘊含了許多維吉妮亞・吳爾芙後來代表作的核心組成要素。所以，此時已經出現了一位「戴洛維夫人」，她後來獨立出來，成為一部長篇小說的主角，而瑞秋・凡瑞斯也有一個「自己的房間」，就如同吳爾芙後來一篇重要文章的標題。在《出航》裡，她讓男主角在一九一三年做出下面這個駭人聽聞的總結：「現在我們站在二十世紀的開端，直到並不是很多年以前，還從未有一位女子能夠單獨外出，或者僅不過是把嘴張開而已。那就是說，它都在幕後上演，所有這幾千年以來，這個奇特、無聲的生活，從未能夠表現出來。當然我們始終不斷在寫女人，誹謗她們，或是嘲笑她們，或是讚揚她們，然而從來不是出自女人自己本身。」

然而，這個「無聲的、未被呈現的生活」還是繼續下去了。一直到一九二九年，《出航》只賣出四百七十九本；《出航》對維吉妮亞・吳爾芙而言，是個艱辛的旅程。

法蘭茲・馬克想與藝術家友人一起替《聖經》繪製插圖。他在一九一三年三月寫信給瓦西里・康丁斯基、保羅・克利、埃里希・黑克爾與奧斯卡・柯克西卡。而他自己，幾乎不令人驚訝的，挑選了創世紀的故事，每天創作出新的動物，不需要藍騎士的藍馬。

在布拉格，一件聞所未聞的事正在發生。法蘭茲・卡夫卡真的在三月十六日寫信給費莉絲：「坦率地問，費莉絲，妳復活節時，也就是說星期日或是星期一，有隨便哪一個鐘頭可以空出來給我嗎？如果有的話，妳認為我過去好嗎？我再重複一遍，隨便哪一個鐘頭都可以，我在柏林將什麼事都不做，除了等待那一刻的到來。」費莉絲立即給予肯定的答覆。因郵件在一九一三年比在二〇一三年走得快，卡夫卡於三月十七日就符合預期地寫道：「我不知，是否可以成行。」然後在三月十八日：「就其本身而言，我旅行的阻礙還存在著，而且，我怕它還會繼續存在下去，但就一個阻礙而言，它已失去了意義，所以若將這點考慮在內來看，我可以過去。」然後在三月十九日：「如果我終究無法成行的話，最遲會於星期六拍電報給妳。」在三月二十一日不確定感益加堅固了：「費莉絲，我是否過去，尚未完全確定下來，要等到明天上午才能決定，磨坊工人的集會依舊極有可能發生。」據稱，這個奇異的藉口是這麼說的，他必須在復活節時從保險公司出發，前往捷克磨坊工會舉行的集會。然後，還有新的擔憂——也是跟穆齊爾[26]的情況一樣，出現神經衰弱的症狀：「但我必得好好睡足了，才能出現在妳面前，我這個星期又睡得那麼少，我的神經衰弱大半是因睡眠不足所導致，許多的白髮也是。真希望我能夠睡個好覺啊！真希望我能夠跟妳相會啊！」然後到了三月二十二日，也就是他該出發（以及將出發）的那一天，他還在信封上寫下這幾個大字：「仍未決定。法蘭茲」。四個字，一部自傳。

令人幾乎無法相信，不過下一封卡夫卡寫給費莉絲的信，信紙頂端真的印有旅館名字「柏林，阿斯坎納宮飯店」（Askanischer Hof, Berlin），在復活節星期天的清晨，他從那裡驚惶失措地寫道：「究竟發生了什麼事，費莉絲？妳星期五應該有收到我寄去的快捷信件，我在裡面提到，會於星期六晚上抵達。該不會就正好是這封信寄丟了。現在我人在柏林，必須於下午四點整或是五點整搭車離開，一個小時、一個小時過去了，而我沒接到妳任何的音訊。請託個小夥子給我答覆。如果能不引人注目的話，為了保險起見，也撥個電話給我，我坐在阿斯坎納宮飯店等著。法蘭茲」。他於復活節前夕抵達安哈特火車站（Anhalter Bahnhof），肯定是希望看見她站在月台上，並期待一同慶祝他們的復活。但是，她沒來。他內心不安地走遍整個月台。然後，在候車大廳坐下來，以免錯過她。在等了無止盡的許許多多個分鐘後，他還是離開了，搭車前往旅館，輾轉難眠。天色幾乎才剛微明，即跳下床，刮鬍子。然而，依然沒有費莉絲的訊息。

這是柏林的復活節星期天。法蘭茲‧卡夫卡坐在他的旅館房間裡，外面天氣陰霾，他搓揉雙手，瞪著房門，看是否有信差到來；瞪著窗外，看是否有天使降臨。

然後，她應該在某個時候出現了。她的神經夠強。他們一起搭車到西郊的格魯內瓦爾德。並肩坐在一個樹幹上。這些就是我們所知的一切。此雙重生活裡一段奇特的空白。在目睹了數月來每一個呼吸與每一天，都反映在兩至三封信中之後，現在突然：空無。

三月二十六日，卡夫卡從布拉格寫道：「妳知道嗎，在我返家後，現在妳之於我比任何一個時刻，都更是個難以理解的奇蹟？」這些就是我們對於那個柏林的星期天所知的一切。無論如何，一個復活節奇蹟。

ᘓ

這是卡夫卡在那個一九一三年三月的生活。但是也還有「作品」。所以，萊比錫的庫特‧沃爾夫，這位在那個春天處於整個德語文學中心的人寫道：「法蘭茲‧魏菲爾先生跟我談了不少您的新小說，是叫《臭蟲》嗎？我很想對它有進一步的認識。您願意寄給我嗎？」二十世紀最有名的德語小說叫《臭蟲》？某天清晨，當格里高爾‧薩姆沙（Gregor Samsa）從一連串不安寧的夢境中醒來時，發現自己變成了一隻臭蟲？當然不是。因此，卡夫卡寫信給沃爾夫：「您別相信魏菲爾！這個小說他一個字都尚未讀過。等到我把它謄好，自然很樂意寄給您。」然後：「不過，我的另一篇故事《變形記》根本還未謄寫。」《變形記》就是這麼來到世上的。

羅伯特・穆齊爾與妻子一起住在維也納第三區下威斯格伯街（Untere Weißgerberstraße）六十一號。他是有非常多樣性格特質的男子，衣著講究，體格精實，腳上的鞋子是所有維也納咖啡廳裡最閃亮的一雙，每天花一個鐘頭舉啞鈴與做屈膝的運動。極度虛榮。不過，從他身上倒也散發出自我紀律的穩定力量。他在一本小冊裡，記錄所抽的每根香菸。當他跟太太做了愛，就在日記上做一個標誌「C」，代表性交。凡事總得守秩序啊。

但這樣的情況到一九一三年三月，走到盡頭了。他再也無法忍受在維也納科技學院擔任第二級等圖書館員的單調工作。感到自己非常渺小與軟弱，同時也覺得被賦予了更崇高的任務，撰寫一部世紀小說。然而他不確定這是否僅是他緩慢的，但確定是要瘋了的徵兆。或者，是否該辭去職務。

三月三十日，他終於在精神科醫生奧托・波策爾（Otto Pötzl）那裡掛到號，足足等了兩個鐘頭。然後，他先給醫生送上他的第一本書《寄宿生特爾萊斯的困惑》（*Die Verwirrungen des Zöglings Törleß*）。裡面寫上：「波策爾醫生，謹致友好的回憶」。在益感痛苦的日子裡，回憶但丁（Dante）的時代，能夠慰藉他。他在日記裡寫下：「但在一九一三年被當成精神病的，也許[13]……只是以自我為中心罷了。」然而，醫生會怎麼說呢？在今天會稱之為「專業枯竭」、

「身心枯竭」或「過勞」（Burn-Out），當時的人則說：「患有嚴重的心神經官能症：心跳過快，帶奔馬律，入睡時心悸，消化不良伴隨著相對應的心理症狀：抑鬱狀態，與身體及精神上的極度疲憊。」一九一三年，可以總結統稱為：「神經衰弱症」。愛嘲諷的人唱著這樣的歌：「絕不休息，絕不匆忙，要不神經衰弱症迅速來報到。」這個時髦術語在奧地利皇家當局那裡，卻是個可以立即免除職務的理由。因此，一位叫做布蘭卡（Blanka）的醫生順應圖書館的希望，開了張醫師的官方診斷證明：「羅伯特・穆齊爾工程博士皇家圖書館員維也納第三區下威斯格伯街六十一號患有明顯的神經衰弱症，導致無工作能力。」

在他獲得休假的同時，弗朗茨・布萊（Franz Blei）寫信給萊比錫的庫特・沃爾夫出版社，告知羅伯特・穆齊爾正在撰寫一部偉大、「出色」的長篇小說。如果他能有個「沒有圖書館的夏天」，那麼預計不久將會看到成果。

ꕥ

我是誰？如果有我，又有幾個我？奧托・迪克斯（Otto Dix）[27]在一九一三年內畫了《小自畫像》、《自畫像》、油畫《頭（自畫群像）》，然後是《有劍蘭的自畫像》，當然還有那幅《抽菸的自畫像》。馬克斯・貝克曼，偉大的自畫像畫家，一九一三年在日記本上寫下：「總是得與自己打交道，這是多麼悲傷與難受啊！有時真高興能夠擺脫自己。」

畢卡索，一如往常地隨著一個新情婦的出現，便會徹底改變生活與繪畫風格。這次是一個特別美麗的故事：大白人女奴、浪蕩美人費南德・奧利維爾（Fernande Olivier）[28]，她的主要工作是淫蕩，給畢卡索戴綠帽，與年輕的義大利畫家烏巴爾多・奧皮（Ubaldo Oppi）私通，並把這件事透露給她的女性友人瑪塞兒・漢伯特（Marcelle Humbert），她是畫家馬庫錫（Marcoussis）矜持的情婦，蒙馬特區最不受歡迎的女人。瑪塞兒很樂意在費南德約會期間，被徵召來轉移畢卡索的注意力，因為她自己早已徹底愛上畢卡索了。而在選擇她為新的心上人之前，畢卡索先給了她一個新名字：伊娃（Eva）[29]。他尤其不希望女友跟友人，以及越加成為競爭對手的布拉克的女友叫同樣的名字。因此，伊娃對畢卡索而言，意謂著一個象徵，離開立體主義的第一階段，走向「綜合的立體主義」。他似乎也在伊娃身上看到一個機會，在三十歲初頭稍微逃離波西米亞式的生活，它妨礙了他的工作。因而，兩人先從蒙馬特區搬至蒙帕納斯區，巴黎地鐵新的十二號線也是駛往那裡。當蒙馬特區依舊聚集了窮困潦倒的藝術家、吸食鴉片者、娼妓與可疑的雜耍戲院，蒙帕納斯區已成為巴黎創意產業裡成功人士出入的新興地。借用偉大的阿波里奈爾（Apollinaire）[30]的話來說：「在蒙帕納斯區可以找到真正的藝術家，穿著美式風格的服飾。他們當中有些人可能會把鼻子伸進古柯鹼裡，不過，這無所謂。」

三十一歲的畢卡索與伊娃，在一九一二年將住所與工作室遷往一棟蓋好未滿十年的建築群裡，拉斯佩爾大道（Boulevard Raspail）二百四十二號。然後，一九一三年一月，畢卡索甚至將新女友介紹給他在巴塞隆納的父親認識。唐・賀塞（Don José），曾經是專制的家長，顯然既不對伊娃，也不對巴勃羅的「綜合的立體主義」表示反對——不過，推測大概也與他幾近全盲有關。

畢卡索與伊娃才剛結識，就已相偕逃至位於庇里牛斯山腳的賽荷（Céret）。現在，一九一三年三月，他們再度這麼做。畢卡索欲逃離大城市及其藝術圈，以便能夠好好專心工作。當他們抵達山村時，深深地吸了一口氣，在露天咖啡座坐下享受一杯咖啡，此時的太陽正開始要轉為暖暖的春陽。他們立即租下德蔻之家（Maison Delcros），把一切安頓妥當，預計住到秋天。兩天後，他便捎了兩張歡欣鼓舞的明信片給他最重要的贊助人：他的畫商坎懷勒（Kahnweiler）[31]，他與坎懷勒在一九一二年十二月簽訂一個獲利優厚的特約合同，藉此他第一次真正能賺筆財富（並替他的伊娃購置許多漂亮的女衫）。他也寫信給葛楚德・史坦因，多虧這位沙龍女主人與大收藏家在背後運作，二月舉行的軍火庫藝術博覽會才能展出多幅畢卡索的畫作。當畢卡索寄明信片給葛楚德・史坦因時，她正想把哥哥李奧攆出他們共同的公寓，以便與女友艾莉絲・托克拉斯（Alice Toklas）[32]同居。明信片上是三位加泰隆尼亞農夫的肖像，其中一位有蓄鬍鬚的，被畢卡索手寫加註說明「馬諦斯肖像」。

但是，畢卡索的好心情很快就煙消雲散了，因為他父親的健康每況愈下；他趕赴巴塞隆納，然後又回到賽荷的工作室埋首創作。見到他粗枝大葉的友人馬克斯・雅各布（Max Jakob）

從巴黎過來拜訪，他很高興。這位在一封寄到巴黎的信中寫道：「我想改變生活，前往賽荷，在畢卡索家生活幾個月。」然而，因畫家通常都待在工作室裡堅持不懈地嘗試「黏貼畫」（papiers collés）新的可能性，也就是「綜合的立體主義」拼貼，雅各布大多和伊娃一起打發時間。然而雨一直下個不停，他們只好坐在屋內，啜飲熱可可，等待大師完成他當日的工作。傍晚時，他們共酌美酒，夜晚潮濕的空氣裡充滿青蛙、蟾蜍與夜鶯的鳴叫。

但是畢卡索腦子裡只想著生病的父親，至高無上的父親，教他畫畫，他所愛所恨的父親。他十六歲的時候曾經說過：「就藝術而言，必得弒父。」如今是時候了。唐・賀塞死了，畢卡索悲痛得都癱了。還不僅如此：伊娃在賽荷的這個春天病得很重，她得了癌症。然後，當他最大的安慰者也生病了，畢卡索所有的不幸都齊全了：菲莉卡（Frika），他心愛的寵物狗，多年以來，他對牠命運的關切就像是對他的女人們一樣（有時甚至猶有過之），如今牠性命垂危。自從畢卡索抵達巴黎的第一天起，菲莉卡，這隻德國牧羊犬與布列塔尼獵犬的奇特混種狗，就一直陪伴著他，經歷過這麼多的女人、藍色、粉紅色與立體派時期。五月十四日，伊娃寫信給葛楚德・史坦因道：「菲莉卡已無法救治了。」獸醫束手無策，於是畢卡索請賽荷當地的獵區管理員，賜給菲莉卡解脫的一槍。直到他生命的盡頭，畢卡索都沒忘記那位槍擊手的名字，厄爾・魯奎多（El Ruquetó），也沒忘記他在這些日子裡哭得多麼厲害。父親死了，狗死了，情婦得了絕症，外面雨下個不停。畢卡索一九一三年春天在賽荷遭逢人生最嚴重的精神危機。

❧

三月二十二日，戈特弗里德・本恩醫學博士接到了令他感到解脫的通知書：「本恩博士，普魯士腓特烈・卡爾王子（Friedrich Karl von Preußen）元帥麾下步兵團第六十四號助理醫生，將應其自國防一軍團軍醫職位除役之請求調職。」一年內，他自西端醫院的解剖病理科轉調市立夏綠蒂堡醫院。

❧

三月二十九日，卡爾・克勞斯在慕尼黑四季廳演講。出席的嘉賓中有亨利希・曼。大廳響起友好的掌聲。

❧

三月四日，德國駐倫敦大使館舉辦一場盛大的晚宴。座上賓自然也有哈利・凱斯勒伯爵，那位穿著三件式白色西裝的德國勢利鬼，他的通訊錄上記有萬筆資料，他是費爾德（Henry van de Velde）[33]、愛德華・孟克、馬約爾（Maillol）[34]的友人，曾於威瑪創辦克拉納赫出版社（Cranach-Presse），並因展出羅丹過度赤裸的水彩畫，而不得不辭去在當地擔任的博物館館長一職。凱斯勒伯爵往返於柏林、巴黎、威瑪、布魯塞爾、倫敦與慕尼黑之間，是現代藝術與「青年風格」偉大催生者中的一位。藉由他，我們對英國女王有了多一點點的認識。剛剛在迎接賓客時，他將蕭伯納（Bernard Shaw）引見給德國大使里希諾夫斯基（Lichnowsky）公爵卡爾・馬克思（其愛好藝術、收集畢卡索畫作的夫人很喜歡他）。現在大使要在晚宴上償還這個人情債：凱斯勒將被引見給英國女王。「女王身著銀錦緞，頭戴鑲著鑽石與大顆土耳其玉的皇冠，看來挺不錯。」除此之外，場面是令人非常疲憊的：「我不能把她晾在那裡，而她找不到談話的出口。跟她交談每半分鐘就無以為繼，必須給這位可憐的老太太，就像是一只停掉的時鐘，再上緊發條，但也只能再維持三十秒而已。」至於戰爭的威脅，他在日記裡吐露，是不存在的，如同他所耳聞的：「歐洲的局勢，在這一年半以來，已完全逆轉了。俄羅斯人和法國人被迫保持和平，因為他們再也不能預期會得到英國的支持。」那就這樣吧。

ᘓ

湯瑪斯・曼在一九一三年三月寫了一封信給雅各布・瓦塞爾曼（Jakob Wassermann）[35]道：「怠忽職守的人與盡忠職守的人在戰爭裡相遇，是一個根深蒂固的虛構。戰爭作為道德的淨化危機，作為攸關生命的宏偉跨越，跨越一切多愁善感的混亂，顯見是多麼的嚴峻與浩大。」湯瑪斯・曼所指的是一八七〇與七一年間的戰爭。

ᘓ

現在我們轉去看阿諾・荀白克，這位極有魅力，沿著晚期浪漫主義與「十二音列音樂」之間的界線作曲的人。

因為覺得在維也納不為人理解，他遷居至柏林。電話簿裡登記著：「阿諾・荀白克，作曲家與作曲老師，會談時間下午一時至三時。」他的公寓位於策倫朵夫（Zehlendorf）的雷菩克（Lepcke）別墅裡，他寫信給一位維也納朋友道：「我在這裡有多出名，您絕不會相信。」

然而，他還是於三月底搭車前往維也納。在那邊他將會跟在柏林一樣出名，只不過與他所想像的不同。三月三十一日，他在音樂協會大廳擔綱指揮一首自己的室內樂、馬勒，以及學生阿爾班・貝爾格（Alban Berg）[36]與安東・馮・魏本（Anton von Webern）的作品（附帶一提，這兩位學生都很自豪地在家裡掛上荀白克替他們畫的肖像）。就是貝爾格的音樂引爆了醜聞。《作品四號，根據彼得・艾騰貝格（Peter Altenberg）[37]明信片之文所譜的管弦歌曲》，他以最典型的流行藝術風格這麼稱呼這首曲子，並由一個編制龐大的管弦樂隊，以極其嚴肅的態度演奏。它大大地激怒了聽眾，噓聲以及笑聲四起，還配有鑰匙碰撞的叮噹聲，在荀白克上次於二月舉辦的音樂會中，鑰匙就都已準備好了，只不過沒派上用場。魏本跳起來大喊，整幫無賴回家去，而無賴就回喊，喜歡這種音樂的人該被關進史坦霍夫（Steinhof）。而史坦霍夫正是艾騰貝格當時所住的精神病院。因此，聽眾所下的診斷是：瘋狂的音樂搭配瘋子的文章。（在此不得不提的是，有張艾騰貝格於這段時期與史坦霍夫的看護史帕策克〔Spatzek〕合照的相片，相片上的他極為冷靜泰然地看著鏡頭，觀者反倒有很強烈的感覺，發瘋的是看護史帕策克。針對這張相片，艾騰貝格寫道：「瘋子與看守瘋子的人」，至於誰是誰，並未明確表示。）

荀白克拍擊叫停，對著聽眾喊道，要叫人強行帶離每位鬧場的人，結果這引發更大的騷動，有人朝著指揮的方向大吼，要跟他決鬥，一位聽眾從正廳最後一排起身。當他抵達前面時，奧斯卡・施特勞斯（Oscar Straus），輕歌劇《圓舞曲之夢》（*Ein Walzertraum*）的作曲家，摑了文學與音樂學會主席阿諾・荀白克一巴掌。

隔天，《新自由報》（*Neue Freie Presse*）刊出下面的報導：「荀白克的狂熱支持者與堅決反對其往往極為反常的音響實驗者之間，已經多次發生劇烈的衝突。但在今天由學會舉辦的音樂會裡上演的一幕，根據我們的記憶幾乎不可能於維也納的音樂廳出現過。欲分開激烈爭吵的兩隊人馬，唯有熄燈一途。」有四人被警方逮捕，一名哲學系的學生、一名開業醫生、一名工程師與一名律師。這一夜，以「耳光音樂會」的名號走進歷史。

但同時代的人，特別是亞瑟・施尼茨勒，他與妻子歐爾嘉相偕出席了這場音樂會，僅以三言兩語描述這件事：「荀白克管弦音樂會。驚人的醜聞。阿爾班・貝爾格愚蠢的歌曲。中斷。哄堂大笑。主席發言。『至少安靜下來聽馬勒吧！』彷彿一切是針對這位而發。無恥——正廳裡一位『搗蛋鬼』，指揮台上的先生走入聽眾席，四下鴉雀無聲；有人一掌擊倒了他。四處打成一團。」生活繼續著。施尼茨勒了換一行，接著寫道：「與薇琪（Vicki）、弗里茨・祖卡坎德爾（Fritz Zuckerkandl）以及他的母親到『帝國』用晚餐。」

阿諾・荀白克隔天搭車回柏林，心中徹底確認一九一三年是個不幸之年，維也納人是令人難以置信的俗輩。才剛返抵柏林，他即接見了《時代》（*Zeit*）報的記者，以氣量狹小且自以為是的方式跟對方解釋道：

「一張音樂會門票給予的權利，僅是聽音樂會，而非干擾演奏。一張票的買主是購得傾聽權利的受邀者：此外無他。受邀參加一場沙龍與受邀參加一場音樂會之間，存在著很大的區別。擔負舉辦一場活動的部分費用，不可能代表著被賦予做出不規矩行為的權利。」荀白克先生以下面關於未來相應措施之聲明總結他的訪談：「我決定以後唯有在門票上特別強調並註明禁止干擾演奏，才會參與這類的音樂會演出。一場音樂會的主辦人不僅是道德上，也是物質上的法律權利所有人，在一個建立於私有財產之上的政治體制裡，要求這項權利受到保障，是理所當然的。」這個訪談是一份令人感到錯亂的紀錄。新音樂的提倡者希望合法要求不受干擾的前衛藝術。即使對這個非比尋常的一九一三年而言，它還是好得過頭了。

卡蜜兒・克洛岱爾於十九世紀末，征服了偉大的奧古斯特・羅丹（Auguste Rodin），還創作出散發獨特之美的雕塑作品。

在她口授下，羅丹與她簽訂了一個合約，裡面規定他不准採用除了她以外的模特兒，並有義務替她爭取訂單，以及支付她一趟義大利旅行的費用——這樣的話，他即可每月去她工作室拜訪她四次。他對她百依百順。不過，她後來在一八九三年還是離他而去。

從這一刻起，她的運勢就急轉直下。一九一三年，二十年後，她還是滿腦子都是羅丹。她在這期間變得肥胖臃腫，披掛著沒洗、糾結的頭髮，眼神迷惘。在她身上再也看不出來曾是那位先讓羅丹，後又讓克勞德·德布西（Claude Debussy）迷戀上的年輕女雕塑家。她住在波旁河岸區（Quai Bourbon）十九號上一個堆滿雜物的底層公寓，在發狂的狀態下，有意識地敲毀所有之前創作的作品，覺得被家人與羅丹及整個世界所迫害。她確信羅丹，最後一次見到他是在十六年前，無恥地剽竊了她的作品。

因為堅信所有人都要毒死她，所以她只吃馬鈴薯，喝煮過的水，百葉窗一直緊閉著，如此就無人可以窺探她。她的哥哥保羅·克洛岱爾（Paul Claudel）去看望她，之後簡短地在日記裡記下：「巴黎。卡蜜兒瘋了，從牆壁上撕下長條長條的壁紙，只有一張破沙發椅，骯髒無比。她本身又胖又髒，金屬般平緩單調的聲音不間斷地講個不停。」

三月五日，米肖（Michaux）醫生在哥哥保羅·克洛岱爾的授權下，開了一張醫生診斷書，將他的妹妹送進一間與外界隔絕的精神病院。三月十日，星期一，兩名體格壯碩的醫務士強行打開通往卡蜜兒工作室，上了好幾道鎖的門，扛走大聲尖叫的女人。她四十八歲。就在同一天，她被送進威立華爾（Ville-Évrard）精神病院，負責的醫生圖埃勒（Truelle）博士毫不質疑地確認病人確實患有重度偏執狂。她每天都在談論羅丹。每天都擔心他要毒害她，而護士們則是他的同夥。這樣的情況還要持續三十年。此時尚未有關於「卡蜜兒·克洛岱爾的精神病學研究」的博士論文。

阿爾伯特・史懷哲於一九一三年三月，晉升為醫學博士。他的論文《耶穌的精神病學研究》令審查委員困惑，卻也博得了他們的歡心。隔天，他賣掉了所有的財物。然後，在一九一三年三月二十一日帶著妻子海倫（Helene）前往非洲。於法屬赤道非洲奧果韋河（Ogooué）畔，建立蘭巴雷內（Lam barene）叢林醫院。

恩斯特・雲格也做著非洲夢。在中學教室的椅子上，他不斷地閱讀非洲遊記。「百無聊賴的致命之毒，益加厲害地侵入我的體內」——因此他決定，必須去尋找非洲的祕密，「遺失的花園」，隱藏於尼羅河或剛果河上游細流間的某處。非洲，對他而言是野性與原始的完美化身。他非得去那裡不可。只是，該怎麼去呢？且讓我們拭目以待。

現在是三月底。普魯斯特披了件皮草在睡衣上，大半夜裡又跑到街上去。然後，滿懷虔誠地注視聖母院的聖安妮門（Sankt-Annen-Portal），整整兩個鐘頭之久。隔天早上，他寫信給施特勞斯（Strauss）夫人道：在這座門上「從八個世紀以來，聚集了一群比我們所交遊的來得更迷人的人士。」故此後世人就一貫稱之為：追憶逝水年華。

卡爾・瓦倫汀（Karl Valentin）[38]在拍他最初的三部默片。《風流浪子》（*Die lustigen Vagabunden*）、《新書桌》（*Der neue Schreibtisch*）與《卡爾・瓦倫汀的婚禮》（*Karl Valentins Hochzeit*）。一九一三年，他也首次跟新女伴麗莎・卡爾施塔特（Liesl Karlstadt）[39]一同登台演出。

---

1 慕特修斯（1861-1927），德國建築師，曾任普魯士貿易局建築委員，派駐英國，對英國文化相當傾心，回國後推動英國藝術與工藝運動，藉由結合藝術家、工藝家、畫家及贊助者的力量，尋求品質改善。支持「標準化」和「機械化」，做出品質均一的產品，理念促成「新即物主義」，也對後來的建築界，包括包浩斯的概念產生影響。

2 德拉克羅瓦（1798-1863），法國浪漫主義畫家。一八二五年至英國，深受英國畫風的鮮明色彩與技巧感動，一八三二年，至北非旅行，又開啟了另一種主題。畫作構圖嚴謹，注重色彩的明暗對比，奔放的色塊予人強烈視覺印象。最著名的畫作是目前收藏在羅浮宮的《領導民眾的自由女神》。

3 蘭姆布魯克（1881-1919），德國雕刻家。一次大戰時目睹戰爭的悲慘陷入嚴重憂鬱，逃離軍隊到瑞士，返回柏林後自殺身亡。雕像作品以人物居多，被認為受到自然主義和表現主義的影響。

4 施羅德（1878-1962），德國翻譯家和詩人，大部分作品是與基督宗教有關的抒情詩，也是建築師與畫家。

5 克洛索夫斯基（1875-1949），波蘭裔法國畫家和美術史學家。

6 柯洛（Jean-Baptiste Camille Corot, 1796-1875），法國畫家，以風景畫聞名，其作畫技巧為新古典主義，也被認為是印象主義先驅。二十六歲才由商人轉為畫家，五十四歲發展出羽毛狀畫法，讓物體有蓬鬆感，營造出迷濛空間。畫作數量豐富，且為人友善，常讓朋友模仿他的畫風然後簽上自己的名字，結果導致偽作充斥市場。

7舍夫勒（1869-1951），德國藝術評論家。一八九七年起為各報章雜誌寫作藝術評論，主要是針對現代藝術，且反對學院派風格。寫作風格成為之後德國藝術學科理論的典範。

8高爾基（1868-1936），俄羅斯作家，社會主義寫實主義的創始人，政治家。積極參與政治和社會運動，發表文章支持革命和政治改革，因此而受到政府壓迫，曾流亡義大利。他原先與列寧交好，後因理念不和而起衝突，再度出走至法國。他不將文學視為美學的工具，而是一種可以改變世界的道德和政治行動，喜歡描寫社會底層和邊緣生活的人，呈現他們生活中艱困辛酸，但又充滿人性的一面。部分作品被蘇聯奉為經典，授予無產階級作家的稱號。晚年受到史達林主義者的壓迫，過著形同軟禁的生活。

9米列娃・馬利奇（1875-1948），歐洲最早一批學習數理的女性，和物理學家愛因斯坦是蘇黎世聯邦理工學院的同學，一九〇三年結婚，成為他的第一任妻子。後來夫妻感情不睦，一九一九年離婚。

10布洛德（1884-1968），猶太裔捷克作家、記者。最為人知的一點是，他是作家卡夫卡的好友、傳記作者，也是其遺囑執行人。布洛德自己創作豐富，也不吝於提拔其他作家。一九〇二年於大學進修法律時認識卡夫卡，直到卡夫卡過世，兩人都是親密好友。卡夫卡始終懷疑自己是否有寫作才能，布洛德不斷鼓勵他創作；身為卡夫卡遺囑執行人，並沒有依照遺囑在他死後將手稿全數燒毀，反而將卡夫卡作品出版。後世對卡夫卡的評價證實了布洛德是正確的。

11艾爾莎・愛因斯坦（1876-1936），物理學家愛因斯坦第二任妻子。與愛因斯坦是表兄妹（母親為姊妹），曾嫁給布料商洛文桑（Lowenthal），離婚後搬回柏林，一九一九年與愛因斯坦結婚。

12羅特希爾德集團，歐洲頗負盛名的銀行家族，創始人為梅耶・羅特希爾德（Mayer Amschel Rothschild），一七六〇年代在法蘭克福創立銀行事業，並將繼承權交給分居歐洲各地的五個兒子，成立國際性的銀行集團，家族在歐洲金融界呼風喚雨兩百年，控制一國的金錢流向，有時連國王都得向他們借貸。

13拉扎德集團，一八四八年在紐約成立的投資集團，創立者為亞歷山大（Alexander）、艾理（Elie）、西蒙・

拉扎德（Simon Lazard）三兄弟。他們是移民美國的猶太人，原先經營紡織，後來改為銀行和外匯業務，是全世界第一個經營投資銀行的集團。

14 華寶集團，英國投資銀行，西格蒙德・華寶爵士（Sir Siegmund George Warburg）於一九三四年創立。一九九五年被瑞士銀行合併，稱為瑞銀華寶（UBS Warburg），是歐洲最大的投資銀行。

15 拉特瑙（1867-1922），德國企業家、政治家、作家，出身富裕猶太家庭，在威瑪政權期間曾擔任德國外交部長。作家穆齊爾的小說《沒有個性的人》裡有一個具典型德國企業家性格的角色，據聞是以拉特瑙本人為雛形而寫的。

16 大衛・品森（1891-1918），奧地利哲學家維根斯坦的好友及合作者，英國哲學家大衛・休謨的後裔。一九一二年在劍橋三一學院認識維根斯坦，隨即成為好友，基於對音樂和數學的共同興趣，一同做有關音樂節奏方面的實驗。一九一二到一四年間，兩人一起到冰島、挪威等地旅行，之後品森公開這期間日記，可以看到有關維根斯坦其人的個性和態度。一次大戰時，品森為英國空軍的測試飛行員，一九一八年死於一場空中意外。

17 培希卡（1885-1940），奧地利畫家，埃貢・席勒在維也納藝術學院的同學，後來和席勒妹妹葛蒂結婚。

18 瓦莉・諾伊齊（Wally Neuzil, 1894-1917），曾擔任克林姆和席勒的模特兒，後來與席勒同居一段時間。席勒結識一對姊妹伊迪絲（Edith Harms）和艾德蕾・漢斯（Adele Harms）後，與伊迪絲墜入情網，想要和她結婚，便與諾伊齊分手。諾伊齊在一次大戰時擔任紅十字會護士，感染腥紅熱而死。席勒以她為模特兒所繪的一系列裸體畫作呈現情色與肉慾，被認為是席勒女性裸體畫的代表作。

19 戈爾茨（1873-1927），德國藝術品交易商。

20 卜許貝克（1889-1960），奧地利作家、劇作家。

21 芙洛格（1874-1952），奧地利時尚設計師，亦是畫家克林姆的長期伴侶。與姊妹經營的設計沙龍，製作高級訂製時裝，在維也納紅極一時。克林姆曾以芙洛格為模特兒，畫製多幅女性肖像畫，據聞名作《吻》描繪的就是畫家自己和芙洛格。

22 佛羅拿，亦即巴比妥（barbital），佛羅拿為商品名，是第一個商品化的巴比妥藥物。一般當作安眠藥使用，副作用少但依賴性強，可能會因為耐藥量跟上癮問題而讓使用者越吃越多，最後達到致死量。

23 庫特・沃爾夫出版社，由庫特・沃爾夫（1887-1963）建立經營，他是第一個出版並推廣卡夫卡作品的人。一九三八年，猶太裔的沃爾夫和妻子移民美國，在一九四八年創立Pantheon Books，後又離美返歐。

24 薩克維爾・韋斯特（1892-1962），英國作家、詩人、園藝家。出身貴族世家，與外交官哈洛德・尼可森（Harold George Nicholson）結婚，儘管她不斷與同性有緋聞，但兩人仍相處融洽。她最有名的緋聞對象是作家維吉妮亞・吳爾芙，兩人於一九二二年相識並相戀，讓吳爾芙寫出經典作品《奧蘭朵》（*Orlando*）。這本小說被韋斯特的兒子，亦是著名出版編輯奈傑爾・尼可森（Nigel Nicholson）稱為是「文學史上最長且最迷人的情書」。

25 傑瑞德・杜克沃斯（1870-1937），英國出版商，作家維吉妮亞・吳爾芙的同母異父的哥哥。杜克沃斯的父親在他出生前即過世，八歲時母親改嫁作家萊斯利・史蒂芬（Leslie Stephen），成為史蒂芬女兒吳爾芙的哥哥。一八九八年，杜克沃斯成立出版社，曾出版過許多當代重要英國作家的作品，如亨利・詹姆斯、D. H. 勞倫斯、伊夫林・沃（Evelyn Wough）、伊迪絲・西特威爾（Edith Sitwell）等；吳爾芙的前兩本作品也由杜克沃斯出版。

26 穆齊爾（1880-1942），奧地利作家，曾就讀軍校，大學時念工程，後獲得哲學博士學位。著名作品是《沒有個性的人》（*Der Mann ohne Eigenschaften*），包含三部，長達一千七百頁以上，自穆齊爾一九二一年開始寫作以來，一直到他過世都未完成。一九三八年，奧地利被德國侵略，因妻子猶太人的身分移居瑞士，他在瑞士因中風而過世。《沒有個性的人》被認為是二十世紀重要的現代文學，雖然因為篇幅太多，出版時間拖得很長，劇情沒有固定的主線而難以閱讀，但穆齊爾呈現一次世界大戰前後歐洲社會的氛圍和思想，也有評論者認為這部作品預示了二次世界大戰所帶來的悲劇。

27迪克斯（1891-1969），德國畫家，風格多樣，屬於新即物主義的作品尤其受到矚目。

28費南德・奧利維爾（1881-1966），畢卡索成名前的情人，畢卡索立體派時期的幾幅畫作以她為模特兒。

29伊娃・谷維（1885-1915），一九一一年在巴黎與畢卡索相識，成為他的第二位人生伴侶，當時是藝術家綜合的立體主義時期的開始。畢卡索曾以谷維為模特兒，畫了肖像畫。谷維一九一五年病逝，帶給畢卡索不小的打擊。

30阿波里奈爾（1880-1918），法國詩人，生於義大利，二十世紀初最重要的詩人、劇作家和小說家。他被認為是創造超現實主義這個字彙的人，也是第一個寫出超現實主義詩作的作家。一次大戰時從軍，被流彈擊傷太陽穴，後來死於西班牙流行感冒。

31坎懷勒（1884-1979），德國藝術經紀人，為二十世紀重要法國藝術品的收藏家，也是第一個收藏畢卡索、布拉克等立體派畫家作品的人。

32艾莉絲・托克拉斯（1877-1967），美國作家。一九〇七年抵達巴黎，遇見葛楚德・史坦因，之後和她一起主持當代藝術家和作家群集的沙龍。兩人一直維持伴侶關係，直到葛楚德過世。雖然繼承了葛楚德留下的房子跟收藏畫作，但因兩人之間沒有法定關係，史坦因家人趁其出門時，將家中畫作全數搬出。晚年窮困，靠朋友接濟與替雜誌撰文維生。後出版有《艾莉絲・B・托克拉斯的食譜》（*Alice B. Toklas Cookbook*），該書成為暢銷書籍，翻譯成多國語言。

33費爾德（1863-1957），比利時建築師與設計師，在二十世紀初的德國發揮影響力。

34馬約爾（1861-1944），法國雕塑家、畫家。

35瓦塞爾曼（1873-1934），猶太裔德國作家。

36貝爾格（1885-1935），奧地利作曲家，與荀白克、魏本（1883-1945）同為新維也納樂派，或稱第二維也納樂派的代表人物。

37艾騰貝格（1859-1919），原名理查・英格蘭德（Richard Englander）奧地利作家。在奧地利以「喜歡出入咖啡廳的作家」而聞名。

38 瓦倫汀（1882-1948），德國喜劇演員、民謠歌者、電影製作人，被譽為「德國的卓別林」。

39 卡爾施塔特（1892-1960），德國女演員，與卡爾·瓦倫汀組成知名的喜劇二人組。

April

4月

希特勒四月二十日在維也納梅德曼街上的男子宿舍，慶祝他二十四歲生日。湯瑪斯・曼構思著《魔山》，他的妻子又去做療養。利奧尼・費寧格（Lyonel Feininger）發現吉爾梅洛達（Gelmeroda）的村莊小教堂，並讓它成為表現主義的大教堂。法蘭茲・卡夫卡跟菜農表明自願從事勞動服務，下午做除草的工作，以治療他的「專業枯竭」。伯恩哈德・凱勒曼（Bernhard Kellermann）寫出年度暢銷書《隧道》（*Der Tunnel*），一部講述美洲與歐洲之間地下通道的科幻小說。弗蘭克・魏德金的《露露》被禁。奧斯卡・柯克西卡購買一幅與他情人阿爾瑪・馬勒的床一樣大的畫布，開始在上面繪製他的愛侶像。如果它成為傑作，阿爾瑪就願意嫁給他。但，唯有如此。

Gefahr im Anzug

(Zeichnung von M. Dudovich)

„Diese ewigen Grenzzwischenfälle sind ja schon ekelhaft genug. Aber unsere Männer werden erst staunen, wenn die Franzosen mit ihren Modeschikanen angerückt kommen!"

《橋派》能維持多久？自從藝術家們恩斯特・路德維希・克爾希納、卡爾・施密特・羅特盧夫、埃里希・黑克爾、奧圖・穆勒以及埃米爾・諾爾德從德勒斯登搬到柏林後，彼此就越來越常起爭執，有「女人的風波與陰謀」，如克爾希納這麼寫的，一九一二年，馬克斯・佩希斯坦（Max Pechstein）[1]就已退出這個團體。每人都嘗試憑藉一己之力，在個人藝術發展與財務上披荊斬棘，他們全窩居於柏林的閣樓小室，在風格上各自發展出不同的樣貌，藝術家彼此之間也漸行漸遠。他們的工作室裡，未售出的作品層層堆疊，然而他們還是勇敢地繼續畫下去。

就像一對情感陷入危機的愛侶，橋派畫家也試圖回憶他們一同起步時天堂般的純真與宛若來自史前的力量。他們計畫出版一部《橋派》編年史，內容將包含原版木刻版畫與畫作的相片，由克爾希納，這位機智、以自我為中心的團體發言人撰寫內文。一九一三年四月，克爾希納發瘋似地在寫這篇將成為宣言的文章，如果他的焦慮、藥物、女人們、速寫本、這個該死的柏林，終於能給他幾分鐘做這件事的話。

「舊有的崩塌，時代在改變。」這句引自《威廉・泰爾》（*Wilhelm Tell*）[2]的席勒（Schiller）語錄，以大字體印在「一九一三年藥劑師口袋年曆」上，吸引了眾人的目光。即將爆發一場革命嗎？難道德國藥劑師預見即將到來的災難？

非也。只是出現妝點軟膏與止咳糖漿的新式漂亮標籤。或者如同廣告裡繼續這麼寫的：

「本出版社所印行的新式標籤等出版物，皆無一例外地由具備資格的藝術家所設計，品味被業界引為模範、領先群雄。超越目前現有的一切。」

真是一則不帶任何虛假謙遜的廣告。可惜公司名稱卻非這麼朗朗上口，並未超越目前現有的一切：「供應化學製藥、藥劑師、藥房等相關產業的標籤印刷廠與出版公司，巴門（Barmen）。」

默文・奧戈爾曼（Mervyn O'Gorman）上校，英國皇家飛機公司的負責人（Royal Aircraft Company），於一九一三年推進兩項技術的發展，同樣也超越現有的一切：在週間，傳奇的航空工程師打造能夠投入戰爭、發動攻擊的戰機；週日時，如果陽光普照，他就拿起自己的相機，以天然彩色相片的技術拍攝他美麗、但顯得難以親近的女兒克里斯蒂娜（Christina），沖洗出來的是清晰的彩色相片。他的飛機走進世界史；他在多塞特郡（Dorset）拉爾沃思灣（Lulworth Cove）附近海灘上拍攝的相片，則走進藝術史。純潔無瑕的年輕女孩，彩色的，沿著海岸奔跑，斜倚在划艇上。天空沒有一架飛機，只有紅色調、藍色調、棕色調，浪花輕輕拍打沙灘。施了魔法的相片，拍攝於一九一三年，卻近得彷彿觸手可及。

八點整，湯瑪斯・曼醒來。並非因為有人喚他起床，或是上了鬧鐘。都不是，他就是會在八點醒來。有一次他七點半醒來，繼續躺了半個小時，惱怒怎會發生這樣的事。絕不會有下一次。他的身體服從了他。我們對於湯瑪斯・曼與卡蒂亞・平林恩斯海姆婚姻裡的冰窖，所知仍甚少。引人注目的是，卡蒂亞在她丈夫一九一二年寫完《魂斷威尼斯》之後，有將近一年半的時間馬不停蹄地前往瑞士各個療養地，治療她的肺病。讓她無法呼吸的，是她丈夫隱晦的同性戀告白。當然，她比任何人都清楚古斯塔夫・馮・阿森巴赫（Gustav von Aschenbach）[3]無疑是她丈夫的一幅自畫像——他們一九一一年一起去威尼斯度假，發生在貝恩斯大酒店（Grand Hotel des Bains），他的目光離不開那個漂亮的男孩達秋（Tadzio），在書中的描述是「完美極致」，「蒼白與優雅內向」。卡蒂亞曾經對她丈夫目光緊追著這個男孩感到詫異，而今她讀了這篇中篇小說，敘述一名邁入老年的藝術家，肆無忌憚地循著孌童戀的傾向，觀察那名男孩，每當他出現在海灘上以及在餐廳用餐時，「優美與難以親近」。湯瑪斯・曼讓那位古斯塔夫・馮・阿森巴赫替自己徹底執行意志，然後喪命。在持續居留於療養院的一年，卡蒂亞與湯瑪斯必須痛苦地放棄「謹守的婚姻幸福」。不過，他們仍舊在一起，保持尊嚴，還建造一棟房屋。

八點半整，卡蒂亞與湯瑪斯・曼會合，然後共進早餐，在他們婚姻中的每一天皆如此。不論是在卯爾克爾歇街，或是巴德特爾茲（Bad Tölz）的鄉間別墅裡，或是後來在浦戌根街。鐘敲響九點的時候，大作家開始工作。他的四個小孩一輩子都記得父親在九點整關上門的方式，不論是在卯爾克爾歇街上的公寓，或是巴德特爾茲的鄉間別墅裡，或是後來在浦戌根街。

那是非常絕然、非常斷然地鎖上房門。世界得待在外頭。

然後，他拿起手稿簿開始工作，就像一部機器。「請賜予我們今日之紙」，他有一次跟朋友伯特姆（Bertram）這麼說道。「我需要潔白、光滑無瑕的紙，流動的墨汁，與一支書寫流暢的新鋼筆。為了避免寫得歪斜，我在下面墊一張影格線紙。我可以在任何地方工作，只是必須有個屋頂在頭上。開闊的天空有益於無拘無束的幻想與草擬故事，細心的工作則需要房間天花板的守護。」

整整三個小時後，十二點鐘敲響，他放下筆。然後，仔仔細細地刮鬍子。他試過，如果早晨就刮鬍子，到了用晚餐時，鬍茬就又冒出來。自從他十二點才刮鬍子，用晚餐時就可以依然有著光滑的臉頰。刮好鬍子，灑上幾滴刮鬍水後，湯瑪斯・曼就出門散步。然後，與孩子們共進午餐，接著湯瑪斯・曼落坐於沙發一角，享受一根雪茄，讀點東西，說說話。有時甚至會跟他的孩子們玩耍。艾莉卡（Erika）七歲、克勞斯（Klaus）六歲、戈羅（Golo）四歲與莫妮卡（Monika）三歲。但是很快地他們又全交給保母了，因為湯瑪斯・曼得躺一下。他總是從四點睡到五點。當然，也不需要設定鬧鐘。五點喝茶，之後他就花心思在他稱之為「旁務」的事情上，可以在這個時候打電話給他，或是拜訪他（「您五點半左右來吧」，他寫給伯特姆道），也就是說：他在。晚上七點整用晚餐。由此看來，世界文學只是有無精確規劃的問題。這年春天，他第一次跟孩子們提到想寫的新書，將叫做《魔山》。而且會是本好玩的書。艾莉卡因而給她父親取了個名字：「魔術師」（Zauberer）。這個名字將維持終身。寫給孩子們的信件，他都只簽這個名字，有時候則極為親暱地只寫個「Z」。

顯然一切盡在他的掌握中，以他的魔杖，他的筆。從A如阿森巴赫，到Z如魔術師。

圖書館館員，步下階梯：一九一三年四月，馬塞爾・杜象順利完成圖書館學的結業課程，開始在巴黎聖吉納維夫（Sainte-Geneviève）圖書館擔任圖書館助理。儘管他在紐約軍火庫藝術博覽會上獲得巨大的成功，但他實際上已經跟藝術做了了斷。他開始沉默下來，不過馬塞爾・杜象的沉默尚未被過度放大。根本無人察覺。他不斷下棋。也許不僅是他的藝術，而是整個藝術都抵達終點了？杜象，這位絕頂聰明、極度敏感的公證人之子，出乎他意料之外，他發現自己在阿波里奈爾三月出版的《立體主義畫家》一書中，被推崇為偉大的立體主義畫家，他卻認為自己落入死胡同裡。前一年，他遠離巴黎，在慕尼黑沉默、閱讀與思索。他在老繪畫陳列館（Alte Pinakothek）看見多幅克拉納赫（Cranach）[4]的作品。然後把裸體馬利亞們以稜角分明的方式與未來主義的女性形象相融合，繪入畫作《走下樓梯的裸女》中。他使用油畫顏料這個緩慢的媒介，創作出動態的圖像。然而如今，他與他的藝術及想法都滯礙不前。是否寧願只要下棋就好？他後來成為法國國際象棋國家代表隊的成員，還四度參加了奧林匹克比賽。

❧ 奧匈帝國的軍備支出在一九一三年占了國民生產總值的百分之二，在德意志帝國是百分之三點九，在法國則是百分之四點八。

❧

柏林，喬治・葛羅茲坐著，畫下那些難以理解的事物。貧窮與財富的爆炸。噪音。交通。建築工地。街道上的冷冽與妓院裡的燠熱。臣僕。戴帽的矮胖男人，肥胖的女人，身上的肉崩塌下垂。互相鬥毆的身體，瑟瑟發抖的身體，看熱鬧的身體。一筆尖細的黑線條捕捉住一切。抓刮的素描筆觸，彷彿是在皮膚上刺青。「城市周邊像章魚的八爪四處抓攫，強力吸引著我們。我們畫未乾的新建築、奇異的城市風景，火車在地道上冒蒸氣，垃圾場緊鄰社區農圃，新鋪設的道路旁已立著燒瀝青的鍋爐。」葛羅茲畫完一張，又畫一張。素描簿用盡，就上酒吧去，喝一杯淡啤酒，吃醃鯡魚捲。之後，再一個「配哨音的古柯鹼」。這是加入一小塊方糖的馬鈴薯烈酒，浸蘭姆酒，售價極廉。如果他一個錢都沒有，就跟克爾希納及所有其他為數不少的波希米亞人一樣，上阿辛格餐廳去。因為那裡一大盤豌豆湯只要三十芬尼，並附上很多無限量供應的麵包與小麵包。麵包籃空了，服務生就會再端來一籃新的，葛羅茲把麵包藏入口袋裡，以供飢腸轆轆的未來幾天食用。然後，他走到馬路上去，上咖啡館，上妓院，上酒吧，並且畫下萬物之靈，豬，人。

維也納躺在西格蒙德・弗洛依德的影子裡。即使在做夢這件事上，此時已都會聯想到源自伯格巷十九號的超我。無論如何，四月九日，亞瑟・施尼茨勒在他的日記裡記錄了：「愚蠢的夢——在某個排演之後返家的路上，想先去艾比（Epply）那裡修鬍子，卻突然置身於自己的浴室中：阿斯科納斯（Askonas）先生要給我（大約是在做除癬手術之前）剃腿毛……」（弗洛依德學派可能會將之解釋為掩飾的自殺願望。）

阿弗雷德・弗雷希特海姆（Alfred Flechtheim）[5]，偉大的畫商，開始研擬自殺計畫。在此時，他還是一名小糧食商人，懷抱對藝術不可自拔的偏好。他曾有個偉大的計畫：將妻子貝蒂・戈德施密特（Betti Goldschmidt）帶來的嫁妝，幾乎全數投資於巴黎當代藝術的蜜月旅行上。畢卡索、布拉克、弗里茨（Friesz）[6]。他在日記裡寫道：「藝術是有些瘋狂的性質。藝術，它攫獲了我。」因此，他企圖藉由炒作糧價並在西班牙開採銅礦致富，然後以藝術買賣營生。但是，他完全不熟悉糧食買賣。不幸的，這似乎是家族遺傳。他的父親與叔叔之前就已因高風險的炒作，讓家族企業弗雷希特海姆碾磨場，瀕臨破產邊緣。在西班牙開採銅礦的一切努力也都功敗垂成，而他所有的財產皆耗盡了。他收藏有五幅塞尚、一幅梵谷、兩幅高更、十幅畢卡索，還有孟克與秀拉（Seurat）[7]的畫作，以及三萬馬克的債務。他去拜訪岳父戈德施密特，「親愛的岳父」，他這麼開口道，並問他是否願意接受這些收藏作為「保證金」。戈德施密特，多特蒙德（Dortmund）最大的地主，給的回答卻是：「不」。誰敢說畢卡索與塞尚與高更，在幾百年後還有什麼價值，戈德施密特這麼回應。弗雷希特海姆無言地站起身，走了。走到年輕的尼爾斯・達德爾（Nils de Dardel）處，盡情痛哭，一位有著耀眼的外貌，但畫得很糟的瑞典藝術家。弗雷希特海姆愛上了他。貝蒂因此威脅要離開他。面臨離婚、承認是同性戀者，加上巨額債務導致的名譽掃地，促使弗雷希特海姆，因為沒有可決鬥的對象，而下了這個決定，自殺是拯救他的名譽的唯一途徑：「我正處於沼澤的正中央。」他寫信給妻子貝蒂：「希望妳會找到一個配得上妳的男人。」然而，他並沒把它寄出去，而是簽下一張巨額的人壽保單，受益人為他的父母與妻子，並計畫在一九一四年發生一場「致命」的事故。一九一三年，則是要為此做準備。在他日記裡，全部的思緒都繞著即將來臨的破產打轉。「如果破產了，我就逃到巴黎去，帶著所有我能帶得走的畫，然後在巴黎生活八個月。」後來事情的發展卻完全不一樣：突然間，他能把他那幅梵谷以四萬馬克的價格，轉手給杜塞爾多夫的博物館，他的朋友們把他從荒謬的採礦事業中贖出，糧食公司的破產則是勉勉強強地迴避了。因此，阿弗雷德・弗雷希特海姆在一九一三年秋天，就能在商人保羅・卡西勒（Paul Cassirer）的幫助下，於杜塞爾多夫的林蔭大道街（Düsseldorfer Alleestraße）七號開一家畫廊。他的妻子原諒了他。他自己也是。精心策劃的自殺計畫，就因此被擱置了。他甚至還可以輕鬆支付人壽保險的保費。後來，他成為最大的現代藝術畫商之一，即使在一九一三年，他甚至還會把前戀人所畫的醜陋作品，與塞尚、畢卡索的畫作一起展示。而且，他還創立了《橫截面》（*Der Querschnitt*），也許是德國有史以來最自由的雜誌，因為它膽敢橫截時代。而正因為如此，所以它這麼不拘於某個時代，就像弗雷希特海姆所愛的藝術一般。

四月二十四日晚上七點半，美國總統伍德羅・威爾遜（Woodrow Wilson）按下白宮辦公桌上的一個按鈕，發送電報信號到紐約去。剛興建完工的伍爾沃斯大廈，當時世界最高的建築，上面的八萬顆燈泡一下全被點亮。成千上萬的遊客在紐約的黑暗裡，等待照明的這一刻。這座世界最高的燈塔，遠至鄉下與百里外的大型貨船上都可看到。美國光芒四射。

四月二十日，阿道爾夫・希特勒年滿二十四歲。他坐在維也納工人住宅區比吉特瑙（Brigittenau）梅德曼街二十七號男子宿舍的休息室裡，繪製水彩畫。他的房間太小，不適合做這件事。五百名房客，每人一間小小的單人房，內有一張床，一個衣架，一面鏡子，希特勒每天早晨在這面鏡子前，修剪他的小鬍子。一晚要價五十赫勒（Heller）。像希特勒這樣的長期房客，每週六可以拿到新的換洗床單。大多數的房客白日都會去城內遊蕩，找工作或消遣，晚上才陸續歸來。只有少數的人會留在宿舍裡，阿道爾夫・希特勒即是其中的一位。日復一日，他蹲在所謂的寫字房內的一個窗龕裡，房中擺著當日的報紙，他在繪製維也納風景名勝的素描與水彩畫。身材纖細的他坐在那裡，身穿老舊破損的西裝，每個房客都知道他沒考上藝術學院不光彩的故事。總有一綹漆黑的頭髮不斷掉到他臉上，他就以急促的擺頭動作朝後一甩。早上，他用鉛筆畫出線條輪廓，下午再添上色彩。晚上就把圖畫交給另一名房客，由他帶去城裡販售。大部分的圖畫他則是透過第一區霍夫采勒（Hofzeile）的女畫商柯于勒（Kühler），或是美泉宮路八十六號的骨董商徐立夫（Schlieffer）脫手，他通常是畫卡爾教堂（Karlskirche），有時則取材於納緒市場（Naschmarkt）。如果一個題材受到歡迎，他就再繪製十幾幅同樣的，每賣出一幅畫，他可獲得三到五克朗。希特勒倒是會把錢儲蓄起來，不像他的室友們一樣拿去買醉，他過得很節省，幾乎跟苦行僧一樣。坐落於寫字房旁邊的，是下奧地利州的牛奶廠分行，希特勒會去購買一瓶優質牛奶以及伊格勞（Iglau）的鄉村麵包。當他想放鬆時，就到美泉宮的花園散步，或是下棋。通常他是成天與他的顏料靜靜地坐著。但是，如果房內起了一場政治的討論，他就會被觸動。到了某個時間點，丟下畫筆，眼睛閃閃發光，慷慨激昂地發表演說，抨擊世事，尤其是維也納的放蕩現況。這是，他這麼喊道，無法忍受的，在維也納住了比在布拉格更多的捷克人，比在耶路撒冷更多的猶太人，比在札格瑞布（Zagreb）更多的克羅埃西亞人。他把額上的一綹黑髮往後甩。流汗。驟然中斷了他的演說。坐下來，然後繼續繪製他的水彩畫。

在《國家地理雜誌》（*National Geographic*）的四月號裡，世人首次看到世界奇蹟之一。神奇的印加城市馬丘比丘（Machu Picchu），被耶魯大學與國家地理學會（National Geographic Society）組成的聯合探險隊重新發現了。探險隊的領隊海勒姆・賓厄姆（Hiram Bingham）[8]，拍攝了第一批神奇的城市廢墟的相片，在祕魯海拔最高處，這座城市突然出現於高山植物間。整期《國家地理雜誌》都在報導此項挖掘行動：雜誌發表了兩百五十張照片，驚恐、興奮、激動，如這篇報導的序言裡所稱的，全為了這個「奇蹟」的緣故。藉此鋪陳之後的驚呼：「必是怎樣傑出的一群人，才能只用他們的雙手，只用石頭，在山頂上建造出像這樣的一座城啊！」十五世紀，當佛羅倫斯處於最繁盛的時期，達文西正在畫蒙娜麗莎的時候，馬丘比丘於安地斯山脈海拔兩千三百六十公尺處聳立起來了。直至今日，這座以梯田形式建造的城，其雨水排水系統仍完美地運作著。

四月號的柏林《行動》雜誌發出「弒父」的號召，作者奧圖・葛羅斯（Otto Gross）[9]並不知道同一時期在維也納，西格蒙德・弗洛依德也在撰寫這方面的理論。奧圖・葛羅斯寫了一篇文章，裡面提出一些〈克服文化危機〉（Zur Überwindung der kulturellen Krise）的建議。其中最重要的是：「當今的革命者，藉由探索潛意識的心理學之助，看見兩性關係能享有自由並允諾幸福的未來，他將起而反抗最原始形式的強姦，反抗父親與反抗父權。」（年底，這非玩笑話，葛羅斯就被他的父親送進精神病院。）同一時期，阿斯泰・妮爾森的電影《父親們的罪》正在戲院上映。還有，卡夫卡寫信告訴他的新出版商，萊比錫的庫特・沃爾夫，他想到了第一本小說集的名稱《兒子們》（*Söhne*）。戈特弗里德・本恩的第二本詩集，在這一年不會由庫特・沃爾夫出版，因為他不喜歡本恩的詩，而是由柏林威梅斯多夫區的小出版商邁耶（Meyer）出版，也真的同樣叫做《兒子們》。那麼，四月三日，漢堡的布洛姆與福斯（Blohm & Voss）造船廠裡，那艘世界最大、登記總噸位為五萬四千兩百八十二噸、船身長兩百七十六公尺的客輪，在下水典禮上被命名為「祖國」（Vaterland），也就絲毫不令人意外了。

&

在同樣一個四月三日，法蘭茲・卡夫卡表示自己病得藥石罔效了——他寫信給他的朋友馬克斯・布洛德道：「想像，譬如我四肢僵直地躺在地上，像一塊被切碎的烤肉，這樣的一塊肉，被一隻手慢慢地推給角落裡的一條狗——種種這類的想像是我大腦的每日食糧。」他在日記中寫下：「不斷想像有一把寬的燻肉刀，急促並以機械般的規律從側面而來，切進我的身體，然後切下非常薄的橫截面，在快速的動作下，幾乎要捲起飄走了。」不能再繼續這樣下去。朋友們都被驚動了，卡夫卡真的很害怕自己要瘋了。他幾乎沒睡，頭痛，還有嚴重的消化不良。他完全無法寫作，頂多只能寫信寄給柏林的費莉絲。但這也越來越困難了，自從他在柏林與她碰面之後，這個源自於書信的理想形象變成了一個有血有肉的女人，在她身邊他灰心喪氣得渾身顫抖。他完了。這裡也是：專業枯竭、過勞，或是神經衰弱。但與穆齊爾不同，卡夫卡並未請教醫生，而是求助於自我治療。四月三日，他前往工人住宅區努斯萊（Nusle）的德沃斯基（Dvorsky）園圃，表示願意幫忙除草。他很罕見地做出比這更有人生智慧的決定：接地氣，當腳底下的地面開始搖晃的時候。

他可以在花卉與蔬菜之間做個選擇。卡夫卡當然選擇菜圃。四月七日開始，從保險公司下了班之後，他會在傍晚時分去除草。天空飄著小雨。卡夫卡穿著雨鞋。

我們不清楚他有多頻繁前往園圃，我們只知道他四月底就逃走的原因。園丁的女兒透露一個祕密給他：「我本想藉由勞動治療神經衰弱，卻聽到小姐的哥哥，他叫揚（Jan），原本園丁該是他，老德沃斯基預定的繼任人，甚至已經是花圃的主人了，卻在兩個月前因憂鬱而服毒自殺，得年僅二十八歲。」即使是在他想擺脫內心的痛苦的地方，依然有致命的憂鬱威脅著。卡夫卡驚惶失措地離開那座努斯萊斜坡上的園圃。沒有寧靜的地方，無一處有。

利奧尼・費寧格[10]也在四月三日往鄉下跑。但，拜父母的基因、天性與命運所賜，他有一個較為幸運的心靈素質。從威瑪出發，那是他的妻子朱莉亞（Julia）唸大學的地方，他跨上自行車，騎上山丘，穿越已稍有春意的圖林根田野。「下午，我帶著一把傘與素描簿，攀爬著往吉爾梅洛達村莊而去，在那裡寫生了一個半鐘頭，始終在教堂附近，它真奇妙。」這就是我們從他那裡所得知的一切。他的語言是他的圖畫。這個於一九一三年四月三日所做的發現對他一生創作來說，具有核心的意義。他將會為這座不起眼的吉爾梅洛達小鄉村教堂畫幾百張速寫，未來的幾十年間創作二十幅油畫。甚至在離開德國與包浩斯（Bauhaus）很久之後，他依然憑藉著記憶繼續創作各種新的吉爾梅洛達版本。在完成最初幾張教堂尖頂的素描後，他即已寫信給妻子朱莉亞道：「過去在那裡畫畫的幾天，我發現自己簡直陷入狂喜。這遠超過觀察與確信，而是一種磁性相吸的會合，擺脫一切的束縛。」從這些約四十幅的習作，很快產生了第一幅油畫，被稱作《吉爾梅洛達I》，好似他於第一刻即知將有很多其他版本隨之而來，單在一九一三年即有兩幅。一幅極具表現力的畫作，狂野地融合了一位如法蘭茲・馬克的畫家與未來主義派的線條。或者，如費寧格自己這麼看的：「十天以來，一幅用炭筆在畫布上畫出來的圖，咧嘴笑瞅著我，而我總對之投以如癡如醉的目光——吉爾梅洛達教堂。」這座小教堂成了利奧尼・費寧格畢生創作中決定性的轉折點，甚或還是：表現主義的大教堂（而這沒有阻止人們在一百年後，將它變成一座「高速公路教堂」〔Autobahnkirche〕）。

ꕥ

四月三十日，弗蘭克・魏德金的戲劇《露露》遭到審查機關查禁。湯瑪斯・曼，他剛剛當選為慕尼黑審查諮詢委員會的成員，寫了一份正面評價的審查意見，卻被其他成員否決了。

二十三位諮詢委員會的成員當中有十五名投票贊成出於道德上的考量，查禁此劇。為了表達抗議，湯瑪斯・曼退出審查諮詢委員會。

四月初，正當卡夫卡開始在菜農那裡做勞動服務時，史蒂芬・格奧爾格（Stefan George）[11]按了恩斯特・伯特萊姆（Ernst Bertram）[12]家的門鈴，後者是湯瑪斯・曼的友人。格奧爾格當時在慕尼黑以及整個帝國，已是一位神話人物了。一位奇異的詩人，創作出美得令人震懾的詩句，同時卻也是令人毛骨悚然的中心人物，被一群青少年所組成的弟子團簇擁著。很早，他就給自己塑造了一個光輝的形象，頭髮撒上白粉，手指戴著鑽戒，頭總是擺成側面——授權的相片盡是如此。他認為自己的正面太過粗野。從這個世紀初開始，格奧爾格不斷造訪慕尼黑，住宿於卡爾（Karl）與漢娜・沃爾夫斯凱（Hanna Wolfskehl）家中的客房。最初是在利奧波德街（Leopoldstraße）五十一號，然後在利奧波德街八十七號，最後，仍舊是一九一三年，在羅馬人街（Römerstraße）十六號，此處有兩間房可讓格奧爾格隨意布置。沃爾夫斯凱夫婦替格奧爾格阻擋不受歡迎的崇拜者，或引導訪客進入。他們很擅長給這位神祕的轉租房客營造出場氣氛。然而，在這個四月三日，格奧爾格欲與他的崇拜者青少年恩斯特・伯特萊姆會面。但伯特萊姆人在羅馬。取代他開門出現的是恩斯特・格洛克納（Ernst Glöckner），一八八五年生。之後，迷惘又震驚的格洛克納寫了一封信，寄到羅馬給他的朋友伯特萊姆道：「我現在真希望自己從未認識這個人。我在那天晚上所做的事，完全超出自己所能控制的，就好像是在睡夢中行動，臣服於他的意志，成為他手中的一個玩具，我既愛又憎惡。」這位詩人與自稱先知的史蒂芬・格奧爾格所擁有直接、惡魔般的誘惑力，很少像二十八歲格洛克納所寫的自責這般，如此誠實地描述出來。從那時起，格洛克納、格奧爾格的狂熱崇拜者伯特萊姆與四十五歲的史蒂芬・格奧爾格就處於一個同性戀的三角關係中。這段日子裡，格奧爾格正在寫他的詩歌作品《盟約之星》（*Der Stern des Bundes*）。它是種企圖，欲將孌童戀，以及引領年輕男子進入一個神聖崇拜的「祕密」的過程，予以神化。《盟約之星》將成為格奧爾格圈子裡的憲法。

未來主義在俄羅斯的各個省分巡演：馬雅可夫斯基（Majakowski）[13]與未來主義藝術家大衛・布爾柳克（David Burljuk）[14]及瓦西里・卡緬斯基（Wassily Kamenski）一同舉辦巡迴演講。讓鄉村民眾印象深刻的，特別是未來主義藝術家的服飾風格。未來主義好吧，這在一九一三年似乎是個格言，但請至少穿著正常些。當馬雅可夫斯基在辛菲洛普（Simferopol）身著黃黑條紋襯衫，步上舞台時，激怒的觀眾就喊著：「下台」、「下台」。因此，這個晚上馬雅可夫斯基便放棄他的粉紅色晚禮服，之前他曾在卡爾可夫（Charkow）穿過這件上台。但就算是辛菲洛普，也阻止不了他邊鞭擊，邊朗頌他的詩歌。這可嚇壞了當地的報紙。而這正是未來主義藝術家刻意的盤算。若沒遭到報章媒體的撻伐，他們就會覺得做的不對。當卡薩米爾・馬列維奇在庫茲涅茨克橋（Kuzneckij Most）地鐵站，那是莫斯科市中心一個受歡迎的聚會地點，進行一場示威的散步時，就曾先通報城內所有的地方報刊，以至於他挑釁的散步引發眾怒，並得到報導。而其挑釁之處正在於，他在西裝的鈕扣洞中插著一根木湯匙。事實上，未來主義藝術家們是想藉此抗議他們眼中可笑的時尚，病態的美學家們為了紀念奧斯卡・王爾德，仍舊在鈕扣洞裡配戴菊花，但這就如走進木頭小徑般，誤入迷途。繽紛炫目的未來主義藝術家們認為，王者之道反而是在百無顧忌地慶祝未來的歡宴中。

在安倪米勒街（Ainmillerstraße）的小型高峰會。保羅・克利拜訪佳布莉兒・明特與康丁斯基，他們兩人在安倪米勒街三十六號一起嘗試推進繪畫藝術的發展。一九〇六年，在他們最濃情密意的時候，明特與康丁斯基遊歷義大利與法國各地，畫了許多波光粼粼的小幅海洋油畫習作，它們是如此相似，至今仍難分辨是出自兩人當中哪位之手。現在，七年後，他們的手分開了，風格也是，床鋪幾乎也如此。康丁斯基向著色彩繽紛的抽象飄去，佳布莉兒・明特則留在腳踏實地的繪畫上，用黑色線條給色彩鑲邊，就好像是古老教堂窗戶上的鉛。當保羅・克利拜訪這對藝術家情侶的時候，她也是這麼畫他。鋸齒狀的輪廓、僵硬的衣領、筆直的小鬍子，背景可看見好幾幅康丁斯基與明特的畫作掛在牆上。肖像畫中的克利穿著拖鞋，就像在家中一般愜意。在這個四月的慕尼黑，外面的地上還積著白雪，因此克利可能是在前來朋友家中的途中弄濕了鞋子。他將雙腳伸進女主人的保暖拖鞋裡。也許是這個小小的友好表示，當佳布莉兒・明特又再問他，是否總算可以為他畫一次肖像畫時，今天他終於讓步了。鞋子橫豎還得等上一個鐘頭才會乾，他心裡大約是這麼想的，沉著地服從了命運的安排。在這幅畫上的他看起來就是這個樣子，直到今日，它將藍騎士內心世界的親密片刻傳遞給我們。

奧匈帝國對法國的進攻毫無招架的能力：四月十四日，法國選手馬克斯・德屈吉（Max Decugis）[15]在馬德里網球錦標賽的決賽中，以三盤六比四、六比三、六比二擊敗了奧地利選手路德維希・沙門（Ludwig Salm）[16]伯爵。

怎麼從美國以最快的方式抵達歐洲？一九一三年四月出版的第十一期《德律風根雜誌》（*Telefunken Zeitschrift*）報導：「首次成功發送德美間的無線電報。」文中這麼寫道：「這是個突破性的嘗試，因自無線電報通信建立以來，無線電報訊息首次經由紐約柏林線，越洋順利發送。這裡所橫跨的距離約六千五百公里。」

四月，費雪出版了一九一三年的超級暢銷書：《隧道》，作者是來自福爾特（Fürth）的伯恩哈德・凱勒曼[17]。四週後售出一萬本，六個月後則已售出十萬本。（以茲比較：湯瑪斯・曼的《魂斷威尼斯》，一九一三年二月出版，一九一三整年共售出將近一萬八千本，一直到三〇年代才達到十萬本。）

《隧道》敘述建造一條從紐約通到歐洲的隧道的故事，就在大西洋地底深處，兩群人朝著彼此開挖隧道。這是一本多麼瘋狂的書啊：科幻小說夾雜著寫實主義，社會批評夾雜著工程師的浪漫主義，資本主義的進步信仰夾雜著疲憊的末日預言。在地底下，隧道坍塌了，引發罷工、憤怒與悲慘境況，地面上則是股票上市計畫、結婚夢、幻滅。然後，二十四年後，歐洲與美國的工人於大西洋底下數千公尺處握手。大功告成。兩年後，兩大洲之間的首班列車在地下行駛，所需通車時間二十四小時，但無人願意搭乘。因為科技發展突飛猛進，《隧道》曾是工程技術裡的烏托邦，如今已成動人的過去——世人早就搭乘飛機從美國到歐洲，只需一半的通車時間。

就這樣，凱勒曼成功創作出一部偉大的作品，他了解他那時代的人對進步的熱愛，對技術無所不能的信任，同時藉由巧妙的諷刺手法，以及憑藉著對可能發生事物的確切概念，而讓這兩者最後皆成幻影。一個龐大的烏托邦計畫，也真的實現了，然後就走入歷史。人們開玩笑，他們不是在幾千尺的地下，而是在大西洋上空跟空姐點番茄汁。凱勒曼睿智的建言如是說，我們要保護烏托邦避免經受實踐之測試。

處於他美妙的瘋狂之愛中的奧斯卡・柯克西卡自然沒那麼聰明。他想以蠻力迫使阿爾瑪，他的女性烏托邦化身，投身於實踐之測試，這在他的情況意謂著「婚姻」。對此，阿爾瑪就理性多了，她不相信這個計畫可行，卻也不願看見柯克西卡把由此衝動所生的能量都浪費了。因此她告訴他：我會嫁給你，如果你創造出真正的傑作。從這一天起，她的情人眼前就再無其他目標。他買了一張裁成與他們共眠的床相同尺寸的畫布，180×220公分，要用它來完成他的嘔心瀝血之作。

他煮膠，混合顏料，阿爾瑪得立著給他畫肖像，不，是躺著給他畫肖像。因為這幅畫要以他最喜歡的模樣呈現她。裸體，而且水平。阿爾瑪・馬勒——或者說一九一三年左右女性的處境。他想把自己畫在她身旁，但還不知該如何表現。他寫信給她：「畫作進行得很慢，但漸入佳境，朝著完成發展。我們兩人都顯露強烈的平靜神情，手互相交疊，於一只半圓的邊緣，被藍焰煙火所照亮的海洋、水塔、山脈、閃電與月亮。」它非得是奧斯卡・柯克西卡的「傑作」不可。全然意想不到的情況發生了：它成為柯克西卡的傑作。但，阿爾瑪會因此嫁給他嗎？

沃爾特・格羅佩斯於一九一三年德國工廠聯合會的年鑑上，發表〈現代工業建築藝術之發展〉（Entwicklung moderner Industriebaukunst）一文。裡面附上十四張來自美國的倉庫與穀物筒倉的相片，格羅佩斯認為它們是新建築語言之典範：形隨機能而生（form follows function）。由工程師根據純粹的功能性原則所建，樸素的立方體，無裝飾，無多餘物。在此建築再度「純粹」，格羅佩斯說道，或者：「在這個工業的母國，美國，產生了大型的工業建築，其還不為我們所熟悉的威嚴甚至勝過德國這類最傑出的建築。它們具有如此明確的建築面貌，使得觀者於強而有力的說服下，清楚領會了建築物的意義。」

---

1 佩希斯坦（1881-1955），德國畫家，德國表現主義代表人物。

2 威廉・泰爾是瑞士傳奇人物，十四世紀時為了自由抗爭的鬥士。德國文豪席勒創作了同名劇作。自十九世紀末開始，成為瑞士的民族英雄。

3 古斯塔夫・馮・阿森巴赫是《魂斷威尼斯》裡的主角。據聞湯瑪斯・曼將阿森巴赫的名字取為古斯塔夫，是因為想起一九一一年在威尼斯過世的音樂家古斯塔夫・馬勒，且書中所描述阿森巴赫的外貌也與馬勒本人頗為神似。至於阿森巴赫的經歷則跟湯瑪斯・曼本人在威尼斯度假時的體驗有關。

4 克拉納赫（Lucas Cranach, 1472-1553），德國文藝復興時期重要畫家、宮廷畫家，其工作室除了完成眾多祭壇畫，還有許多人物肖像，包括宗教改革家馬丁・路德等人。

5 弗雷希特海姆（1878-1937），德國畫商、藝術收藏家。與保羅・卡西勒、赫爾瓦特・華爾登都是威瑪共和時期前衛藝術的重要推動者。

6 弗里茨（Henri-Achille-Émile-Othon Friesz, 1879-1949），法國畫家，屬於現代主義以及二十世紀上半葉野獸派的重要代表人物。

7 秀拉（Georges-Pierre Seurat, 1859-1891），法國畫家，點描派、後印象派的代表人物。畫作中充滿著繽紛、細膩的色點，產生戶外的光線效果，代表作有《大碗島的星期日下午》。

8 賓厄姆（1875-1956），美國學者、探險家、政治人物，曾任美國參議員。一九一一年在當地農民的帶領下，重新發現了印加帝國遺跡馬丘比丘而聞名。

9 葛羅斯（1877-1920），奧地利精神分析學家。父親原為法官，也是當時尚屬少見的犯罪學家。葛羅斯曾與父親合作進行研究，後來反對父親的犯罪決定論。當代反心理學及性解放運動的先驅，深受尼采哲學影響，自己的理論也影響了勞倫斯和卡夫卡等作家；在精神分析方面，對榮格的心理類型理論影響深遠。在南美洲當船醫時染上毒癮，生活放蕩，情史豐富，被認為是二十世紀反文化的代表人物。

10 費寧格（1871-1956），德國畫家，表現主義運動的領導者之一。

11 格奧爾格（1868-1933），德國詩人。

12 伯特萊姆（1884-1957），德國人文學者、作家。

13 馬雅可夫斯基（Wladimir Wladimirowitsch Majakowski, 1893-1930），俄國與前蘇聯詩人、劇作家，屬於俄國二十世紀早期未來主義代表人物。

14 布爾柳克（David Davidovich Burliuk, 1882-1967），常被稱為俄國未來主義之父。

15 德屈吉（1882-1978），法國網球選手，曾多次贏得奧林匹克獎項。

16 沙門（1885-1944），奧地利伯爵與網球選手。

17 凱勒曼（1879-1951），德國作家。最暢銷的著作是一九一三年的《隧道》，總共賣出一百萬冊，翻譯成二十五國語言，並被拍成電影。二次大戰結束後，留在東德，並出任一些政府職務，導致作品在西德被禁止發售。

Mai

5 月

一個溫暖的維也納春夜：亞瑟・施尼茨勒與他的妻子吵得不可開交，使得他在五月二十五日這一天幻想舉槍自殺。安然無事。但同一晚於維也納，雷德爾（Redl）上校舉槍自殺，因他從事間諜活動而被定罪。同一晚一樣是在維也納，希特勒收拾了行李，搭乘第一班開往慕尼黑的火車。藝術家團體「橋派」宣布解散。巴黎，史特拉汶斯基的《春之祭》（*Le sacre du printemps*）首次公開演出，他也首次見到未來的情婦可可・香奈兒。布萊希特（Brecht）在學校感到百無聊賴，並且患有心悸。因此，他開始寫詩。阿爾瑪・馬勒首次逃離奧斯卡・柯克西卡。里爾克與羅丹起了爭執，還遲遲無法動筆寫作。

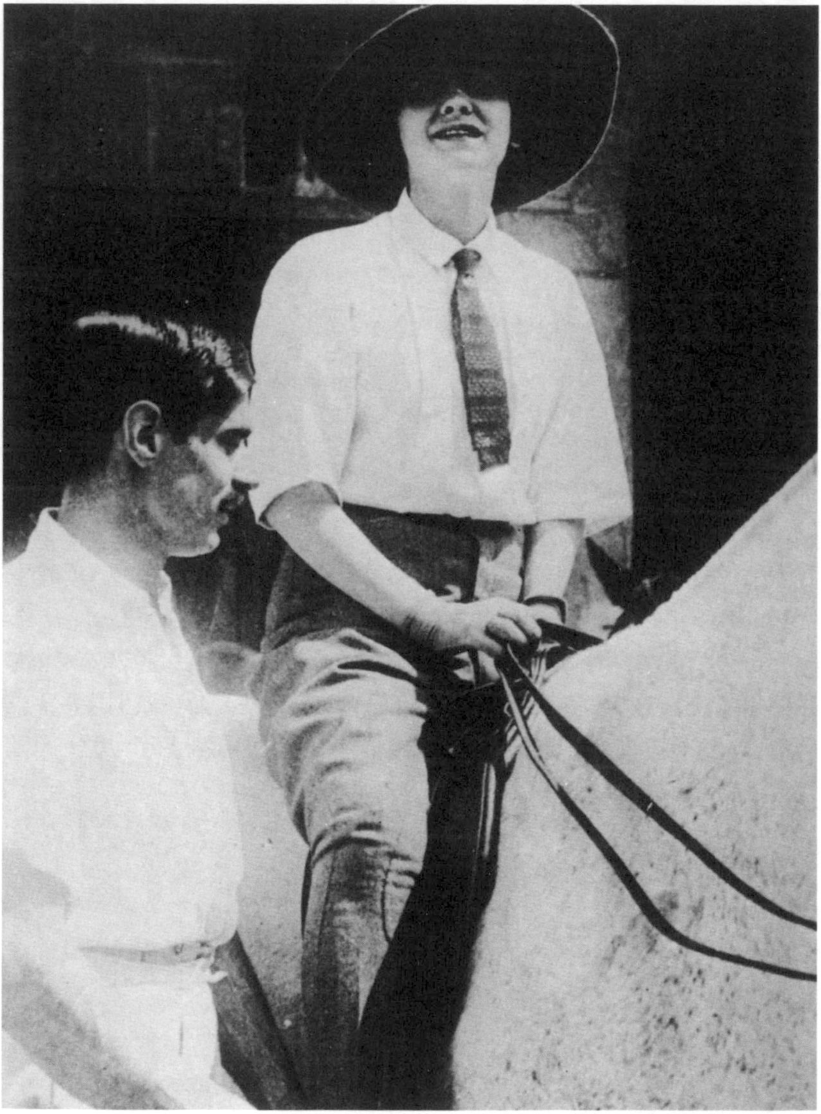

是時候了：馬克斯・韋伯（Max Weber）發明了這個偉大的詞「世界除魅」（Entzauberung der Welt）。在一篇談論社會學基本概念的文章裡，他列舉有益社會的資本主義結構的幾項要務——其中包括提高機械化與科學化，沒錯，將原被視作奇蹟的事物，予以合理化。「世界除魅」意指，用韋伯自己的話來說，人類相信萬物皆可透過計算來掌握。但至少，韋伯自己的身體就反抗節食計畫。四十九歲的他曾於一九一三年春天在沒有妻子瑪麗安（Marianne）的陪伴下，前往阿斯科納，目的是治療他的藥物癮與酗酒。他還想要，除魅醒轉，再度恢復他的外在「美」。然而毫無成功的可能性。即使他在阿斯科納實行禁食，靠著「素食飼料」來節食，如同他在給「親愛的嘴兒」，給他妻子的信中如此寫道。但所有這些方法都毫無效用：「裝填與餵肥之市民主義毫不退讓。在神的造物計畫中，我就得該是這個模樣。」因此他依舊肥胖，因為這是事先規劃好的。由此看來，在他身上，顯然已是計畫勝於創造。這麼說來，自身體重的問題，也許觸發了二十世紀一個最重要的時髦術語的形成。

對奧斯卡・柯克西卡來說，這個月開始得極為嚴峻。他在五月一日寫信給阿爾瑪・馬勒道：「今天這一天對我而言，度日如年，因沒收到妳的來信。」

牧師之子戈特弗里德・本恩那本宛如上演死之舞的詩集《停屍間》出版的同時，猶太女詩人艾爾莎・拉斯克許勒也發表了洋溢著狂熱情感的《希伯來敘事詩》（*Hebräische Balladen*），他們之間的愛情故事貫穿了整個一九一三年春天。因此艾爾莎會在一九一三年五月三日這一天，捎封信到辛德斯多夫給馬克道：「我竟真又戀愛了。」而且，對象是本恩醫生。

在很短的時間內，馬克成為拉斯克許勒極為信賴的友人，她在一九一二年十二月才認識他，未久他即邀請她去辛德斯多夫做客，領略那裡的鄉村風情。她不僅稱他為她的藍騎士，甚至還喚他為「同父異母的弟弟魯本（Ruben）」。在她虛構的中東幻想王國裡，沒人能與她如此親近得宛若親戚一般。卡爾・克勞斯是她的「達賴喇嘛」，她丈夫原先是叫喬治・列文（Georg Lewin），被她改名為「赫爾瓦特・華爾登」（當他離開她時，他至少保留了這個名字），奧斯卡・柯克西卡是宮庭上的「吟遊詩人」，康丁斯基為「教授」，媞拉・杜麗歐絲（Tilla Durieux）[1]是「母黑豹」——而本恩則成為「吉澤黑爾」（Giselheer）、尼布龍根（Nibelungen）、異教徒、野蠻人。

這位情緒極端亢奮的女人，熱情得一塌糊塗的拉斯克許勒，習於將血液裡流著睪丸酮的男人一把抓住，貼近自己詩情洋溢的心臟，將他們推至意想不到的創作高度。但是，對於那些恐懼過多女人味的男人，例如里爾克與卡夫卡，光是她自身滿溢的女人風情，就會嚇壞他們，把他們趕跑了。她那個時代的女人們，白日鄙視這位不修邊幅的蛇蠍美人、她的漫不經心、她的不負責任、她的放縱——當夜晚時分，丈夫出門喝一杯，她們獨自坐在寂寞的靠背椅上翻閱雜誌時，則對她暗自驚羨不已。唯獨羅莎・盧森堡（Rosa Luxemburg）[2]對她毫無保留地表示欽佩，在一九一三年炎熱的夏季月份裡，與她並肩走在街上示威。

因此，一個五月的傍晚，艾爾莎・拉斯克許勒寫信給法蘭茲・馬克，宣布自己愛上本恩這件事：「假如我已戀愛了千次，愛上另一個人仍是一個新的奇蹟，一件事的古老稟性。嘿，昨天是他的生日。我寄給他滿滿一盒禮物。他叫吉澤黑爾。來自尼布龍根。」然而，馬克或許是被妻子制止，或許已被這位柏林女性友人的放蕩行為弄得疲憊了，幾個月後才回信。艾爾莎因此回覆他道：「你替我的『新戀情』感到高興——這麼輕鬆地隨口說說，而沒料到該是與我同悲吧，因為，愛火在他心中已經熄滅了，就像個信號煙火、火輪——僅碰巧駛過我罷了。」一切記：假如要向艾爾莎・拉斯克許勒道賀新戀情的話，必需盡速回信，否則它就成了過眼雲煙。

戈特弗里德・本恩與艾爾莎・拉斯克許勒之間最初的情況，就像是快速列車與東方快車高速正面對撞，車廂互相卡成由鋼與血組成的精妙結構，冒著騰騰蒸氣。最後，秋季，僅遺留下一片廢墟與冷卻的輕煙裊裊。在期間的九個月，也孕育出多首二十世紀最美的德語情詩。

我們知道有關這個愛情的一切，同時也一無所知。因為留下的資料不確實，眾說紛紜，在柏林的開端，就如同在秋天，也許是在希登塞島（Insel Hiddensee）的結束一樣，陷入一團迷霧裡——然而，我們完全知悉他們的情感，因為他們將這段戀情當作公開的愛情故事搬上舞台演出，伴隨著許多致對方、為對方所寫、有關對方的詩歌，發表於《暴風》、《火炬》與《行動》上，這些都是那個時代的主流雜誌。在詩中，本恩化身為「猴子亞當」，著迷於「皮膚最古銅色的女人」，他的「路得」（Ruth），遠古女子。一個前所未有的吸引力攫獲兩人，隨之而來的是互相角力，進行領域戰，發下熱烈的誓言，種種傷害，爪擊。當戰爭開打時，她寫道：「威風凜凜的國王吉澤黑爾／舉起矛槍／刺進我心正中。」

她以其掌握本質的獨特眼光，完成了一幅本恩肖像，為勾勒得最迅捷且又最清晰呈現他的肖像畫之一，幾秒內用墨水一筆劃過紙張的線條，鷹鉤鼻，碩大的宛若爬行動物的頭顱，眼皮像載負了數個世紀般地沉重。這位尼布龍根人在胸口上還戴著一顆中東的明星以為裝飾。這幅畫被刊在一九一三年六月二十五日出版的《行動》雜誌上，下面印有艾爾莎・拉斯克許勒的文章〈本恩醫生〉：「他步下任職的醫院地窖，然後切開屍體。永不饜足的老饕，以神祕來自我填充。他道：『死即是死。』他是信仰新教的異教徒，有著假神像頭顱、鷹鉤鼻與豹心的基督徒。」緊鄰在旁則印著一首本恩的詩，〈阿拉斯加〉（Alaska）組詩中的第八首，如標題所示，這裡所涉及的是寒凍世界裡的行為準則。為了方便起見，他所寫的第一首致崇拜的女詩人之情詩，即題為〈威脅〉（Drohungen）。

我行使動物愛
於初夜一切即成定局

齒咬渴望之物
鬣狗、虎、禿鷹為我的徽章。

艾爾莎・拉斯克許勒的答覆則以〈吉澤黑爾這隻虎〉（Giselheer der Tiger）為題，刊於下一期的《暴風》雜誌上：「我總隨身攜帶著你／於我齒間。」整個柏林藝文圈都瞧著這兩個怪人怎樣公開地頌揚彼此。醫生先生領帶緊束，舉止端正，雙手總散發著清潔用的消毒水氣味，而它們剛才還在屍體內翻攪。離了兩次婚的單親媽媽，身穿破爛長袍，脖子與手臂上掛滿假珠寶、鍊條、耳環。又因她不斷撥開額上一綹不服貼的頭髮，所以四周總是叮噹聲響個不停。「不論是當時或是後來，你無法不同她一起在路上走，而不留意到全世界都停下來，盯著她瞧」，本恩後來有次這麼寫道。他們若沒並肩在街上走，就是讓寫給對方的火熱告白、求愛以及抗拒，印成白紙黑字。艾爾莎・拉斯克許勒畢生最輝煌的勝利，就是本恩遷入她的王國裡，他成為優素福王子宮殿裡的吉澤黑爾國王。早在一九一二年夏天，他在軍事檔案裡胡謅自己患有「浮腎」，因而無法越野騎馬。無論是彼時或是現在，他都沒有這樣的腎，從未患有這樣的疾病，然而這個捏造出來的診斷，有助於他將內在的騷動轉換成詩歌。本恩逃離他所處的軍界，同他的情人整夜遊蕩，鑽進閣樓小房及地下室裡，學習愛，學習生活。當咖啡館與閣樓與房屋入口的冬夜結束後，春天宛如熱症病毒般侵襲柏林，可以想像他們怎樣一同坐在哈弗爾河

（Havel）河畔的長椅上，在蘆葦叢中，月光下，她把玩他的手，他撫弄她的捲髮，然後她賦詩道：「哦，自你蜜糖似的嘴上，我識得太多的幸福了。」

然而，最終，當戰役打完，她又賦詩：「我是心之戰士，他則是腦之戰士。」新教徒與猶太教徒之間偉大的和解方案，他們原先即是如此塑造這場愛情的，一邊是她自稱的優素福或底比斯王子，另一邊則是尼布龍根人，最後宣告失敗了。「尼布龍根之忠誠」，對她而言，意謂著向錯誤的對象無意義的效忠。也就是說，她一開始即明白與這位目光咄咄逼人、髮際線向後退的醫生交往，會有怎樣的結局。但當它真正發生時，她的生活還是被搞得一團大亂，這樣的情況是在他之前與之後都未曾發生過的。她知道，自己是猶太民族的女先知，需要這位醫生，連同他髮上的髮蠟與腳上的鞋罩，以作為她中東世界的完美對應，作為日耳曼之化身。但年輕的尼布龍根人繼續往前遷徙，較年長的猶太女人絕望地留在原地。她將受到不斷發燒、下腹發炎以及各種疼痛的折磨，阿弗雷德．德布林醫生（Dr. Alfred Döblin）[3]將在一九一三年的秋天給她開嗎啡的處方，以舒緩本恩醫生帶給她的精神痛苦。

ꕥ

卡夫卡是這麼對遠方的費莉絲形容艾爾莎．拉斯克許勒的：「我受不了她的詩，只覺無聊，內容空虛，並厭惡她刻意地揮霍才情。她的散文對我而言，也是因為同樣的理由而難以忍受，顯現出是一位都會女子毫無篩選即反應、過度亢奮的大腦所創作的。沒錯，她的情況很糟，她的第二任丈夫離開了她，據我所知，我們這裡也在為她募款；當我掏出五克朗時，內心卻絲毫不感到同情；我不清楚真正的緣由何在，但她總以一位夜晚拖著步伐流連於咖啡館間的女酒鬼形象，浮現於我腦海中。」

ജ

蒙娜麗莎仍然消失得無影無蹤。約翰・皮爾龐特・摩根（J. P. Morgan）[4]，這位美國億萬富翁收到一個署名李奧納多的瘋子來信，信中說知悉這幅畫的下落。摩根的女門房把這封信隨手扔了。

ജ

「人生苦短，普魯斯特則太長」，一九一三年《追憶逝水年華》第一冊出版時，阿納托爾・法郎士（Anatole France）[5]如此判斷力精準地寫道。也就是說，對他而言，在其餘六冊尚未出版時，普魯斯特即已顯得太長了。沒有人，甚至普魯斯特自身也未料到，普魯斯特向記憶深處的縝密追尋還會通向何處。書本作為一種嘗試，以語言來捕捉過往——對抗奔馳的時間。

ജ

維也納，弗洛依德深受自己的書所感動：「我現在是帶著它是我最偉大、最好的、也許是我最後一本傑作的感覺，在撰寫圖騰。」而他的意圖是相當浩大的。書的最末一句是：「太初有行。」以這句話，他終於向聖經的「太初有道」宣戰，並建立起他的新文明理論。對一九一三年春天的弗洛依德來說，發展史初始的那一剎那，是伊底帕斯的弒父。五月一日，他寫信給一位知己道：「在大會舉辦之前，八月號的意象（Imago）當會刊出這份文章，目的是和所有與雅利安宗教相關的一切，斷得一乾二淨。」在與榮格，以及精神分析師中來自蘇黎世的團體決裂後，弗洛依德一整年都擔憂著九月的到來，也就是上面所提的精神分析協會「大會」舉辦的時間，它迫使敵對團體首次再度同坐一桌。而弗洛依德知道，《圖騰與禁忌》裡的反基督教理論，他目前正在積極建構的，將使得他與榮格及其弟子的決裂，永無轉寰的餘地。

魯道夫・亞歷山大・施羅德於一九一三年初夏前往義大利，與魯道夫・博爾哈特（Rudolf Borchardt）[6]一同住在阿普安阿爾卑斯山（Apuanische Alpen）上的一棟老農舍裡，從那裡可以高高俯視林木繁茂的塞爾基奧河谷（Serchiotal）。與施羅德閒聊的同時，博爾哈特臨時心血來潮，用古希臘方言在一張要寄給胡戈・馮・霍夫曼斯塔的明信片上寫下一則希臘對聯，如此戲謔地問候他。「我」，魯道夫・亞歷山大・施羅德則寫道：「很高興可以約莫領略這兩句詩行的意思，而他卻能夠信手拈來冷僻、死掉的成語，就像是自己的語言一樣。」至於，霍夫曼斯塔，我們可以這麼補述，馬上就明瞭明信片上所寫的文句，彷彿是同維也納運送啤酒的車夫說話般（不過，肯定是如此，他從未與這樣的人交談過）。

五月初，魯道夫・史代納寫信給母親道：「爆發戰爭的可能性，持續威脅著。」但他無暇擔憂這個，而是盼望終於能夠建造人智學中心，即所謂的約翰尼斯堂（Johannesbau）[7]。

在慕尼黑興建此建築的計畫確定受挫於建設委員會之後，他於五月十八日在斯圖加特向支持者宣告，現今務必規避所有創建新慕尼黑的計畫，因為這座城市瀰漫著枯萎的氣氛（如果史賓格勒在他慕尼黑的寫作室，那是他撰寫《西方的沒落》的地方，對此也有所耳聞的話，當會高興得歡呼）。

史代納這麼宣告：「絕不能把新文化放進這個枯萎之地。」他早已覺察巴塞爾（Basel）的多納赫（Dornach）是個能讓它綻放的地方。但時機尚未成熟。

到目前為止，人智學中心坐落於柏林莫茨街（Motzstraße）十七號的一棟背街房屋。此處也是魯道夫・史代納與妻子安娜（Anna）的居所，不過他堅持他的追隨者與情婦瑪麗・馮・絲娃（Marie von Sivers）[8]也應當搬進與他們同住，長期下來，這樣的安排自然會有問題。整棟背街房屋瀰漫著草創初期的氣氛，幾乎沒有什麼家具，就幾張桌子、一些書籍、一張床。總會聽見某處傳來祕書使用雷明頓（Remington）打字機的噠噠聲。在高度的精神壓力下，魯道夫・史代納在此處撰寫一篇又一篇的演講稿，耗費好幾個鐘頭的時間琢磨有關靈魂與世界的狀態、基督教以及十九世紀精神的理論，他的「辦公室」同時也是統籌巡迴全歐演講的場所。一年裡有近三分之二的時間，史代納與瑪麗・馮・絲娃都在外奔波。如果史代納人在柏林，群眾就前往莫茨街朝聖，請求大師的幫助與啟示。他一連數日舉辦會談，氣氛不合常理地毫不隆重，訪客先坐在軟墊椅上等候，然後進到一個小房間裡，史代納往往是坐在上一次旅行所用，尚未打開的行李箱之間。然而，他以感同身受與充滿關切的態度，贏得了所有人的心。這些受人世間痛苦所折磨的人，疑似神經衰弱症的患者，都僅是希望被人了解罷了。我們知道赫曼・赫塞是自願被史代納救贖，並榮獲接見當中的一位，卡夫卡也是。多虧羅伯特・格恩哈特（Robert Gernhardt）的紀錄，我們得以十分清楚這些短暫的會談是如何進行的：「卡夫卡向魯道夫・史代納說：／『你們的弟子無人了解我』／史代納回道：法蘭茲，／我完完全全了解你。」

ஐ

春天終於來了。高中教師弗里德里希・布勞恩（Friedrich Braun）與妻子法蘭齊絲卡（Franziska）驕傲地推著嬰兒車穿過慕尼黑宮廷花園，他們在十二月當上小伊娃（Eva）[9]的父母。當二十四歲的希特勒於五月二十五日星期天抵達慕尼黑時，此時伊娃・布勞恩才六個月大。

ஐ

希特勒離開維也納的那個星期天早上，這座城市正處於驚嚇過度而呆滯的狀態：奧匈帝國一位最高階的軍官與情報人員阿弗雷德・雷德爾（Alfred Redl）上校，在前晚因從事間諜活動被定罪，而於一點四十五分整在旅館房間裡舉槍自盡。在他交出簽了名的認罪書後，這把槍被人刻意放進他經常投宿的克隆薩旅館（Hotel Klomser）一號房內。被摘除軍階的雷德爾讓帝國情報人員靜靜離開房間，然後就扣下扳機。凌晨四時，弗蘭茨・約瑟夫皇帝起床後，得知雷德爾從事軍事間諜情節之重大，以及前夜發生的事，深深嘆了口氣道：「這就是新時代？這些就是它的產物？在我們那個老時代，這種事僅只是想都不可能。」報紙也報導這起事件，但試圖輕描淡寫地交代過去：「布拉格軍團總參謀長阿弗雷德・雷德爾上校在一次神智錯亂的發作下自殺了。這位資質卓越、前程遠大的軍官已有一陣子備受失眠所苦。」他們嘗試將此駭人聽聞的消息，關於一位奧匈帝國最有影響力的將領將全部的軍事計畫出賣給敵國，在東窗事發後被迫自盡的醜聞，以因失眠所苦而自殺的說詞來蒙蔽世人。但是維也納當局沒料到有埃貢・埃爾溫・基希（Egon Erwin Kisch）[10]這號人物的存在，他是任職於《波希米亞》（*Bohemia*）報的年輕記者。這個星期天，基希的「風暴」足球隊在「侯勒休維茲聯盟」（Union-Holeschowitz）踢客場比賽，他苦苦等候最可能射門得分的隊員鎖匠漢斯・華格納（Hans Wagner），而他卻一直沒出現。當華格納週一向隊長解釋缺席的理由時，他支支吾吾地道出原委，基希得知原來華格納星期天早上被軍方請去打開一棟位於軍團總部的私人住宅大門。在那裡，他看見許多不該出現的物品，諸如貴婦的薄紗禮服、噴滿香水的帷幔、粉紅絲綢被。託他足球隊員的福，基希得以追查出雷德爾上校之死的真相，而他也很有技巧地透過一份柏林的報紙將報導散布出去。

因此，由兵部發行的《軍事評論報》（*Militärische Rundschau*）就不得不於五月二十九日星期四公布全部的真相：「本月二十四日星期六至二十五日星期日的夜晚，雷德爾前上校以自殺結束生命。雷德爾採取此一行動，正值相關人員準備將他因下列嚴重且證據確鑿的不當行為，提交審理之際：一、因同性性關係陷入財務困境；二、將儲備之軍用品售予外國特務。」諷刺的是，雷德爾上校之前曾因反間諜任務有功，而被授予三級鐵冕勳章，是軍界中被寄與厚望的明日之星，還獲准親自向皇帝稟報，他與德意志帝國的總參謀長摩爾克（von Moltke）將軍有密切的交情，結果雷德爾上校暴露出來的真面目，竟是個輕歌劇的角色。這個身材矮小、講究儀表的紅髮男人將全部財產都花在情人們身上，送給他們汽車與房產，每日替自己添購新的香水與染髮劑。這十年來，當手頭拮据時，他就將奧匈帝國所有的部署計畫、軍事代碼、擴張計畫賣予俄羅斯。一起高度警戒的事故。「雷德爾」這個名字因此成為一個中空化的制度、頹廢過時的君主政體的代名詞，成為該隱的封印。他的兄弟奧斯卡與亨利獲得國家恩准，即刻改名為奧斯卡與亨利・羅德（Rhoden）。隨著這個姓氏的消失，事件本身應當也從這個城市與國家的記憶中除去，但事實並非如此——史蒂芬・褚威格（Stefan Zweig）只要一想起雷德爾上校事件，就感到「恐懼如鯁在喉」。只有揭發者基希因雷德爾上校事件而成為傳奇記者，還因此獲得一項維也納市授予的最高公民榮譽：中心咖啡廳總會為他保留最好的位子。

再添上一個令人毛骨悚然的註腳。五月二十四日夜晚，就在雷德爾上校舉槍自盡之前，亞瑟・施尼茨勒夢見自己舉槍自盡：「一隻瘋狗咬了我，左手，去看醫生；他覺得無關緊要；我離開，深感絕望，想槍殺了我自己——報紙上將會刊登：『彷彿有一位更高大的人在他前面』……這可惹惱了我！」

希特勒與他的友人，同時也是維也納男子宿舍的房友魯道夫・豪斯勒（Rudolf Häusler）[11]二十五日凌晨搭乘火車逃離奧地利，推測是為了躲避即將到來的兵役通知。他們沒料到軍方此刻正有別的煩惱。

抵達慕尼黑的第一天，他們就奔波在初夏的街頭，尋找住房。這座城市的易於遍覽令他們覺得很愜意，這裡僅有六十萬居民，不像維也納有兩百一十萬，一切都顯得如此悠閒與安適。突然在許萊斯海姆街（Schleißheimer Straße）三十四號裁縫約瑟夫・波普（Joseph Popp）家的牆上，他們撇見一個不顯眼的招牌：「小房間出租」。希特勒敲了敲門，安娜・波普（Anna Popp）打開門，給他看了三樓左手邊的房間，希特勒立即租下。他以抽搐的筆跡填寫戶口登記表：「阿道爾夫・希特勒，來自維也納的建築畫家。」安娜・波普拿著這張表來到她的孩子約瑟夫與艾莉絲身旁，他們分別是十二歲與八歲，告誡他們往後玩安時得輕聲些，因為他們現在有了新房客。

承租簡陋的房間，希特勒與豪斯勒每週得付三馬克。他在此地的生活延續了之前在維也納的模式：不酗酒，不交女朋友，每日繪製一幅水彩畫——有時甚至是兩幅。取代從前的史蒂芬大教堂，現在是畫聖母教堂（Frauenkirche）。其餘一切照舊。才兩天，他就覓得了一個畫架，在市中心架設起來。

完成幾幅市景畫後，他即穿梭於一間間慕尼黑的大啤酒屋兜售畫作，並嘗試於晚上在皇家啤酒館將他的市景圖賣給觀光客。珠寶商保羅・克貝爾（Paul Kerber）有時也會販售他的畫作，賽德林恩街（Sendlinger Straße）上的許奈爾（Schnell）香水店亦是。

當他終於賣出一幅水彩畫後，就立即拿這兩或三馬克的進帳購買椒鹽卷餅與香腸，因為他常常整天都沒進食。這樣的一筆金額在當時倒已足夠買不少東西：一公升啤酒在一九一三年要價三十芬尼，一顆雞蛋是七芬尼，半斤麵包十六芬尼，一公升牛奶則是二十二芬尼。

每日下午五點整，希特勒就到住家附近的海爾曼（Heilmann）麵包店，花五芬尼買一片辮子麵包。然後，跑到斜對面的胡貝爾（Huber）牛奶販售店，買半公升牛奶。兩樣加起來就是他的晚餐了。

如同之前在維也納，這位被藝術學院拒絕的畫家阿道爾夫・希特勒與這個城市的前衛藝術無任何關聯。沒有跡象顯示他是否看過畢卡索或埃貢・席勒或法蘭茲・馬克等人「墮落藝術」

的畫展，一九一三年他們在慕尼黑舉行的展覽都曾引起軒然大波。他那一代成功的藝術家，在這位被拒於門外的人眼中，終其一生都是全然陌生的，他始終帶著猜疑、嫉妒與仇恨的心態打量他們。

返家後，他會去敲波普太太的房門，要些熱水泡茶。「您允許嗎？」他總是這麼說，一逕地瞧著自己的水壺。這讓裁縫波普實在看不下去，曾經開口說道：您就加入我們一起用餐吧，您看起來整個人快要餓死的樣子。但這話嚇到了希特勒，他端著水壺溜回自己的房間。一九一三年一整年，他都沒有訪客。白天畫畫，晚上就讀三或四個鐘頭煽動的政治文章，以及如何當上巴伐利亞邦議會代表的指南，這令他的室友豪斯勒十分不快。裁縫妻子有次看見了，勸告他應當丟開這些荒唐的政治書籍，繼續畫美麗的水彩畫比較好。希特勒對她說道：「親愛的波普夫人，誰知道我們一生當中需要什麼，或不需要什麼呢？」

「柏林本身令我極為反感」，恩斯特・羅伊特（Ernst Reuter）[12]寫信給他的父母道。「灰塵，還有多得嚇人的人群，大家都在奔跑，好似一分鐘要花十馬克。」如此迅速領會這個城市祕密的人，將來必會當上它的市長。

史蒂芬・格奧爾格五月底來到海德堡，一如往常住進城堡山（Schlossberg）四十九號的民宿裡，聖靈降臨節時，他要召集所有弟子在此處聚會。但現在天氣驟然變得十分炎熱，格奧爾格因此前往浴場，目的自然不是游泳，像他這樣在生活中已宛若一尊行走的胸像的先知，永遠不可能做這樣的事。不是的，他是為了去看一位可愛的捲髮男孩：珀西·哥特翰（Percy Gothein），未滿十七歲的高中生與教授之子，他將是格奧爾格弟子的模範樣本。三年前在涅卡河（Neckar）橋上，格奧爾格偵探般的銳利眼神留意到這個男孩，悄聲向貢多爾夫（Gundolf）兄弟說道，他「與遠古的浮雕有相似之處，值得替他照張相」。沒多久，這張照片真的拍了。之後，這男孩去賓根（Bingen）格奧爾格的母親家拜訪他，格奧爾格教他——心理學的社交慣例是慈善的——如何打領帶，還將自己的絲絨褲借給他。一九一三年一個五月的下午，珀西，沒打領帶沒穿絲絨褲，走到涅卡河畔的河濱浴場，卻赫然發現一間浴場更衣室前草地上躺著史蒂芬·格奧爾格。後來珀西坦率陳述，彼此的交談很快就「回歸古希臘民族，樂於這般，而且更加赤身露體地從事思考活動」。諸如此類。晚上，史蒂芬·格奧爾格繼續撰寫他的大作《盟約之星》，所寫的即是變童戀，卻偽裝成閃忽迷離的祕密，還被賦予神話的重量，藉由夢遊般的詩句召喚而來。

ஐ

阿爾伯特·史懷哲一九一三年在日記裡寫下這句話：「如果所有的人都能永保十四歲時的模樣！」啊，也許最好不要這樣。一九一三年初，布萊希特正值十四歲。倘若有讀過他的日記話，必會欣喜他後來的轉變與他十四歲時不同。無論如何，他絕不可能成為格奧爾格的弟子：太醜、太暴躁、太易傷感了。

此時的布萊希特正就讀於奧格斯堡（Augsburg）皇家實科中學，對著尚不及詞彙本大，有著淡藍打格紙的日記本，感嘆永無止盡的春日之「單調」與「平淡」。而幫助他排解煩悶的是散步、騎單車、下棋，以及閱讀席勒、尼采、李利恩克龍（Liliencron）[13]與拉格洛夫等人的著作，還一邊勤奮地記筆記。然後，這位年輕人朝創作之路起步了，向日記傾訴洋溢著青春期氣息的詩歌。是有關於月亮、風、路與晚霞。接著，一九一三年五月十八日到來了。已年滿十五歲的他在這天經歷了一個「悲慘的夜晚」。詳細的情況是這樣的：「一直到十一點，我都心悸得厲害。後來就睡著了，到了十二點又醒來。心跳得是如此劇烈，我跑去找媽媽。真是可怕極了。」不過，很快一切又恢復正常。隔天他就開始寫詩。因為奧格斯堡的五月很暖和，他給這些詩行下的標題是〈夏〉（Sommer）：

我躺在草地上，一棵美麗的
古老菩提樹之涼爽陰影裡，
陽光普照的牧場上所有的青草
在風中都輕輕彎了腰。

也就是說，一九一三年他還是獨自一人躺在菩提樹下。但不久後就有人與他一起躺在李樹下了，如我們從布萊希特那首傳頌世紀，佐證了奧格斯堡最初戀情的詩歌〈回憶瑪麗・A〉（Erinnerung an die Marie A.）所得知的。看來，對布萊希特而言，寫有關樹的詩在一九一三年就已極具撫慰之效。就在夜晚爬上母親的床一天後，即是五月二十日，他寫下這句話：「今天感到舒服多了。」不過，隔天又報告：「早上很好。現在，中午又復發——背部刺痛。」很難分辨布萊希特到底是疑心病重，還是真患有嚴重的心律不整。無論如何，不久後他去看醫生，被確認患有「緊張的毛病」。換言之，布萊希特僅以十五歲之齡，就可自豪地患有與法蘭茲・卡夫卡和羅伯特・穆齊爾相同的病症了。

而他的生活態度也與這兩位緊張的受苦者，有著令人驚異的雷同，如他在這個春天寫的詩〈女朋友〉（Die Freundin）所透露的

你問，愛是什麼——
我感覺不到它，——
你問，快樂是什麼，
它的光芒從不向我閃爍。

你問，擔憂是什麼——
它，我認識，
它是我的女友，
它愛我！

在奧格斯堡是一個又一個的擔憂。難道在這個一九一三年的五月，都沒人有好心情？

顯然是沒有。不過在五月三日這一天，彼得・法蘭肯菲（Peter Frankenfeld）[14]誕生了。

魯道夫・馬丁（Rudolf Martin）漂亮的書《一九一三年北德貴族百萬富翁》（*Adlige Millionäre in Norddeutschland 1913*）出版了。裡面介紹九百一十七名分別來自波美拉尼亞（Pommern）、西利西亞（Schlesien）、老普魯士（Altpreußen）、薩克森（Sachsen）與布蘭登堡（Brandenburg）地區，可自由動用資產超過一百萬帝國馬克的貴族。他們之中絕大多數住在西利西亞，最富有的也是來自此區。首富是亨克爾・馮・多納斯馬克（Henckel von Donnersmarck）侯爵，居住於奧波恩（Oppeln）行政區內的諾伊德克皇宮（Schloß Neudeck），其資產高達二億五千萬，年收入超過一千三百萬馬克。

ঌ

「橋派」解體了。一九一三年五月，這個藝術家團體徹底解散了。由克爾希納所撰稿的「橋派」編年史，在黑克爾與羅特盧夫看來，無疑是個挑釁。克爾希納把自己突顯為這個團體的領袖，是表現主義木刻畫以及表現主義雕刻的發明者，甚至是此藝術運動的精神導師。克爾希納替編年史首頁創作了一幅木刻畫，上面有團體成員的肖像，他把自己的肖像安置在左上角，還在頭上加個小光環，當真是如此。門拱造型的版畫，「橋派」則是擱於他簽名的上方：「恩・路・克爾希納」。這樣的安排呈現，從其他成員的角度看來，是自我中心作祟，且與事實不符。但從藝術史的角度看來，的確真是如此，克爾希納是這個由眾多大師組成的團體中的天才。在他神智澄明的時期，也就是說如果他的頭腦沒被憂鬱症、毒品與藥物弄得迷濛的話，他也有此自知。總之，這件事引爆嚴重的爭吵，羅特盧夫與黑克爾就在一九一三年五月二十七日起草了一封信，通告「橋派」藝術家協會當中不積極的成員關於協會解散的消息。佩希斯坦在一年前就已被除名，因他未經其他成員許可，即在柏林分離派展出作品，此舉被克爾希納視為「背信棄義」。

「僅以此函通知您，簽字者決定藝術家團體『橋派』作為一個組織，予以解散。庫諾・阿密特（Cuno Amiet）[15]、埃里希・黑克爾、恩・路・克爾希納、奧圖・穆勒、卡爾・施密特・羅特盧夫。柏林，一九一三年五月二十七日。」接下來是四個人的簽名。克爾希納並未簽名。

甫寄出信，羅特盧夫即刻打包行李。他非得離開柏林不可，對這位作品總保有農夫氣息的畫家而言，這座城市與他始終格格不入，折磨著他以及他的美感。克爾希納的情況則完全相反，他是直到來到城市，才找到自我風格。克爾希納的藝術是屬於城市的。羅特盧夫一直都是鄉野風情的。他想到湖邊去，而且越遠越好，因而前往庫爾斯沙嘴（Kuhrische Nehrung）上的奈達（Nidden）。住進赫爾曼・布羅德（Hermann Blode）的旅店，他是村裡唯一提供出租房間的村民。很快地，羅特盧夫就在沙灘上發現一間簡陋、廢棄的漁夫小屋，佩希斯坦之前在這裡度過了兩個夏天。打開行囊，取出畫具後，他於五月三十一日捎張明信片給朋友，寫道：「看來，我會在奈達這裡停留好一段日子了。一個奇異的地方！」羅特盧夫已被「橋派」的爭執，以及柏林這個橫衝猛進、掠奪能量的大都會弄得精疲力竭，直到來到這個沙嘴才得以完全復甦。原野、松樹、潟湖，然後是沙、沙、沙，幾乎沒有盡頭的沙丘，在他的水彩畫與油畫裡化為天堂樂園，最初的人類在其中無邪地注視彼此。《松林中的陽光》（*Sonne im Kiefernwald*）是其中一幅畫的標題，讓人感覺彷彿置身於南太平洋的島嶼上。這是他首次畫大幅的裸體畫，一群婦女在沙丘上，水墨畫、木刻版畫，一個藝術的解放。他畫漁婦與孩子們，皆是赤身露體，毫無拘束。感官之美在羅特盧夫的藝術中，也許從未像這個沙灘的初夏般如此占上風。他畫的一張張臉孔，好比是大洋洲的木雕頭像，身體卻洋溢著旺盛的生命力。唯有在書寫自己作品中的裸體時，他才又顯得侷促起來，回歸那個理智的人。「乳房的情況也無不同。它們是情色的瞬間。不過，我意欲擺脫經驗的短暫易逝，就某種程度上，在宇宙與塵世的片刻之間建立起一種關係。」沒那回事：「世界除魅」。反倒是：宇宙的乳房！一個一九一三年解剖學上的新發現，直到今天完全被研究者給忽略了。

五月的柏林大張旗鼓準備迎接這個還年輕的世紀最盛大的社交活動：普魯士公主維多莉亞・路易絲與漢諾威公爵恩斯特・奧古斯特於五月二十四日舉行成婚大典。新娘新郎的座車駛過上千名圍觀群眾夾道歡呼的菩提大道。然後，如同《柏林日報》（*Berliner Tageblatt*）所報導的，出現了一個特殊的時刻：民主社會與君主政體共處於不平等之同時性。或者更直白地描述：「看見民主社會裡的公共汽車必須等待貴族的禮車先行通過，然後輪到禮車也得停下來讓公車通行，真是令人分外感動。」前來柏林及波茨坦參加婚禮的貴賓，不僅有俄羅斯沙皇尼古拉二世、英國國王喬治五世（Georg V.），還有來自歐洲各國數不清的王公貴族。這個婚禮尤其是場外交盛會。《柏林日報》如此評論聯合王國國王與沙皇的碰面：「這次訪問自然沒有政治目的。但在上個冬天發生那麼多風起雲湧的政治事件之後，這場婚禮無疑可視為緩和國際局勢的一個契機，三國協約簽署國當中兩位具有決定性影響力的君王，俄羅斯與大不列顛王國的統治者，同時受邀為德皇的座上賓。理所當然的，此種面對面接觸也會左右內閣的政治立場，即使只在這層意義上，也就是更加突顯各方追求和平的意願。」

就這麼僅此一回地，世間君王於五月二十四日聚集在點燃著上百枝蠟燭的宮廷教堂裡，見證下午五點舉行的婚禮。只有弗蘭茨・斐迪南，奧地利的王位繼承人，未被受邀——他在維也納就已因娶了門第不相當的妻子，而遭受眾人避之唯恐不及與盡可能刁難的待遇，這次提升到歐洲舞台的公開羞辱，對他無疑是個新的沉重打擊。眾賓客皆狂歡至凌晨時分。然而，國王們與沙皇還未進早餐，就已被各自的情報人員通報發生在維也納的大事：雷德爾上校被定罪，以及他的舉槍自盡。不過，沙皇神色自若，絲毫未顯露最重要的線人如今被除去，給他帶來的打擊。他一邊敲開早餐的白煮蛋，一邊閒聊。行禮如儀。

對人在巴黎的里爾克來說，這是個很耗費心神的春天。他再度幾乎完全無法提筆寫詩。他必須過生活。至少，約莫如此。朋友與熟人想見他，他出門用早餐、午餐、晚餐，與安德烈・紀德（André Gide）[16]、費爾德、島嶼（Insel）出版社社長安東・基朋伯格（Anton Kippenberg）[17]、羅曼・羅蘭（Romain Rolland）以及史蒂芬・褚威格碰面。里爾克悲嘆道：「人們讓我不適。」尤其糟糕的是他與老友以及心目中的英雄奧古斯特・羅丹，陷入一個交織著誤會與糾葛關係的不愉快中。曾經，他以自己的書讓羅丹在德國晉升為雕塑之神，現在里爾克拜託這位固執的雕塑家，不，是請求，請求他讓妻子克拉拉・里爾克・韋斯特霍夫（Clara Rilke-Westhoff）雕塑一座他的胸像，他卻不願配合。克拉拉與女兒早已跟里爾克分居兩地，但他覺得對她有責任，想幫助她透過這個委託創作，達到藝術上的突破。然而，羅丹絲毫不為所動，里爾克因此怏怏不樂。後來，當里爾克偕同基朋伯格一起拜訪他，討論島嶼的新版書所要收錄的新相片時，羅丹在一陣思索後，就從他們那把照片全都收走了。

克拉拉人在巴黎，深感絕望，而且身無分文（她是靠里爾克的紅粉知己伊娃・卡西勒的支助，才能勉強過活），將希望孤注一擲於替羅丹做雕像的這項任務上。里爾克因而轉向席多妮・納德尼，請求她讓妻子做尊雕像，他才剛安排這位前情人兼紅粉知己住進伏爾泰堤道酒店（Hotel du Quai Voltaire）——好像只有里爾克對此項安排不會產生反感，對他來說，最適意的莫過於在過往的傷口上，纏上和諧的繃帶。席多妮驕傲地抬起頭，讓自己美麗的輪廓刻進石頭裡。但過沒多久，席多妮心愛的哥哥約翰尼斯・納德尼（Johannes von Nádherný）在慕尼黑舉槍自盡。席多妮因而崩潰，深陷憂鬱中，並連帶把里爾克拖下去。里爾克寫信給他的出版商基朋伯格道，他曾因約翰尼斯之死而「輕微地崩潰」，在拜訪納德尼位於波希米亞彷彿被施了魔法的城堡時，他與約翰尼斯建立起不錯的交情，「再就是不久前與羅丹又起了新的不快，如同八年前一樣意想不到，但就這樣發生了，情況大概已成定局，難以補救。」

席多妮驚慌失措地離開巴黎，克拉拉無事可做，也逃回慕尼黑，而里爾克不知怎地感到鬆了口氣，他可以再談遠距離愛情，運用他擅長的書信、文字、安慰話語，將她們倆捧在手心上。克拉拉在慕尼黑繼續雕刻這尊還未識悲傷的胸像。當席多妮於秋天首次親睹這尊胸像時，已是在新男友的陪同下拜訪克拉拉。他的名字是卡爾・克勞斯。

若想對一九一三年巴黎文化界的網絡，以及德國花花公子、美學家、時髦男子、文化仲介者兼傳奇日記的作者哈利・凱斯勒伯爵的生活有所概念，瞄一眼他一九一三年五月十四日寫的日記，就足以見微知著：早上他起得很遲，之後便與安德烈・紀德以及史特拉汶斯基在麗池酒店提前用午餐，接著一同前去觀看傳奇的俄羅斯芭蕾舞者及編舞家尼金斯基（Nijinsky）與賈吉列夫新舞作的預演——音樂則是出自德布西之手。中場休息時，他們與德布西和尚・考克多（Jean Cocteau）[18]愉快地閒聊。然後，在預演還在進行當中，突然爆發了爭吵：史特拉汶斯基大喊，德布西大喊，賈吉列夫大喊。隨後大家達成和解，還相偕去隔壁喝杯香檳。凱斯勒認為德布西的音樂太過「單薄」，他晚上在日記裡透露這個看法。他還覺得偉大的尼金斯基設計的舞衣更糟：白色小短褲搭配黑色絲絨緞帶與綠色吊帶，這甚至連哈利・凱斯勒伯爵也感到「缺乏男子氣概與滑稽」。所幸，尼金斯基這位品味怪異的俄羅斯人身旁有受過良好教養的德法造型顧問提供諮詢：「考克多與我說服他明天在首演開始前，趕緊去威利斯（Willixx）買運動褲與一件運動衫穿著上台。」而他也照辦了。

整整兩週後，是下一場總預演的日子，在這個特別的巴黎五月——史特拉汶斯基的《春之祭》，地點是香榭麗舍劇院（Théâtre des Champs-Élysées）。這次，哈利・凱斯勒伯爵根本不去看預演，而是直接前往在拉呂（Larue）舉辦的預演酒會，在場的有尼金斯基、拉威爾、紀德、賈吉列夫、史特拉汶斯基，「大家都有這個共識，明晚的首演將會爆發醜聞。」而確實也真的發生了。結合著音樂與舞劇的總體藝術作品《春之祭》的首演成為震驚巴黎的大事件，震波直達紐約與莫斯科。五月二十九日晚上八點至十點之間的演出是史上極為罕見的時刻之一，目擊者當下即意識到自己參與了一場歷史事件。甚至連哈利・凱斯勒伯爵也為之神魂顛倒：「嶄新的編舞與音樂。全新的視野，某種前所未見、扣人心弦、極具說服力的東西突然出現了；一種非藝術的，同時卻也是藝術的新野性：所有的形式都被摧毀殆盡，新的突然自混沌中湧現。」凱斯勒伯爵於凌晨三時在日記裡透露的心聲，以簡明扼要且強而有力的字眼指出一九一三年席捲全世界的現代性推動力。

巴黎五月二十九日那個晚上的觀眾，大概是古老歐洲最高貴與最有教養的一群了：一個包廂裡坐著加布里埃爾・鄧南遮，他為了躲避債權人從義大利逃至巴黎。另一個包廂裡坐著德布西。可可・香奈兒則是坐在大廳裡，馬塞爾・杜象也是。他畢生，他後來這麼說道，都不會忘記這個晚上響起的「大喊與尖叫」。史特拉汶斯基的音樂將遠古力量裡的原始暴力帶到舞台上，那種已被表現主義視為典範的非洲與大洋洲人類的原始性，如今也被帶至文明的中心，在香榭麗舍劇院喚起了生機勃勃的生命。

從第一聲樂音，極高音的巴松管獨奏響起開始，就可聽見從觀眾席傳來噗哧的笑聲——這個還算是音樂，或是春天的暴風雨，或已然是地獄裡的噪音了，驚愕不已的觀眾如此自問道。四處都是咚咚的鼓聲，前面舞台上，赤裸的舞者欣喜若狂地晃動軀體，引發觀眾哄堂大笑，然而當巴黎人發現這是認真的，隨即：高聲尖叫。與此相反，坐在低價位座位區的現代主義支持者則大力鼓掌，音樂繼續怒吼，舞者的動作卻打結起來，他們聽不見音樂了，觀眾製造的噪音幾乎掩蓋過它，從某處傳來拉威爾朝著人廳不斷地喊道：「天才啊！」尼金斯基，此齣芭蕾舞劇的編舞家，用手指敲打節奏，以對抗觀眾憤怒的哨音。

騷動在預演時被安排在第十三段落的地方爆發，正如史特拉汶斯基所預料的（著迷於數字13的陰謀論者阿諾・荀白克若知悉，當會興奮莫名）。舞者好似陷入狂喜狀態，劇院經理顧不得演出正在進行當中，就將燈光熄滅，以免衝突更加升級，然而台前的舞者依舊繼續跳舞，繼續跳舞，當燈光再度點亮時，大廳裡的人們有種錯覺，彷彿是他們站在舞台上，舞者反倒成為觀眾了。多虧了指揮皮埃爾・蒙都（Pierre Monteux）[19]的冷靜沉著，他跟舞者一樣堅守崗位，才能奏完最後一個節拍，完成整場演出。隔天早上《費加洛報》（*Figaro*）刊出如下報導：「舞台體現人性。右邊有健壯的年輕人在摘花，同個時候一位三百歲高齡的老女人發瘋似地四處亂舞。舞台左側，有位老人在研究星辰，同個時候到處都有舞者向光之神獻祭。這齣舞劇不可能讓觀眾硬吞下去。它馬上就遭到噓聲伺候。若是幾天前，也許還會博得掌聲。對造訪國家的禮俗不特別熟悉的俄羅斯人，不知道愚蠢到達最大限度時，法國人會毫不猶豫地起而抗議的。」這些字句令史特拉汶斯基震驚。這晚他深覺不安。然而，他卻意識到自己創作出一部世紀之作。可可・香奈兒也強化了他這樣的感覺，她的帽子小店在巴黎造成轟動，這個晚上，她第一次見到偉大的俄羅斯作曲家。然後，成了他的情婦。

ꕤ

兩個地心之旅。皮耶羅・基諾里・康提（Piero Ginori Conti）[20]在托斯卡尼的拉德瑞羅（Larderello），成功利用地球內部的水發電。地熱能因而被發現。在此同時，馬歇爾・加納（Marshall B. Garner）在寫書，以證明猛獁象還活在地球內部。牠們絕不是絕種了，只是遷回較暖和的區域。

ꕤ

維也納，奧斯卡・柯克西卡繼續在那幅與愛人，古斯塔夫・馬勒的遺孀阿爾瑪的床一樣大的畫布上作畫。他內心帶著極大的痛苦，因為阿爾瑪剛墮掉他們的孩子。他無法原諒她摧毀了他們愛情的果實。一次又一次地作畫控訴，總是阿爾瑪與他們的孩子，後者的生命他夢想用藝術的方式予以延續。在維也納一家醫院做墮胎手術的時候，他也在場，並把沾血的棉花帶回工作室，他反覆不斷自言自語道：「這將是我唯一的孩子。」（很不幸的，被他說中了。）

然而，在性愛上他仍舊極度迷戀阿爾瑪，只有在前晚得到她的青睞下，他才能工作。他因而天天在工作室裡穿著阿爾瑪花俏的紅睡衣，這件睡衣是他在戀情開始時從她身下扯下的，之後總是穿著它作畫。在一九一三這一年，他畫了近百幅的阿爾瑪。這是個冒險的愛情，充滿憤怒、暴躁、幸福，「這麼多的地獄，這麼多的天堂」，阿爾瑪如此稱之。他希望在做愛時被阿爾瑪毆打，但她不喜歡，奧斯卡依然在每日的信中懇求她，是否「會用妳美麗、親愛的小手打在我身上呢」？

在親吻之間，他喊出謀殺計畫與憤怒。那必定是極大的喜悅啊。

柯克西卡的嫉妒心是如此巨大，使得他在夜間離開阿爾瑪的住所後，有時還會在路上守候至凌晨四時，直到確定沒有其他男人登上樓梯去找他的愛人，才會離開。「我無法容忍陌生諸神在我之旁」，他如此漂亮又極端誠實地寫道。尤其是他的妒火還熾烈地燃燒到阿爾瑪的亡夫古斯塔夫・馬勒身上。一次又一次，他們得在他的死亡面具下做愛。以她對藝術天才以及場所精神準確無誤的敏感度，在這麼特別的五月，阿爾瑪當然是在巴黎，柯克西卡寫信乞求她道：「拜託妳，我親愛的小阿爾瑪，護衛妳甜蜜的身體避免受到糾纏不休的目光侵犯，並請妳加強這樣的感受，每個陌生的手、每個陌生的目光碰觸到妳美麗的軀體，都是個褻瀆。」五月底，做禮拜轉變成施行巫術。奧斯卡・柯克西卡寄一封封懇求的信件到巴黎的旅館去：「我非得馬上娶妳為妻不可，否則我偉大的才能就要悲慘地終結了。夜間，妳必得像是給我飲魔藥般，讓我重新復活。」這樣的發展令阿爾瑪也慢慢地開始感到害怕了。她決定寧可在巴黎多逗留一個星期。

在《假紳士》（*Der Snob*）裡，這部卡爾・史登海姆（Carl Sternheim）[21]於一九一三年夏天所撰寫的劇作，藏有許多對瓦特・拉特瑙的隱射，這位電器聯營公司（AEG）偉大的監事會主席、浪漫主義者、作家、政治家、思想家。除此之外，還是他那個時代最自戀的人當中的一位。《假紳士》首演時，史登海姆的妻子西婭（Thea）就緊鄰拉特瑙而坐，擔心他會察覺舞台上所演的即是他本人。但自戀也有防護的功能。拉特瑙神情不改，劇終時只說想再詳細閱讀劇本。

二十七歲的路德維希・密斯・凡德羅（Ludwig Mies van der Rohe）[22]返回柏林，成為獨立開業的建築師。

馬克斯・貝克曼在他的日記裡寫道：「人是，並且依舊是一流的豬。」

1 杜麗歐絲（1880-1971），奧地利女演員。曾與柏林分離派畫家尤根・史皮羅（Eugen Spiro）結婚；一九一〇年以後與藝術經紀人保羅・卡西勒再婚。

2羅莎・盧森堡（1871-1919），波蘭猶太裔德國馬克斯主義理論家、哲學家。支持馬克斯主義和社會革命，一九一五年與卡爾・李卜克內西（Karl Liebknecht）共同成立革命團體「斯巴達克同盟」。一九一九年，李卜克內西發起斯巴達克起義，後來被鎮壓，盧森堡與李卜克內西等人被捕，並遭到殺害。

3德布林（1878-1957），德國醫生，作家。著作豐富，類型範圍極廣，被視為是重要的德國現代主義作家。最著名作品為《柏林亞歷山大廣場》（*Berlin Alexanderplatz*）。

4摩根（1837-1913），美國投資家，藝術品收藏者。

5法郎士（1844-1924），法國詩人、作家。一九二一年獲得諾貝爾文學獎，也被認為是普魯斯特的《追憶逝水年華》中主角馬歇爾崇拜的作家貝戈特（Bergotte）一角的原型。

6博爾哈特（1877-1945），德國詩人、劇作家。詩作受到古典主義和新羅馬主義影響，得到極高的評價。

7約翰尼斯堂，是人智學的重要建築物世界中心兼行政辦公處歌德堂的前身。史代納於一九〇八年提出構想，但因政府單位的阻撓而未能建造。

8絲娃（1867-1948），魯道夫・史代納的第二任妻子，幫助丈夫以藝術形式推展人智學，也是史代納作品的編輯和出版負責人。

9伊娃・布勞恩（1912-1945），希特勒的長期伴侶，直到一九四五年才與希特勒結婚，並在四十小時以後兩人一起自殺身亡。布勞恩擅長攝影，許多希特勒的照片都是出自她之手。

10基希（1885-1948），捷克作家、記者，多以德文寫作，以促進報導文學的發展聞名，反對納粹政權。

11豪斯勒（1893-1973），一九一四年搬出與希特勒共租的房間，日後成為一名奧地利商人。是少數希特勒早年在維也納與慕尼黑時期的歷史見證者，不同於其他人，他並未留下相關的一手資料，而是由他女兒轉述父親在家中提及對希特勒的回憶。

12羅伊特（1889-1953），德國政治家、市政學者，一九四八年柏林危機時期擔任柏林民選市長而聞名。

13 李利恩克龍（1844-1909），德國詩人、散文作家、劇作家。
14 法蘭肯菲（1913-1979），德國演員、歌星、藝人，德國廣播與電視娛樂界知名人物。
15 阿密特（1868-1961），瑞士畫家、雕刻家。
16 紀德（1869-1951），法國作家，一九四七年諾貝爾文學獎得主。
17 基朋伯格（1874-1950），德國知名出版人，一九〇五至一九五〇年為島嶼出版社負責人。
18 考克多（1889-1963），法國作家、劇場導演、畫家。
19 蒙都（1875-1964），法國指揮家，一九四二年移民美國。
20 康提（1865-1939），義大利商人、政治家。曾利用地熱蒸氣驅動發電機以發電，並建立世界第一座地熱發電設備。
21 史登海姆（1878-1942），德國劇作家、小說作家，在作品中經常抨擊德皇威廉時期市民階級的道德觀。
22 凡德羅（1886-1969），德國建築師，知名現代主義建築大師之一。早年曾在彼得・貝倫斯工作室工作過，一次大戰後採用格羅佩斯推動的新建築觀念，一九二九年巴塞隆納萬國博覽會德國館為其代表作。

Juni
6 月

這是人們很清楚不可能發生戰爭的一個月份。特拉克爾在尋找他的妹妹，以及在永罰地獄以前的救贖。湯瑪斯・曼只求他的耳根清靜。卡夫卡的求婚有點不太對勁。他誤以為那是破產宣誓。勞倫斯（D. H. Lawrence）發表了《兒子與情人》（*Sons and Lovers*），並且和三個孩子的媽，弗莉妲・馮・里希特霍芬（Frieda von Richthofen）偷偷跑到上巴伐利亞，她成了查泰萊夫人的原型。除此之外，各地方的局勢都處於神經緊繃的狀態。在電影院裡，女星阿斯泰・妮爾森在《父親們的罪》片中毀掉不知名的傑作。德國聽說不斷地在擴軍。韓可汽泡酒（Henkell Trocken）在慶祝德法友誼。

KAMPFER

再也不可能有戰爭了，這點諾曼・安吉爾（Norman Angell）[1]很確定。他的書《大幻覺》（*The Great Illusion*）在一九一〇年成為全球暢銷書。一九一三年，他寫了一封備受矚目的〈致德國全體大學生的公開信〉（*Open Letter to German Students*），使得他的主張更加傳誦一時。他的書在同時也發行第四版。在這初夏時分，正值巴爾幹半島日趨沸騰的噪音往北逼近之時，柏林、慕尼黑和維也納的知識份子還能夠好整以暇地讀這位英國記者的書。安吉爾認為，全球化的時代使得世界大戰不可能發生，因為所有國家在經濟上早已經緊密相連。安吉爾說，除了經濟網路以外，國際的交通聯繫，尤其是金融界，也使戰爭變得毫無意義。安吉爾的結論是：就算德國軍隊要和英國一較高下，「德國沒有哪個重要的機構不會遭到嚴重的損失」。於是，戰爭會打不起來，因為「金融界會對德國政府施壓，以中止對德國商業有害的局面」。安吉爾的主張說服了全世界的知識份子。史丹福大學校長喬丹（David Starr Jordan）[2]在安吉爾一九一三年的演講完畢後誇下海口：「始終山雨欲來的歐洲大戰，永遠也不會發生。銀行家不會為這樣的戰爭籌措經費，工業也不會支持戰爭的進行，政治家更沒能力發動戰爭。大戰不會到來。」

在此同時，威廉・博許（Wilhelm Bölsche）[3]三大冊的鉅著《自然的奇蹟》（*Die Wunder der Natur*）頗受好評，一九一三年出版英譯本，有個很漂亮的書名「生命的勝利」（The Triumph of Life）。風格優雅的博許意在普及現代主義，也就是對現代自然科學的認識，在上頭灑上一點糖霜，以迎合上流社會讀者的口味。他的目標不在於證明達爾文的學說，而是要表現「宇宙森羅萬象的奧祕」。於是出現了一些很奇怪的生物學和道德的理論。一九一三年，讀者們很熱情地接受博許的論證，認為所有高等生物基本上是和睦相處的。動物界的打鬥都是對手蓄意挑釁引起的。所以說，不只是各個國家在未來再也不會有戰爭，連動物也不會。威廉・博許的訊息真是撫慰人心。難怪他在德皇井然有序的書架上擺在最醒目的位置。圖霍斯基如是形容當時上流社會書房的基本陳設：「海澤（Heyse）[4]、席勒、歌德、博許、湯瑪斯・曼、一本舊時的紀念冊……。」基本上博許也是一本紀念冊，他在現代主義的簽字簿裡題上和平的詩句，夢想著一個大自然，那裡頭的動物就像在法蘭茲・馬克的畫裡一樣，安詳而相互依偎地到處漫步。

一九一三年六月，染上毒癮的詩人特拉克爾心神不寧、汗如流瀋地在薩爾茲堡和茵斯布魯克之間跑來跑去，彷彿發情一般。他想要和葛莉特（Grete）重逢，和他有肉體關係的情人，他的親生妹妹，可是他沒找到她；他要再見到阿道夫・路斯一面，著名的反裝飾藝術者，可是也撲了個空。他趕到維也納，擔任無給職的臨時雇員，幾天後，他請了病假。特拉克爾隱約覺得，甚或他敢說，只能屬於他一個人的葛莉特，和他的朋友卜許貝克一起背叛了他。他寫信給卜許貝克說：「也許你知道我妹妹葛莉特是否在薩爾茲堡。」特拉克爾混跡於毒品、痛苦和酒精當中，陷落在「自尋煩惱的地獄裡」。他隨手創作，隨手毀掉，他在活頁紙上的塗改看起來像傷疤一樣，刻在像皮膚一樣的紙上。他寫了一首詩，叫作〈被詛咒者〉（Die Verfluchten），裡頭有一段詩說：

夜已黑。陰森森地焚風鼓起
蛻變中的男孩的白色睡衣
死神的手輕輕伸進他的
嘴裡。桑雅笑得溫柔而美麗。

這一年，他藏身在菲克爾的房子和城堡裡，菲克爾是個像父親一樣的朋友和贊助者，在他的雜誌《火爐》六月號刊登了特拉克爾的詩。可是特拉克爾並沒有什麼好驕傲的。他只是越陷越深。

艾德華・孟克完成他的畫作《嫉妒》（*Die Eifersucht*）。

那時候，湯瑪斯・曼在他位於巴德特爾茲的鄉間別墅裡，準備開始寫作。他所構想的是一部新的中篇小說，場景要在達佛斯，在他認識的那幾家療養院裡，他曾經去那裡探視卡蒂亞。一個遺世獨立的地方。它要和正陳列在書店裡的《魂斷威尼斯》正好相反，一如他在信中所說，這次在風格上要「閒適而幽默」（雖然還是愛上死亡），而書名就叫作「中了魔法的山」（Der verzauberte Berg）。

他想開始寫，孩子們在外頭的草地上玩捉迷藏，保母在照料他們。可是他無法動筆。他總是瞪著書房裡的地毯，對地毯商人荀尼曼（Schönemann）很惱火，因為那傢伙騙了他。他到外頭找了另一個慕尼黑商人，對方只跟他估了三分之一的價錢。可是荀尼曼不肯退錢，湯瑪斯・曼於是告上法院。他遠眺山巔，把鋼筆擱在一旁。中了魔法的山得等一等。他寫信給他的律師，非要那個地毯商還錢不可。

ஐ

凱斯勒伯爵一如往常地穿著白色三件式西裝，搭火車從璀璨奪目的巴黎到沸騰的柏林，迷上了西伐利亞（Westfalen）的優雅；他在六月三日的日記裡寫道：「遍地的野花，夾雜在蔥綠的黑麥和莊稼裡；蜿蜒起伏的丘陵，金色和藍色相間的朝暾灑在山頂和谷地上。情調上有些豐盈、沉鬱、遼闊、充滿母性，和法國風景的濃膩嫵媚迥然有別。德國景色的日耳曼情致一定也會讓人想起一種風格，就像法國風景讓人想起印象派的風格一樣。」凱斯勒伯爵如是說，正好在柏林的藝術團體「橋派」解散的一個星期之後，八年來，他們一直在領略德國表現主義裡的豐盈、沉鬱、遼闊、充滿母性的風景。

ℬ

在《傻大哥》雜誌裡可以看到一九一三年的德法關係，它刊登了韓可汽泡酒的一則廣告：「在法國漢斯（Reims），從葡萄到酒桶，在德國畢布里奇（Biebrich），從酒桶到酒瓶，這就是我們的韓可汽泡酒和韓可特藏佳釀的製造過程。我們是唯一在法國香檳區和德國都享有最高榮譽的德國氣泡酒廠。」我們翻到下一頁，會看到一幅漫畫，裡頭有個完全法國化的德國人，穿著華麗的衣服，在午後時分閱讀畫報。旁邊有一句話：「層出不窮的邊境衝突夠討人厭了。可是直到法國人用他們的時尚武器向我們逼進，我們的男人才會真的嚇一跳吧。」

ℬ

六月二十九日，德意志帝國議會三讀通過由政府提出的擴軍法案。和平時期的軍隊增加了十一萬七千二百六十七人，來到六十六萬一千四百七十八人。

ℬ

一九一三年的一個陰天，法蘭茲・馬克突然抓起了畫筆，它像個怪物一樣，從他的整個作品裡站了出來。它再也不是描寫什麼樂園，裡頭動物像天使一樣溫柔，也不需要有人類。不是的。它描繪的是地獄。報紙上關於南歐的報導，越來越血腥激烈的相互殘殺，把馬克嚇壞了，於是畫了一幅讓人毛骨悚然、牙齒打戰的畫。那幅畫叫作《狼群（巴爾幹戰爭）》（*Die Wölfe*

〔*Balkankrieg*〕）。

ↄ

一九一三年六月二十日接近中午的時候，三十歲失業的老師施密特（Ernst Friedrich Schmidt），來自巴德徐爾策（Bad Schülze），攜帶若干武器，走進不來梅的聖馬利亞小學（Bremer Sankt-Marien-Schule）。在瘋狂殺人事件當中，他帶了至少六把荷彈左輪手槍，衝進教室裡。他打完一把槍的子彈，就抓起另一把槍。五個七到八歲的女孩被殺死，十八個孩童和五個成人受重傷。然後他被路人制服。他在審訊中承認是為了抗議找不到教職才行凶。

ↄ

一九一三年，不只出版了普魯斯特的《追憶逝水年華》第一部。同時也出現了二十世紀哲學具有革命性力量的作品：胡賽爾（Edmund Husserl）的《觀念》（*Ideen zu einer reinen Phänomenologie und phänomenologischen Philosophie*）。胡賽爾在哲學上帶來的典範轉換，是從實證主義的現實世界轉向意識的事實。而一九一三年的確也是內在世界到處變成現實的年代。變成繪畫、書、房子、幻想。

ↄ

或者是變成紅色的書。在這一年，榮格開始在一本紅皮精裝書裡記錄他的夢和內在體驗，並且在事後對自己加以分析。在年初，身為「國際精神分析學會」主席的他，對弗洛依德發起

「弒父」行動。他不只抨擊作為現代心理學的中心信念的原欲理論，一如他在信中所說的，他甚至「扯先知的鬍鬚」。可是「弒父」不僅打擊了父親，就連凶手自己也完全亂了方寸。固然弗洛依德情緒低落，滿腔怒火，榮格自己也遇到嚴重的危機，因為他失去了孺慕很久的父親形象。他放棄了蘇黎世大學的教職，而正如弗洛依德一樣，他也很擔心兩人不久就要碰面的場合。在九月將於慕尼黑舉行精神分析家大會，這兩個敵對的陣營便會相遇。

榮格一直做惡夢，夢魘讓他飽受折磨。其中一個困擾，就是「紅書」的導火線。

他大汗淋漓地從異象中驚醒，在他的夢裡，整個歐洲都被可怕的洪水淹沒了。到處燒殺擄掠，滿目瘡痍。白天他大談精神分裂症，但是在夜裡，在他不安的夢裡，他害怕自己也精神分裂。尤其是末世的異象，始終縈迴不去，於是他把它記錄下來，試圖藉此克服它。自從他的婚姻有了不尋常的三角關係，他的夢更是一團混亂。無論是他的妻子艾瑪（Emma）[5]，或是他的情婦唐妮・伍爾芙（Toni Wolf），他有辦法讓她們接受這個三人行的婚姻。星期天晚上，唐妮甚至到他們位於蘇黎世湖畔的屈斯納赫特的家庭別墅共進晚餐。至於那個夜晚發生了什麼事，無任何記載可考。我們只知道，艾瑪和唐妮都成了精神分析師，他們的三角關係則維持了數十年。榮格自己也反覆思索他夢裡的白天和黑夜的經驗，並以興奮的筆記錄在他的「紅書」裡。他將對自己的實驗稱為「對無意識的探究」。而他在一九一三年的夢裡看到的淹沒整個歐洲的洪水，也在榮格的內心世界裡捲起巨浪。「我後來的整個事業，都在撰述那些年從無意識裡顯露出來並且將我淹沒的東西。那是一生事業的原始材料。」

快滿八歲的伊利亞斯・卡內提（Elias Canetti）[6]和他的母親搬到維也納，而且開始學德語。

一九一三年，勞倫斯自己成了「查泰萊夫人的情人」（Lady Chatterley's Lover）。他的查泰萊夫人三十四歲，在英國短短不到五個星期的邂逅之後，他就和她暗通款曲。她的名字其實叫作弗莉妲・馮・里希特霍芬[7]，後來改夫姓為威克利（Weekley），可是她的先生，諾丁罕大學教授，也是勞倫斯的老師，既壓不住她的普魯士貴族身分，也無法馴服她的脾氣。勞倫斯，二十七歲的礦工兒子，剛剛把他的《兒子與情人》手稿交給出版社，對這位「來自里希特霍芬這個古老而著名家族的子爵之女」驚為天人。弗莉妲金髮碧眼，天資聰穎，對勞倫斯相當傾心。她相信唯有透過自由戀愛，天堂才會在人間實現。勞倫斯和她互訂終身，兩人一起從島嶼私奔到歐洲。一九一三年春天，他們到上巴伐利亞的亞欣豪森（Irschenhausen）去找弗莉妲的姊姊艾爾莎（Else），在她偷情的愛巢落腳。艾爾莎的先生是慕尼黑教授雅菲（Edgar Jaffé）[8]，但是她時常和她的情人亞弗烈・韋伯（Alfred Weber）[9]避居在一棟愜意的木造夏日別墅裡。亞弗烈是馬克斯・韋伯（Max Weber）的弟弟，也是艾爾莎博士論文的指導教授。艾爾莎送了一套活潑可愛的緊腰寬裙給從英國回來的弗莉妲作為喬遷的禮物，以增添她的女性魅力。兩姊妹一直感情很好，即使以前她們都是奧圖・葛羅斯的情人，葛羅斯是弗洛依德的門徒，一個有古柯鹼毒癮的大情聖。艾爾莎替葛羅斯生了一個兒子，而他在同年也和他太太生了一個兒子，兩個孩子都叫作彼得，而她太太剛好也和他的第二個情人一樣叫作弗莉妲。這個自由戀愛的天堂真是一團混亂。

勞倫斯和弗莉妲在私奔之後，他們的愛情仍然一波三折，一如勞倫斯曾寫道，它「交織著同情和極度的仇恨」。無論如何，在亞欣豪森的初夏，他們度過了最好的時光。與世隔絕的以撒塔（Isartal）背後有冷杉林和高山，前面則是沃野平疇，在這裡，他們擺脫一路來的奔走，得以休養身心，得到新的力量。勞倫斯對於弗莉妲「在生命上的天賦」讚嘆不已，如同他顯然也很享受她在愛情上的天賦。因為他後來發表了最著名的情色小說《查泰萊夫人的情人》，裡頭那位優雅的情婦像極了弗莉妲。不過小說裡沒有提到亞欣豪森這個地方，它的地名對於這樣一本小說而言顯然不夠浪漫。

可是到了一九一三年六月，兩人又驛馬星動。勞倫斯的《兒子與情人》出版後引起轟動，他想要載譽歸國，而他的情人也想回英國看她的孩子們。為了和這個年輕作家私奔，她拋下了三個孩子，分別是十三歲、十一歲和九歲大，如今她思兒心切，於是兩人在六月底動身前往英國。勞倫斯這次完全沒轍，無法說動她再次離開她的孩子。於是他們相約在義大利。她並不相信他的愛的誓約，因為他承諾她要穿過整個瑞士走到義大利去，然而他真正做到了。她此後一生也就託付給他。

&

茵斯布魯克的《火爐》雜誌做了一個「關於卡爾・克勞斯的問卷調查」。為此，阿諾・荀白克在六月寫了一段場面話：「謹將我的和聲學獻給卡爾・克勞斯，我要說：『比起其他想要自立門戶的人，我或許從您那裡學到更多的東西。』當然這仍然不及我的感激的萬一，但是或許可以聊表我對他的崇敬。」在這個狂熱僭越的年代裡，這麼平心靜氣的讚美和推崇、得體的文字，的確很少見。

&

德意志帝國慶祝德皇威廉二世登基二十五周年。他是個脾氣古怪的皇帝，對船以及禮儀特別有興趣。他早年即大力擴充宮廷禮儀和服制。他的登基紀念慶典確定以後，他一手包辦整個規劃，從典禮的進行到禮物的挑選，都要他親自授意裁定。就連他以「和平皇帝」（Friedenskaiser）著稱的演說，也是他的主意，雖然兩個星期以後，帝國議會就決議通過了擴建軍隊法案。而即使宴會告示牌上仍然遵照以前的座次，也就是宰相排在王室家庭和聯邦諸侯之後，其他議員甚至遠遠排在王室不知名的小角色後面，可是帝國的權力關係早就沒有那麼明確了。當沒有任何座次可以反映出位階時，威廉二世很難在君主立憲的體制內維護他的政治地位。他並沒有真正的政治本能。他選擇在大眾前亮相，因為他擅長表現出親民隨和的形象，和軍方友好，興趣很單純，厭惡現代法國藝術。他喜歡船、北方和海軍。對他而言，殖民地最大的好處就是可以搭船去遊玩。即使是他和他的情人葛爾慈（Görtz）女伯爵一起到黑森邦的山裡去獵松雞，在號角叫醒獵人以前，他也總是一個人在夤夜裡憂鬱地在獵舍的木頭上刻小船。

ஐ

柏林在一九一三年那個時候就已經有兩百家電影院了。大部分的電影院都放映前一年才在巴貝爾堡成立的攝影棚所生產的作品，包括阿斯泰‧妮爾森的《父親們的罪》。故事敘述一個畫家的繆斯，她一直為愛慕她、年紀跟她父親一樣大的男主角擔任模特兒，作為美的化身。後來他拋棄了她，她也染上酒癮。畫家和她重逢，被她深深吸引，可是他已經不認得她了。他請她到他的畫室，要畫一幅諷喻酒癮的畫，那會成為他最嘔心瀝血的作品，她也將成為他的傑作。可是當繆斯看到她自己、她的愛和她的美麗成了藝術和畫家事業的祭品時，心裡生起一種莫名的反抗，於是毀掉了畫布。阿斯泰發怒的表情讓她的臉孔成了家喻戶曉的偶像。

ஐ

當英國南極探險隊的倖存者於一九一三年回到家鄉時，探險隊的科學成就聲名大噪。人們避談成為民族英雄的史考特（Scott）其實是第二個登陸南極的人。當探險隊在一九一二年總算到達南極時，他們看到剛插上去不久的挪威國旗正迎風招搖。在這場跟冰層以及時間的無情競賽裡，阿蒙森（Roald Amundsen）比他們快了幾天。英國探險隊為此整個洩了氣。史考特和隊長歐特斯（Lawrence Oates）在回程中喪命於永凍的冰層。至今大不列顛都將歐特斯視為忠烈紀念他。因為他不想拖累隊友而英勇殉難。他在離開帳棚時的遺言成為傳世佳話：「我出去一下，可能要花一點時間。」切利葛拉（Apsley Cherry-Garrad）[10] 不久後關於探險隊遇難過程的傳奇報導的標題下得也不錯：「世上最糟糕的旅程。」英國人儘管沒有發現南極，至少沒有失去他們的幽默。

「世上最糟糕的婚約」：六月八日布拉格，卡夫卡終於向費莉絲求婚。可是他欲語還休，直到六月十六日才打起精神把信寫完。他一共寫了二十頁。卡夫卡先是鉅細靡遺地說明他必須找醫生看病，這個舉動究竟是要證明他精神正常，或只是為了要延遲婚禮而勉強找個藉口，我們不得而知：「除了種種因素以外，我和妳之間還有醫生的問題。我沒把握他會說什麼，這樣的決定和醫學診斷沒太大的關係，就算是，人們也不會拿來用。原本他們說我其實沒有病，現在又說有病了。」嗯。在下一段裡，卡夫卡這個卓越的、讓人感動的、風格獨特的作家，卻磕磕絆絆地寫道：「費莉絲，現在請妳想一想，有鑑於這個不確定性，我很難啟齒，聽起來一定也很怪異。甚至現在言之過早。可是現在不說又會太遲了，因為我再也沒有時間去談這樣的事了，一如上次妳在信裡提到的。然而我再也沒時間猶豫了，至少我這麼覺得，於是我要問：在上述的、不容易排除的前提下，妳會考慮做我的妻子嗎？妳願意嗎？」他應該是說：妳真的願意嗎？？？？？他或許至少要放五個問號，而不是一個問號而已。

接著他以少見的條分縷析為費莉絲說明一個婚姻的成本效益計算。「費莉絲，現在請妳想一想，婚姻會對我們造成什麼改變，每個人會損失什麼，獲得什麼。我會失去我大多時候很可怕的孤寂，而贏得我最愛的妳。而妳會失去至今擁有的、對妳而言相當滿足的生活。妳會失去柏林，妳喜歡的官職，妳的女性朋友們，餘興娛樂，以及嫁一個健康的、風趣的、善良的男人的機會，生幾個漂亮又健康的孩子的機會，妳只要稍加思索，就會非常渴望那些東西。相對於這些難以估計的損失，妳只會贏得一個疾病纏身的、羸弱的、不合群的、沉默寡言的、憂鬱的、死板的、幾乎沒指望的男人。」誰會不想立刻說「我願意」呢？這樣的求婚簡直是破產宣誓。

可是卡夫卡心下慊慊，因為他覺得自己這麼做太躁進了，即使他其實用了好幾百句話去掩飾遮蓋他的問題，可是他知道他的確在信裡某處問了費莉絲。他東摸摸西摸摸，好不容易才把信塞進信封，他一定費老大工夫才找到人一點的信封，因為他的信太厚了。然後他走到街上，躊躇不定，等了好久，直到所有郵局都關門了，這才驀然想起來，他要費莉絲第二天早上在她桌子上看到這封信，於是他跑到火車站，那裡還可以投遞快捷郵件，由區間車送到柏林。揮汗如雨、行色匆匆的他，在路上遇到一個舊識。卡夫卡跟他道歉說他正趕著要把信拿到火車站去寄。你非投遞不可的，是怎樣特別的信啊？那個舊識打趣問。「一封求婚信，」話畢卡夫卡哈哈大笑。

六月八日，卡夫卡開始寫他的求婚信時，德皇威廉二世主持了為一九一六年奧運建造的德意志體育館的落成典禮。德國建築工人提前三年完工。可是提早有比較好嗎？

為了慶祝德皇登基二十五周年，十五歲的貝爾托・布萊希特（Bertolt Brecht）在日記裡寫了以下的詩句：「當我們在夜裡倒下／戰死沙場，／那撫慰我們的黑白紅旗幟／應該向我們揮別吧。」還有一段詩說：「風應該在旗幟裡歌著唱：／你已經盡了你的義務！／你在奮戰和格鬥中死去／一個忠實的德意志男人。」相當耐人尋味。

烏帕塔（Wuppertal-Elberfeld）在一九一三年就曾經展出五幅畢卡索的畫作。[11]畫家俄伯斯勒（Adolf Erbslöh）[12]於一九〇七年收藏的兩幅靜物畫，史密茲（Julius Schmits）於一九〇一年收藏的《母親與孩子》，以及同一年由銀行家海德（August von der Heydt）收藏的《穿外套的男子》，另外還有一幅粉紅色時期的水彩畫。

維也納兩段婚姻的玫瑰戰爭。亞瑟・施尼茨勒和妻子歐爾嘉口角不斷，施尼茨勒在日記裡透露說，他像癱瘓似地躺在露台上。穆齊爾和太太很不愉快地散步回來，在六月十日寫道：「瑪爾塔（Martha）脾氣很壞，老是沒由來地數落我，讓我很心灰意冷。妳要離開我。我只好形隻影單。我要自殺。我會被妳拋棄。」不過她沒有離開。

倒是李奧・史坦因走了。吵了好幾個月以後，他離開花街（Rue des Fleurs）二十七號的寓所，他和妹妹葛楚德原本一起住在巴黎，他們家成了前衛派沙龍。畢卡索、馬諦斯和喬治・布拉克是家中常客，每周六晚上的定期聚會是巴黎藝術家的重要集會。更重要的是，若干年後，該沙龍成了第一座世界現代藝術的博物館。狹窄的空間裡擺滿了畢卡索、馬諦斯、塞尚、高更和其他法國大師的傑作，都是史坦因兄妹早期慧眼獨具的收藏。葛楚德總是穿著一種褐麻衣服，坐在一張文藝復興時期的深色椅子上，把腳伸到壁爐旁邊；她總是覺得很冷。她哥哥李奧站在她身旁，對著往來絡繹不絕的賓客解說他對現代藝術的見解。他的客人包括：英國貴族、德國學生、匈牙利畫家、法國知識份子，以及畢卡索和他的歷任情人。

可是他們兄妹開始有了齟齬。李奧再也無法忍受他妹妹對於立體派的偏好，而且也看不慣她迷戀住在他們家的艾莉絲・托克拉斯，而不只是把她當作女廚師、老師和祕書。李奧完全無法理解這一切。於是他帶著雷諾瓦、塞尚和高更最美麗的畫，離開了巴黎，來到應許之地，落腳在佛羅倫斯附近。在空無一物的地方，葛楚德立刻掛上畢卡索、布拉克和胡安・格里斯（Juan Gris）[13]於一九一二年到一三年間創作的立體派作品。而現在艾莉絲則取代李奧主持周六沙龍。兩兄妹共同的努力在短短幾年成為現代藝術最重要的收藏，但是他們從此以後再也不跟對方說話。在佛羅倫斯的李奧一再提出和好的要求，可是葛楚德沒有回信。就像知識份子解決心理困擾的習慣作法一樣，葛楚德也試著克服兄妹的分離。她寫了一本書，把它稱作《兩人，葛楚德・史坦因和她哥哥》（*Two: Gertrude Stein and her Brother*）。她相信那樣就可以白紙黑字地證明她能夠獨立生活。可是她其實只是證明了她從來沒有走出和哥哥分開的陰影。

《新評論》六月號刊登了一個二十五歲的作家布魯諾・法蘭克（Bruno Frank）[14]的一篇作品，他是湯瑪斯・曼的信徒。那篇作品題為〈從《魂斷威尼斯》看湯瑪斯・曼〉（Thomas Mann – eine Betrachtung nach "Der Tod in Venedig"）。除了對該小說美麗而詳盡的詮釋以外，文中有多處提出針砭時事的診斷。「在還有形上學的時代裡，比較少人會成為英雄。可是現在，我們腳下是冷冰冰的石板，頭上是空無一物的蒼穹，我們對信仰的關係只剩下對它的渴望，我們與世隔絕，撤退到自己的內心世界，那或許是史無前例的情況，就在這個時候，出現了湯瑪斯・曼，這位詩人清醒而勇敢地踏入完全沒有諸神的世界。」好吧。或許《魂斷威尼斯》的主人翁阿森巴赫是現代世界最後一個戰死沙場的英雄。

六月十六日，這位清醒而勇敢的詩人和剛從療養院回家的太太卡蒂亞一起到托斯卡尼海岸附近的維亞雷吉歐（Viareggio）度假三個星期。在那裡的麗晶飯店裡，他把正在構思的《騙子菲利克斯・克魯爾的自白》（*Bekenntnisse des Hochstaplers Felix Krull*）擱在一旁，真正開始寫作《魔山》，他在巴德特爾茲顯然寫不下去。現在，在海邊，他可以遠眺心靈——以及眼前的山。

1安吉爾（1872-1967），英國記者，一九三三年獲諾貝爾和平獎。大學時即認為歐洲有著「絕望地無法解決的問題」，曾在美國當牛仔、灌溉工程工人、郵差以及記者。一九三〇年代疾呼大眾注意德國、義大利和日本同盟的侵略性，並赴美國演講，遊說美國支持英國參與第二次世界大戰。

2喬丹（1851-1931），著名魚類學者，優生學家，教育家。一八九一年應邀協助創立史丹佛大學，並擔任該校校長至一九一三年。

3博許（1861-1939），德國作家、編輯和新聞記者，擅長以淺顯易懂的方式讓普羅大眾了解自然史學，並引發對自然史的興趣。

4海澤（Paul Johann Ludwig von Heyse，1830-1914），德國作家、劇作家，於一九一〇年獲諾貝爾文學獎。作品主題多半為吟頌愛情，常取材自古老傳說或歷史軼事，運筆細膩，講求有秩序的古典風格。

5艾瑪・榮格（1882-1955），瑞士精神分析師。一九〇三年與榮格結婚，生有五個孩子。一九三〇年起也擔任精神分析師並執業。

6卡內提（1905-1994），出生保加利亞，是以德語創作的小說家、劇作家，一九八一年諾貝爾文學獎得主。

幼年舉家遷至英國，父親猝逝後，移居維也納。一九二〇年代，目睹通貨膨脹引發街頭暴動，對群眾產生興趣，後來將所見寫成小說。二次大戰前，移居英國，停止文學創作而研究權力心理病理學。晚年居住在瑞士。

7 弗莉妲・馮・里希特霍芬（1879-1956），生於貴族世家，和語言學者恩斯特・威克利結婚後住在諾丁翰，從事德文童話英譯的工作。一九一二年，與勞倫斯墜入情網，私奔至德國。勞倫斯因間諜罪被捕，逃至義大利。兩人在一九一四年結婚，因戰爭於歐洲各處流連，直至勞倫斯於威尼斯過世為止。

8 雅菲（1866-1921），德國經濟學者、政治家，是馬克斯・韋伯的學生，一九一八年曾任巴伐利亞蘇維埃共和國的財政部長。

9 亞弗烈・韋伯（1868-1958），德國經濟學家、社會學家，亦是社會學家馬克斯・韋伯的弟弟。為「工業區位理論」的創始者，認為企業有產業集群的現象，研究成果影響了所謂的經濟地理學。

10 切利葛拉（1886-1959），英國南極探險家，飽受創傷後壓力症候群之苦，經過療養後，在友人的鼓勵下將經歷寫成書，成為旅行文學的經典之作。

11 畢卡索的作品第一次公開展覽就是在烏帕塔的海德博物館（Von der Heydt Museum）。

12 俄伯斯勒（1881-1947），德國表現主義畫家。晚期過著低調的生活，有許多家人的肖像畫以及風景畫。

13 格里斯（1887-1927），西班牙立體派畫家和雕塑家。移居巴黎後，結識馬諦斯和布拉克等畫家，也與同鄉的藝術家畢卡索往來密切。視畢卡索為老師，但畢卡索似乎並不認為格里斯的風格與自己有相似之處。

14 布魯諾・法蘭克（1887-1945），反納粹的德國作家，詩人。因猶太人身分遭到迫害，與妻女逃至美國，並繼續寫作，曾替好萊塢創作好幾部劇本。

Juli
7月

度假囉！埃貢・席勒和奧地利王儲斐迪南在玩模型火車。普魯士軍官們在薩克羅威湖（Sacrower See）裸泳。魏德金搭火車到羅馬，洛維斯・柯林特和凱特・寇維茲（Käthe Kollwitz）到提洛（不過在不同的旅館）。

阿爾瑪・馬勒躲到弗朗茲巴德（Frazenbad），因為奧斯卡・柯克西卡發出結婚聲明。他自我安慰，並且和特拉克爾狂飲。霪雨霏霏。所有人都在他們各自的旅館房間裡快要發瘋了。無論如何，馬諦斯至少帶了一束鮮花給畢卡索。

KVEHN
1912

七月十日，加州死谷創下最高溫度紀錄：攝氏五十六・七度。七月十日，德國是雨天，氣溫不到十一度。

在這個七月裡，奧古斯特・馬克（Auguste Macke）[1]和馬克斯・恩斯特（Max Ernst）[2]結識，馬克年輕的時候就很欣賞他。馬克甚至把恩斯特的上課筆記本拿來當速寫簿，他們一起籌備「萊茵河表現主義」畫展，由於找不到合適的畫廊，他們就於七月十日在波昂的一家書店開幕。書店二樓窗外掛著一幅巨大的海報，上面寫著參展的藝術家。恩斯特甚至馬上張羅了必要的回響：他用假名在波昂的《口語報》（*Volksmund*）刊登了一篇評論，尤其讚美他的朋友馬克的藝術，他說馬克的抽象畫「僅僅透過形式就能夠表現心理世界」。於是，在一九一三年，所有人都在爭奪無意識的世界。

心理學和超驗的事物正在醞釀當中。基里柯（Giorgio de Chirico）[3]在一九一三年畫了第一幅真正的「形上風景畫」，一如阿波里奈爾所說的。那幅畫叫作《義大利廣場》（*Piazza d'Italia*），它要描繪的是：空間。如果人們知道基里柯在慕尼黑念書念了很久，就可以從黃色的房屋和寬闊的街道感覺到，這個在希臘出生的義大利怪人的整個形上學，完全是以慕尼黑為主題。於是，克倫策（Leo von Klenze）[4]位於皇家花園（Hofgarten）和維特巴哈廣

場（Wittelsbacherplatz）之間的古典主義建築，在一九一三年跑到現代世界裡來了。博克林（Böcklin）[5]和克林格（Klinger）[6]是基里柯在藝術上的導師，而叔本華和尼采則是他在精神上的導師，不過基里柯在研究孤獨的人類的孤寂時再也不需要他們，因為觀察者自己就難免會被吸進現代世界的無意義性裡。或者如基里柯自己所說的：「藝術藉由現代哲學家和詩人而得到解放。尼采和叔本華最早告訴人們生命的虛無是什麼意思，而這個虛無又是如何能夠蛻變為藝術。每個優秀的現代藝術家都是個超越了哲學的哲學家。」於是，基里柯證明了透視畫法（定位的符號）的荒謬。在巴黎、柏林和米蘭，他也因此很快地成為搖晃得越來越厲害的地基上的指標性人物。

七月十六日，埃貢・席勒去找他的贊助人和支持者亞塞・羅斯勒（Arthur Roessler），並到特勞恩湖（Traunsee）畔的舊閔斯特（Altmünster）那裡的蓋格旅館（Haus Gaigg）度假。他寫了一封長信，說他不是三點鐘就是四點鐘，或是五點鐘或六點鐘會到。可是他沒有出現。主人從車站走了半個鐘頭回家，冷得半死，先是喝一杯熱茶加蘭姆酒，再喝一杯蘭姆酒加茶。一杯接著一杯。不知過了多久，席勒敲露台的門，他在另一個時刻，走另一條路線到達。而且不是一個人，還有瓦莉・諾伊齊，就是我們現在知道的偉大水彩畫《穿紅衣的瓦莉・諾伊齊》（*Wally mit roter Bluse*）裡的模特兒，可是當時沒有人知道她是誰。

第二天早晨，他們要到火車站領行李。羅斯勒問他那裡頭到底有什麼東西。席勒回答說：只是些必需品。於是到車站領了回來：一點衣物，裂掉的黏土罐，彩釉沙鍋，幾本大部頭的書，藝術書，很樸拙的木頭娃娃，繪畫和素描用具，幾塊樹幹，一根十字架。這些就足以作為席勒在旅館客房裡創作時的靈感。可是他創作的時間一分鐘都不到。他寧可散步欣賞鹽湖區（Salzkammergut）的壯麗景色，享受女朋友作伴的旖旎風光，以及羅斯勒的僕人的貼心服務。羅斯勒希望席勒開始作畫，而且可以拿其中一幅來裝飾夏日別墅的起居室。可是席勒就是不畫。有一天早上，羅斯勒走進席勒的房間，看到席勒坐在地板上，讓發條玩具火車兜圈跑。席勒還會扳轉轍器，模擬切換軌道時的巨大聲音。他完美地模仿汽笛聲、轉轍聲、接軌聲，以及嘎吱嘎吱的刺耳聲音。他請羅斯勒也一起來玩。總得有人在車站廣播吧。

倫敦《泰晤士報》報導說，奧匈帝國王儲斐迪南鬧彆扭避居到他在庫諾皮修契（Konopiště）的波西米亞城堡。他趴在兒童室的地板上，還命令每個來訪的賓客都要趴在地板上，跟他一起鋪鐵軌。據說皇帝早就派了精神科醫師，穿著僕人的衣服，在暗地裡觀察和照顧斐迪南。整個夏天，斐迪南都躲在他的城堡裡，他要遠離維也納、脾氣古怪的老皇帝，尤其是參謀總長康拉德・馮・赫欽多夫（Conrad von Hötzendorf）[7]，他一直試圖對塞爾維亞發動先發制人的侵略戰爭。

斐迪南再也受不了王室對他的誹謗。那裡所有人都反對他和女伯爵蘇菲・霍泰克（Sophie Chotek）[8]的婚姻，因為他們門不當戶不對，她根本配不上他。直到她放棄妻子和子女的繼承權利，王室才同意他們的婚姻。[9]於是蘇菲只得過著隱姓埋名的生活，她固然為斐迪南生了三個孩子，但是在維也納，沒有人和她來往，甚至在城堡劇院或皇家歌劇院的皇帝包箱裡，她都沒辦法坐在她的丈夫旁邊。可是沒有人可以阻止他們在庫諾皮修契的城堡裡一起散步。因此她先生把他們最愛的小徑改名為「上十字路」（Oberer Kreuzweg）。和妻子以及三個孩子在一起時，斐迪南顯然很快樂。因為這位大公在維也納其實有名無實，在首都裡被認為是性情暴躁、不受控制的高官顯貴，然而他卻是個親切慈祥的丈夫和父親。他會在波西米亞城堡的花園裡和小孩玩好幾個鐘頭，他最大的快樂，就是讓孩子們叫得出盛夏裡長在黃楊樹圍牆上所有花朵的名字。在他們附近，就在雅諾維采（Janowitz）的城堡裡，長期與里爾克通信的好朋友席多妮・納德尼卻很傷心。

畢卡索病得很嚴重。可是在七月二十二日，伊娃・谷維寫信給葛楚德・史坦恩說：「巴勃羅很快就會康復。他每天下午起床。馬諦斯總會來問候他。今天他帶了一束花給巴勃羅，一整個下午都陪著我們。」那是多麼美好而令人安慰的畫面啊，一個當代最重要的藝術家，探望另一個當代最重要的藝術家，而且帶了一束花。難怪畢卡索沒幾天就完全康復了。

ঌ 穆齊爾沒有生重病，卻找人開了病假單，這樣就不必到維也納科技學院的圖書館上班，而有空寫作了。七月二十八日，波策爾醫師開了一張新的診斷證明，說他有「嚴重的神經衰弱」，在他那裡已經治療了半年（我們都還記得這件事）。波策爾寫道：「持續性的神經衰弱，程度嚴重到需要比原先診斷預期更長的休養時間，依據神經內科的觀點，該病患至少必須休假六個月。」於是，根據醫囑，穆齊爾寫說，他「必須請假六個月」。大學把他的假單轉給校醫，有個叫布蘭卡的醫師確認說：「他罹患一般性重度神經衰弱症，併發心神經官能症。」神經衰弱併發心神經官能症——還好他沒有把現代病也算進去。

ঌ 凱斯勒伯爵在七月底從巴黎到柏林，要在波茨坦和他的舊部舉行大型點閱召集。這位藝術愛好者對此毫無怨言。他喜歡波茨坦的賭場以及貴族軍官團的生活，他喜歡演習以後的社交晚會和饗宴。於是他七月就在波茨坦史托堡（Stolberg）的公主家裡作客，可是公主對他承認說，她「在森林環繞的城堡裡長大」，可惜總是分不清楚各種普魯士軍服。「我說：怎麼會呢？輕騎兵和近衛軍很容易分辨啊。或者妳的意思是說，妳很難分清楚誰是將軍，誰是士官嗎？」凱斯勒的話戛然而止，好讓我們明白，在一九一三年的普魯士，居然有個公主分不清楚將軍和士官，那是多麼難以置信的事。

有些人則分得清楚差別在哪裡，無論是在教養、道德或制服方面，七月二十五日，天氣終於放晴，他們和凱斯勒一起出門到薩克羅威湖玩。確切地說，他們的成員有：腓特烈・克林科夫史卓姆伯爵（Friedrich Graf von Klinkowström），少校，一八八四年生，一九〇五年起服役於第三重騎兵團；提洛・馮・特羅塔（Thilo von Trotha），中尉，一八八二年生，也在第三重騎兵團；艾伯哈德・艾塞貝克男爵（Eberhard Freiherr von Esebeck），騎兵上尉。「我們到了一處湖邊浴場，一片森林環繞、人煙罕至的草地，正準備要泡個澡，從湖裡和蘆葦間突然冒出一絲不掛的克羅席格。」弗烈德・馮・克羅席格伯爵（Graf Friedel von Krosigk）接著和特羅塔以及艾塞貝克赤條條地在草地上賽跑。「他們翻過一個山坡，在另一處湖岸，有個皮膚白皙的女人也在泡澡。」一個皮膚白皙的女人？是那個想要分清楚將軍和士官的史托堡公主嗎？還是在巴貝爾堡拍片空檔中的阿斯泰・妮爾森呢？

ဢ

男人的幻想，第二部：兩段根據火車旅行的囈語：史賓格勒這個老沙文主義者不去度假，他在沉思「西方的沒落」，以及所有的女性。「對於和女性的精神往來，我總是小心翼翼，即使那個女孩子像女權運動者一樣目光如豆，像女藝術家一樣品味低俗。」他待在慕尼黑的住處，覺得家裡難看極了，尤其是他的家具：「每一件家具都必須經得起嚴格的比較，把它當作一件馬奈的作品或文藝復興時期的建築。老家具都經得起比較。新家具從設計上看就像是鋼琴初學者的指法練習一樣。」接著他想起他的火車旅行，於是說：「這些白痴的附庸風雅者沒有忽略她們的『本事』：火車頭之類的，這點她們倒是對了。」戈特弗里德・本恩也在這個夏天搭火車旅行。他的睪酮素也被車廂裡的女人激起來了。他在他的小記事本裡，就他在從柏林到波羅的海的特快車上的經驗，寫下這一大段詩：「血肉，赤裸裸地前進。／一直到嘴裡，被海染成褐色。」接著他又寫說：「男人的褐色倒翻在女人的褐色上：／女人很對暗夜的胃口。／如果在這個夜裡很美，下一個夜裡也會很美。／啊，又是如此泰然自若！」本恩和史賓格勒一樣，和女人往來時總是小心翼翼。然後他又很快樂地回到他形隻影單的地窖裡。

奧皇弗蘭茨・約瑟夫則想要比翼雙飛。他和凱薩琳・史拉特小姐（Katharina Schratt）挽著手，在巴德伊緒（Bad Ischl）寬闊的公園散步，那裡一直是他度假的地方。而史拉特小姐也一直是他的同伴。西西皇后還在世的時候，他們就認識了。可是皇帝只讓她作為他的同伴，從來沒有成為他的情人。於是相差三十歲的他們，白天都膩在一起。到了晚上，皇帝想要獨處。可是大清早約莫七點鐘，他就離開行宮，到史拉特小姐的「費利西塔斯」（Felicitas）別墅，兩人一起喝一杯咖啡。然後他夾雜在其他療養者當中，大部分的時候，沒有人認出他來，因為他在度假時沒有佩戴勳章，也把侍衛打發走，看起來就像個老邁孤僻的退休軍官。他很喜歡當個很平常的人。可惜他是皇帝，他必須接受這個身分。不過他會寫信給史拉特小姐閒話家常。有一次他抱怨說，當我在宴會上必須站起來向保加利亞國王敬酒時，腳上的雞眼正痛得要命。

ℬ

保加利亞國王有他自己完全不同的煩惱：七月三日，塞爾維亞和保加利亞為了馬其頓境內的領土問題爆發衝突。塞爾維亞向保加利亞宣戰，而土耳其、希臘和羅馬尼亞也和保加利亞採取敵對態度。第二次巴爾幹戰爭一觸即發。不斷有新的電報傳到人在巴德伊緒的皇帝這裡。可是他不想被巴爾幹半島這些腦充血的傢伙破壞了興致。他跑去找史拉特小姐，和她一起喝一杯茶。

ℬ

七月十三日，弗洛依德和他心愛的女兒安娜一起到馬倫巴（Marienbad）去休養，並且為即將到來的決鬥養精蓄銳。九月初將在慕尼黑召開「第四屆精神分析大會」，他會和榮格以及那些背叛他的蘇黎世精神分析師狹路相逢。馬倫巴當然對弗洛依德一點幫助也沒有。既無法解決他右手的風濕痛，也沒辦法治療他的憂鬱症。他寫道：「我幾乎無法動筆，我們在這裡很不舒服，天氣又濕又冷。」

ℬ

七月底，里爾克到柏林短暫停留，在博物館看到新發現的安夢和泰普（Amenophis）頭像：「我跟妳說，那真是個奇蹟，」他很興奮地對露・安德烈亞斯・莎樂美說。那些是埃及阿馬爾奈山丘遺址出土的文物，由詹姆斯・西蒙所贊助的探險隊帶回來。雕像的美使得整個城市陷入一股埃及熱。《柏林日報》很激動地形容安夢和泰普說：「在最大膽的意義下的一個現代人。」並且建議前衛派說：「未來主義者們，低下你們的頭吧！」艾爾莎・拉斯克許勒到博物館，興奮得跪了下來，後來她筆下的優素福王子的形象就有了安夢和泰普的特徵，而且也叫作易肯阿頓（Echnaton）。而最偉大的奇蹟，他的太太娜芙蒂蒂的胸像還擺在博物館的地下室呢。挖掘的探險隊起初不想展覽她最美的部分。策展者知道，如果大家都看到一九一三年一月埃及有什麼東西被運到國外的話，埃及馬上就會主張他們的所有權。於是娜芙蒂蒂一直待在倉庫裡。

都在埃及地底下待了幾千年，應該可以再等個幾年，才讓世界向她膜拜吧。

ஐ

七月，大家都在休養的時候，里爾克得了埃及熱，手邊有一點錢，而且無所事事。因此人們「可想而知地」會說，他在八月會到海邊度假幾天。然而對於一個每天要向女贊助人，他的「超我」，解釋他為什麼游手好閒的人而言，「度假」是個不好的字眼。所以必須理解的是，里爾克似乎「很鹵莽地」在八月到海邊去了。他離開在哥廷根的莎樂美，到了萊比錫以後，馬上寫信給她說：「我有個鹵莽的念頭，從這個周末起，我想到海邊待個八天（海利根達姆〔Heiligendamm〕，諾斯提茲家族〔Nostitzens〕住在那裡）。聽說那裡有座很美的山毛櫸林，一下子大海就映現在我的心靈前面。或許我就該這麼做。」

魏德金在羅馬，七月八日，他完成於一月二十六日動筆的《辛姆森》（*Simson*）。他到羅馬旅行，想一個人靜靜，在他的劇作《露露》禁演風波之後休息一下。一個摧毀男人世界的花癡，那怎麼可以呢？可是魏德金知道，他的《露露》為二十世紀創造了一個新的女主角。他以過去的角色聊以撫慰現在的侮辱，在羅馬閱讀歌德的《義大利遊記》、布克哈特（Jacob Burckhardt）[11]的《義大利文藝復興文明》（*Kultur der Renaissance in Italien*），參觀西斯汀禮拜堂。這個麻煩製造者的上層階級的野心讓慕尼黑的審查官員目瞪口呆。他寫信給他太太提莉（Tilly）說：「我在這裡體驗到最美的事，就是在帕拉提諾山（Monte Palatino）的遺址散步。」可是接著他警告她說，羅馬是個完全沉睡的城市，沒有劇院，沒有遊樂場。「對我來說，來羅馬是再好不過了。如果我們要一起去玩，那麼最好還是去巴黎吧。」剛從羅馬回來的人一定會這麼說：「巴黎是世界之都，其次是羅馬，緊接著是慕尼黑。」

洛維斯．柯林特在提洛的「月光山莊」，和孩子、太太以及母親在一起。他上次中風還沒有完全康復。但是在葛洛德納塔（Grödnertal）的聖烏爾里希（Sankt Ulrich），他的病倒是漸漸好轉。外頭大雨滂沱，柯林特幾乎沒辦法到外面作畫。於是所有家人都必須當模特兒讓他畫肖像畫。他先是畫自己，穿著當地流行的服裝，綠格子短上衣和皮帽（他又恢復爽朗而不耐煩的老樣子）。其次是他太太夏綠蒂，同樣是提洛人的裝扮。他將厚厚的顏料塗在畫布上，彷彿要證明他已經恢復生氣。外頭的世界淹沒在濃霧和大雨裡，於是他以服裝的顏色，將綠色、紅色和光源澆灌在他的藝術裡。他的兒子湯瑪士不想被畫，他冷得發抖，因為感冒而只能躺在旅館的床上。

柯林特一大早就收到來自柏林的郵件，猶如「曠野中的嗎哪（Manna）[12]」。所有的信件都在講柏林分離派的激烈論戰，自從商人保羅・卡西勒當選主席以後，就一直爭吵不休。在最近的一次展覽，當初沒有投他票的十三個藝術家沒有獲邀參展，因而和他反目成仇。以柯林特為中心的其他分離派雖然還屬於協會，可是所謂「股份有限公司」，柏林選帝侯大道二〇八／〇九號的展覽廳的女主人，已經被卡西勒和利伯曼給控制住了。因此以柯林特為中心的協會必須另覓會址，以重新找回他們的空間和聲譽。柯林特在提洛得知，他們想找為奇異公司設計房屋、電燈和桌子的彼得・貝倫斯（Peter Behrens）[13]建造新館，他承認雖然他不是很喜歡這個傢伙，但是他知道可能的好處在哪裡，因為貝倫斯「很現代主義」。可是對於在連日大雨的提洛的他而言，遠方家鄉的爭吵實在讓他受不了。他「一想到柏林就害怕」，整天讀凱勒曼的書《隧道》，它是那一年的暢銷科幻小說，描寫連接歐洲和美洲大陸的地底隧道。柯林特寫了一段那一年最簡短精闢的書評：「好書，我也想去美洲。」可是他沒辦法。柯林特八月就得回柏林去。

凱特・寇維茲[14]和她先生卡爾也在提洛，他們仍然吵個沒完，外頭傾盆大雨，他們沒辦法到野外去，只得很沉悶地坐在旅館的椅子上，生彼此的氣。夏天假期過後，她得了「重度憂鬱症」，有自殺的念頭，對生活和他的藝術作品都很絕望，對她自己第一次的雕塑嘗試也很不滿意。於是她在日記裡問說：「我和卡爾？」她自己回答說：「真是瘋狂的愛，我根本不清楚那是什麼東西。」

她對卡爾再也沒興趣。「一成不變，每個色調都知道，再也無法刺激疲憊無力的感官。必須有完全不同的食物，才能刺激強烈的食欲。」這就是凱特・寇維茲在一九一三年渴望的自白和自由的宣示。她在瑞典作家史特林堡（Strindberg）的書裡尋找慰藉，一直在讀他的劇作：兩性間瘋狂的仇恨、陰鬱沉悶的相處，這對她有幫助，她再也不覺得孤單。她跟兒子敘述史特林堡的內容，說到夫妻如何彼此「折磨、憎恨」。寇維茲鬱鬱寡歡地坐在窗前，望著窗外的大雨，在日記裡寫道：「夏天過去了，我卻沒有感覺到它來過。」

奧斯卡・柯克西卡在維也納請教會宣布他和阿爾瑪・馬勒的結婚預告。七月十九日在德布林的市議會，也就是新娘父母親居住的地方舉行。他到霍爾瓦特山（Hohe Warte）卡爾・莫爾（Carl Moll）家裡提親。卡爾並不反對。可是當阿爾瑪於七月四日知道奧斯卡的計畫時，她卻驚慌失措，抓起皮箱就要逃跑，準備搭火車到弗朗茲巴德。柯克西卡一路尾隨她，在火車站追上她，他大吼大叫，全身顫抖，她只好打開車窗，因為柯克西卡把他的自畫像塞給她，吩咐她掛在旅館房間裡，好趕走其他狂蜂浪蝶。她才剛走，他就寫了第一封信給她：「我的小阿爾瑪，請不要正眼瞧別人，那些男人總是會傻傻盯著妳。」又說：「當我說我會恢復健康時，妳為什麼笑呢？我很想問妳，可是妳已經走了。」是啊，她為什麼要笑。在他們的關係裡少數明亮的片刻當中（那些片刻也是最陰暗的），阿爾瑪覺得他們在一起不會恢復健康，因為他們的愛情生病了。或者如柯克西卡在幾天後的另一封信裡所說的：「好比說，妳讓一個江湖郎中碰了妳，或是一個女侍在設備簡陋的廁所裡或在床上看到妳，都讓我很不舒服。」她忍受所有這些信，或許甚至覺得很享受，她從弗朗茲巴德寫信給他說，等到他完成他的傑作，她才會回來。她說他是個「膽小鬼」，「像猶太人一樣」。柯克西卡怒不可遏，立馬搭火車到弗朗茲巴德，他到達旅館的時候，阿爾瑪不在。床頭上掛著他的自畫像，就像他叮囑的一樣。她散步回來，他對她大發雷霆，用拳頭猛打她的床，然後跳上下一班火車到維也納。婚禮的日期過去了。房間裡柯克西卡的汗水味還沒散去，工於心計的阿爾瑪就寫信到柏林。她想知道她和沃爾特・格羅佩斯是否還有機會，他是她所有情人當中最認真嚴肅的一個，當他在「分離派」的畫展裡看到阿爾瑪和柯克西卡的兩人肖像畫時，就很失望地退出。阿爾瑪在七月二十六日寫信給他說：「我可能會結婚，奧斯卡・柯克西卡，我們的好友之一，我可能永遠都會想念著你。寫信告訴我，你是否還活著，或者這個生命是否值得活下去。」

柯克西卡還不知道，阿爾瑪早就把釣竿又甩出去了。他還在維也納畫畫糊口。他坐在他們兩人自畫像的巨大畫布前。他坐在他的傑作前面。或許只有這個七月的訪客才能稍解他的絕望。相較於特拉克爾，柯克西卡的心理狀態還算好的。特拉克爾暫時住在維也納史提夫特巷（Stiftgasse）二十七號，他成天酗酒吸毒，在維也納有個無給職的工作，剛好就是戰爭部的結算員。我們無法想像對於特拉克爾而言還會有什麼工作比這個更荒謬的了。他也只撐了幾天。在這段時間裡，他經常還沒下班就偷偷跑到柯克西卡的畫室。柯克西卡站在畫布前，心神不寧地左右搖晃，心裡狂亂地想著阿爾瑪的不忠，嘴裡叼著香菸，手掌沾著顏料，用畫筆和右手食指作畫。特拉克爾坐在他後面的啤酒桶上，前前後後滾了好幾個鐘頭。換作別人，早就被搞瘋了。可是柯克西卡這個瘋子，心情卻因此平靜下來。有時候從特拉克爾的角落聽到沉悶的咕噥聲，他開始吟誦他的詩，聊起烏鴉、噩運、腐敗和沉淪，絕望地呼喊他妹妹的名字，接著沉默很久，又前前後後地滾著啤酒桶。柯克西卡在畫雙人像時，特拉克爾每天都去。特拉克爾也為那幅畫命名為「風的新娘」（Windsbraut）。特拉克爾在維也納狂亂的日子裡寫了一首詩，叫作〈夜〉，詩裡說：「周圍民族的／金色火燄熊熊燃燒。／熾熱的風的新娘／爛醉如泥地倒在／漆黑的礁岩上。」於是風的新娘，阿爾瑪，在畫室裡、在畫架上熊熊燃燒，可是在現實生活裡，她已經開始冷卻。或者正好相反：正因為柯克西卡神經兮兮地感覺阿爾瑪可能會出軌、離開他，正因為他們相濡以沫的愛情開始模糊不清，他才有辦法畫他們兩人的畫像，成為藝術，而不是愛的證明。一直到阿爾瑪被冠上「風的新娘」的稱號，一直到他把新娘形容成風的逃遁者、逃亡者，他才有辦法畫他們兩人的畫像。人不能和「風的新娘」結婚。只能畫它。

馬克斯・利伯曼畫了一幅貝倫斯的畫像。當代的藝術天才因而看起來像是個肥胖而隨和的律師。

1奧古斯特・馬克（1887-1914），德國畫家，表現主義團體「藍騎士」領袖人物。其風格是透過純粹、亮且和諧的顏色來表現光線的效果。畫作顯得開朗而輕快，悲劇性的東西對他都是陌生的。一次大戰爆發，自願參軍前往前線，後來在西線戰場上陣亡，當時二十七歲。從戰地所寫的信，充滿對於戰爭殘忍與驚恐的印象。

2馬克斯・恩斯特（1891-1976），德國畫家和詩人，達達運動和超現實主義先驅。二次大戰爆發後，流亡至美國。戰後返回歐洲，發展出摩拓、刮搔、滴畫等技法。常常出現鳥的形象，自言鳥是他的另一個自我，鳥與人融合的形象則象徵了死亡與生命。

3基里柯（1888-1978），義大利畫家，發起形上藝術運動，對超現實主義影響甚鉅。多半描繪城市風景，空無一人的樓房、城塔、房舍的暗影、人偶般的影子、穿越城市的火車，創造出一種荒涼、空洞的氣氛，但卻給觀者一種充滿力量和自由的感受。

4 克倫策（1784-1864），德國古典主義建築師，最有名的是其希臘復興風格。

5 博克林（1827-1901），瑞士象徵主義畫家。創作各地的風景畫，增添帶有象徵寓意和神話氣息的色彩，且常有對死亡的描繪。

6 克林格（1857-1920），德國象徵主義畫家、雕刻家，其貝多芬大理石雕像最為出名。

7 赫鈫多夫（1852-1925），奧匈帝國參謀總長，曾於一次大戰初期領軍參戰，主張全面對塞爾維亞宣戰。被認為是傑出戰略專家，戰術影響當代軍事領導人，亦有人認為他缺乏實戰經驗造成奧匈帝國落敗。

8 蘇菲・霍泰克（1868-1914），奧匈帝國王儲斐迪南的妻子，出身捷克貴族世家，和斐迪南在布拉格相識。儘管有貴族血統，但其家系不受哈布斯堡王朝認可，所以皇室反對兩人的婚姻。在斐迪南的執意之下，皇室終於同意他們於一九〇〇年結婚，霍泰克本人則不被認可為皇后。

9 此即所謂「摩根婚姻」（Morganatic marriage, Ehe zur linken Hand），或「貴賤婚姻」，夫妻雙方地位不平等時，地位低的一方不能享有地位高者的頭銜和待遇，子女沒有繼承權。

10 凱薩琳．史拉特（1853-1940），奧地利女演員，曾為奧匈帝國皇帝約瑟夫的伴侶，被稱為「無冠的奧國皇后」。十八歲時在柏林初次登台，很快成名，移居維也納，成為劇場最有名的女主角。一八八〇年代在宮廷劇院演出時，被約瑟夫相中，成為他的情婦。兩人一直持續伴侶關係，直到約瑟夫一九一六年過世，之後退隱於皇帝送給她的產業。一九三〇年代，有記者及相關人士要求史拉特寫自傳，但她回答：「我是個女演員，不是作家。」

11 布克哈特（1818-1897），瑞士文化歷史學家，研究重點為歐洲藝術史。研究方法是藉由研究一個時代的藝術形式，來呈現時代氛圍。不只針對某一特定事物的研究，而是由全面的角度來看，包括社會制度以及日常生活的種種。

12 「曠野中的嗎哪」，出自聖經《出埃及記》第十六章。以色列人離開埃及以後，到了第二個月糧食用盡，於是耶和華應許摩西，降下嗎哪做為以色列人的糧食。以色列人就這樣食用了四十年，直到進入迦南之地，吃了迦南的物產以後，嗎哪才停止降下。據說嗎哪為白色、有如白霜的小圓物體，滋味如新油。

13 貝倫斯（1868-1940），德國建築師，現代主義運動的重要成員之一。早年為畫家，後來建造自己的房子，從外觀到內部裝潢、家具等設計全部一手包辦，此經驗讓他開始認真從事設計工作。貝倫斯為德國現代主義的奠基者，將工業設計規格化，也替德國電器工業做形象設計，開創現代企業識別系統的先河。

14 凱特・寇維茲（1867-1945），德國女畫家、女雕塑家，德國二十世紀重要女性藝術家。其嚴肅、寫實的作品反映個人生活狀況，發展出跨風格的藝術。

August
8 月

這是世紀之夏嗎？無論如何，在這個月裡，弗洛依德出現昏厥症狀，而克爾希納很快樂。奧皇約瑟夫在畋獵，恩斯特・雲格穿著冬大大衣在燠熱的溫室裡獃坐好幾個鐘頭。穆齊爾的《沒有個性的人》以一個錯誤的訊息作為開場白。特拉克爾想到威尼斯去度假。施尼茨勒也是。里爾克在海利根達姆，他有女訪客。畢卡索和馬諦斯一起騎馬。法蘭茲・馬克獲贈一隻馴鹿。沒有人在工作。

Venezia Lido 1913
592
Georg Trakl

在海利根達姆，這一天，里爾克在旅館露台緩緩脫掉深灰色的手套，軟弱無力地抓著海倫・諾斯提茲（Helene von Nostitz）[1]的手，她坐在他旁邊，喝著摩卡咖啡。她凝視他的眼睛，他溫柔的深藍色眼睛，那樣的深邃，總是讓她忘了他臉上的其他部分。里爾克之前和莎樂美一起待在哥廷根，收到海倫的一封信，邀請他到她那裡。出乎在場其他人的意料，里爾克同意了，他們的心情顯然緊緊交織著羨慕和妒嫉。里爾克於哥廷根所寫的一封信裡提道，有一次莎樂美躺下來，因為沉默、說話、吵架、責罵、閱讀、沉默而精疲力竭，「他強烈地渴望著海風」。可是當里爾克一到了海利根達姆，就被困在多采多姿的賽馬活動裡。在海利根達姆和巴德多貝蘭（Bad Doberan）之間小山丘上的跑道，經常舉行大型傳統的賽馬，海利根達姆的旅館擠滿了來自城市上流社會的觀眾，以及肥胖的馬主人，他們一站起來，肚子幾乎要撐破上衣。到處都是馬車、戴著寬邊帽子的婦女、熱鬧的活動、關於賽馬押注的對話，好比說畢波今天最看好之類的。里爾克心煩意亂地跟櫃台要了信紙。

他匆匆寫信給海倫說，他打算最多待半個鐘頭就要離開。僕人把信送到房間給她的時候，她正在和她丈夫為了邀請這個詩人而吵架。她讀了里爾克的抱怨信之後，趕緊穿好衣服去找他，看到他穿著夏天的西裝在度假旅館裡，不過「臉色蒼白而疲憊」。外頭天空裡的雲正翻騰著掠過巨大蓊鬱的群山，海上颳起一陣強風，呼嘯而來。婦女們緊緊抓著帽子，高大的山毛櫸剛掉落的枯葉被風捲到天空。

海倫挽著里爾克的手臂，帶著他大步走出旅館，沿著小路，行經剛蓋好的小屋，她到處和人打招呼，所有人都被強風吹得低頭彎腰，然後海倫和里爾克總算走到山毛櫸林裡。他們繼續往前，四周越來越安靜，強風也平息下來。在他們身後的布倫斯豪普頓（Brunshaupten）上空，太陽緩緩從雲層下方露出臉來，海面上熠熠發光。高大的山毛櫸聳入波羅的海的天空，微鹹的海風把它們的樹幹磨得很光滑，樹梢盤旋到天際，雖然有幾百年的樹齡，看起來竟是如此天真活潑。它們到底是怎麼辦到的？里爾克好像在一根根高蹺之間來回漫步。將視線一直拉到天際的大樹上，遠離地面的青苔和樹樁。他倚著一根樹幹深呼吸。海倫以鼓勵的眼神看著他，可是他眼裡只有在山毛櫸樹幹間閃閃發光的蔚藍大海，有時捲起一點浮漚，不然就只是藍色、藍色、藍色。

他總算回過神來，找個地方坐下來，寫信給莎樂美說：「這裡是德國最古老的海水浴場，海邊的森林讓它顯得特別動人，此外它只開放給附近的鄉紳使用。」相較於里爾克和莎樂美新燃起的愛苗而言，這封信顯得很冷淡，他們不久前還在哥廷根攜手偕行，彷彿在重申以前的誓約。後來他們分飛兩地，莎樂美決定在哥廷根開業當個精神分析師。里爾克決定去度個假。不過他還是感覺壓力很大，不想讓莎樂美知道自己沒有她也可以很快樂。這就是他寫給遠方的資助人和崇拜者的上百封信的基調。於是他以旅遊指南的筆調又寫了幾行，談到一九一三年的海利根達姆：「大公在這裡有一處別墅，此外只有一家有非常美麗的列柱大廳的度假旅館，一家飯店，以及十幾間別墅，都還很新，而且很有十九世紀初的優雅品味。屋主們和他們最高貴的同伴開車來到這裡，在大海前面形成美妙而動人的浮雕。此外，無論是在森林裡或是海邊，到處一片寂靜。」讀者或許會以為，里爾克在信末會以興奮的或至少正面的形容詞做個結語，但是這位對於快樂的風險管理大師總有辦法峰迴路轉，他寫道：「整體來說，這裡是個可以利用的小地方吧。」

可惜就算在這裡，他仍然無法隨興自在。對於里爾克這個多愁善感的人、言語道斷的大祭司，或許就連天堂也只是個「可以利用的小地方吧。」可是他無法否認他漸漸喜歡上海利根達姆，那也是因為這裡的天氣比其他地方都好得多，海風總是驅散烏雲，在海邊總有衣裙飛舞最美麗的表演，以及如同印象派一般的群像，在里爾克眼前一幕幕地演出。里爾克很喜歡坐在海邊的椅子上，蹺著二郎腿，讀著歌德的詩，或是魏菲爾的詩，魏菲爾是個急躁的年輕人，里爾克拿他一點辦法也沒有。

他漸漸喜歡上這裡，卻和海倫沒什麼關係，她和他的所有其他女人一樣，遠看嫵媚動人，狎近則既霸道又讓他神經緊張。可是他知道怎麼躲她，而不會被她的善妒綁住，他解釋說：「有一股力量驅使我到一個陌生女子那裡。」自己的老婆和這個滑稽突梯的詩人成天打情罵俏，諾斯提茲先生心裡本來就老大不是滋味，現在看到這種情況，暗地裡很高興。於是里爾克待在房間裡，很認真地試著和他的「陌生女子」進行超感官的接觸。

他是在和圖恩塔克西公主瑪麗一起參加在義大利杜英諾（Duino）的降神會時認識這個女士的。當時這位陌生人給他一個任務，要他到西班牙的托雷多（Toledo），從橋上將鑰匙或戒指扔到河裡。反正他也想到西班牙一趟，於是很認真地接受這個任務，由這位貴族出錢，坐著頭等車箱去旅行。里爾克馬不停蹄且揮金如土的生活方式，靠的是一群有錢女士的長期捐贈，為了安撫她們的情緒，他和她們每個人都有密集的書信往返，每天都要從中歐的某個城堡和飯店寄幾封藍灰色信紙的信。他追求金錢、體諒、愛慕，以及一個妻子。可是他當然也很退怯，不是因為金錢，也不是因為體諒或愛慕，這些他都來者不拒。而只是因為女人。他寧可以書信和她們若即若離。關於這點，他是德國的大師。在海利根達姆也不例外。八月一日，他寫了一封長信給席多妮・納德尼，她哥哥舉槍自盡，為此她哀痛欲絕。他的筆就像數不盡的手帕一樣擦乾了她心靈的淚水，並且囑咐她喪禮的大小事：他要她彈奏貝多芬的鋼琴曲，那會有所幫助，而「今晚也是」。

接著他轉而投入他的超感官關係。可惜我們不知道那個「陌生女子」命令人在海利根達姆的里爾克做什麼。無論如何，他一直待在那裡，而海倫又外出旅行了。那其實是基於感官的理由，而不是超感官的：他遇到了艾倫・戴爾普（Ellen Delp），她是莎樂美的乾女兒之一，馬克斯・萊因哈特（Max Reinhardt）[2]旗下的年輕演員，在附近的屈隆斯伯恩（Kühlungsborn）休養。海倫才剛搭火車前往巴德多貝蘭，他就在八月十四日寫信說：「親愛的莎樂美之女，我想要向妳求婚。」而他真的那麼做，遠離熟人和種種約定，在海利根達姆，對於里爾克和艾倫而言，似乎是曖昧而單純的偷情的好地方。他到高大山毛櫸林散步回來以後，寫了一首詩：

在無辜的樹林後面

在無辜的樹林後面
緩緩地，古老的噩運
形成它們瘖啞的臉孔。
皺紋滿布……
一隻鳥驚啼，
猶如痛苦的表情
掉落在預言者緊繃的嘴上。

啊，迅速墜入情網的戀人們
相視而笑，還不曾遭逢分離，
在他們身上起起落落的，

是他們如星座般的命運，
在夜裡與奮雀躍。
仍然不足以讓他們體會到，
那裡依然住著
以曼妙的腳步遨遊著
一個輕盈的形體。

「迅速墜入情網的戀人們」！這已經是里爾克第二強烈的經驗了。最強烈的經驗應該是「一見鍾情者」吧。現在他不必成天緊張兮兮的，只要寫信即可。人們所謂「當下」的狀態，愛情、曖昧，對他太過苛求了。然而就在海利根達姆，在無辜的樹林下，他似乎特別感到自由自在。

他經常為他「清晨的艾倫」朗誦詩，尤其是魏菲爾的詩，他們一起到海灘上，里爾克讓波羅的海細緻沙子從他修長的手指間滑落。他們真的到他房間去。艾倫在白天送玫瑰花到里爾克的房間。他用藍灰色的信紙致謝：「這些玫瑰花真美，真華麗，和一個人的心靈相互輝映。真是難以言喻。里爾克。」

為了提昇軍力，奧匈帝國開始抓逃兵。八月二十二日，警察局公布逃兵名單：「阿道爾夫・希特勒（Hietler），最近的居住地：維也納梅德曼街的男子公寓，現居住不詳。持續追緝中。」[3]

那是一九一三年一個晴朗的八月天。也就是說：「大西洋有個低氣壓向東移，俄羅斯有個高壓滯留，在北方並沒有消退趨勢。等溫線和等夏溫線盡了它們的本分。氣溫和年均溫、最冷月份和最熱月份的溫度，以及每天非周期性的氣溫變化都相符。日出日落，月盈月虧，金星，土星環，以及其他重要的現象，都符合天文學年報的預測。空氣中的水蒸汽到了最高張力，空氣濕度很低。總而言之，它形容得相當貼切，雖然有點老掉牙：這是一九一三年一個晴朗的八月天。」穆齊爾的《沒有個性的人》以這段話作為開場白。它和普魯斯特的《追憶逝水年華》以及喬伊斯的《尤里西斯》一樣，是現代主義的經典文學，書中吸收了一九一三年的整個爆炸力。

可是一九一三年八月那一天在維也納的天氣到底怎麼樣呢？《新自由報》在八月十五日刊登一篇很詳盡的報導，而且有個很美麗的標題，「天氣持續惡劣」。在報導中，中央氣象局助理研究員梅爾巴哈博士（Dr. O. Freiherr von Meyrbach）潑冷水說：「一如大家所擔心的，今年夏天基本上維持一開始時的性格。它的強度當然有點減弱。可是這並不意味什麼，因為今年初夏的天氣太過反常的惡劣，就算後來有些好轉，仍然只能以惡劣形容。」也就是說：一九一三年八月並沒有好天氣。不，維也納的平均氣溫是攝氏十六度。那是整個二十世紀最冷的八月。還好一九一三年當時的人們還不知道這點。

法蘭茲・馬克和妻子在他連襟的資助下，到東普魯士的根德林（Gendrin）旅行。畫了幾十幅關於馬的畫作和素描，馬克終於跨上馬鞍。這個八月有幾張很美的照片，是馬克和他連襟威廉騎馬散步的情景。那匹白馬立正站好，因為坐在上頭的是懂馬語的人。而他幾乎不敢用大腿夾牠，因為他對這匹馬的優雅推崇有加。他們辭行的那一天，威廉送他們一隻馴鹿，並用火車載到辛德斯多夫，牠沒有在旅程中暴斃，一直養在庭院裡，還被取名為漢妮（不要和辛德斯多夫同名的貓搞混了）。為了不讓牠在馬克畫室外頭的草地上孤單地踱步，漢妮很快就有了同伴，叫作「露絲」的另一隻馴鹿。馬克不停地畫素描，為牠們棕色的、羞怯的美著迷不已，他把這兩隻動物當作天堂的象徵。

八月十六日，底特律的福特汽車廠首度引進生產線作業流程。在一九一三年營業年度，福特生產了二十六萬四千九百七十二輛汽車。

阿爾瑪・馬勒待在弗朗茲巴德，錯過了結婚佳期，而柯克西卡繼續畫他的「風的新娘」，然後絕望地用黑色顏料把整個畫室變成一具棺材。後來阿爾瑪回來了，兩個人又膩在一起。八月三十一日是她的生日，他們在離科蒂娜丹佩佐（Cordina d'Ampezzo）不遠的多洛米蒂（Dolomiten）的「特克羅奇」（Tre Croci）飯店慶祝。第二天一早，兩人就到茂密的森林裡，在林間空地發現好幾匹小馬在嬉戲。柯克西卡雖然很害怕獨處，仍然把阿爾瑪支開，掏出他的畫筆，如癡如醉地畫馬。小馬們挨近他，吃他手裡的草，用牠們美麗的頭廝磨著他的手臂。

戈羅・曼（Golo Mann）[4]在做什麼？他母親卡蒂亞在札記裡提到「一個在德國的孩子」：「一九一三年夏天：戈羅比艾西（Aissi）還要聒噪。他成天講不出一個聽得懂的字，只會胡言亂語，提到他的許多朋友，像是霍夫曼斯塔、魏德金、巴爾幹戰爭，無論是偶然聽到的，或是自己想像出來的，害得我必須厲聲叱責他……今年夏天軍樂演奏會特別多，扮演指揮就成了孩子們最喜歡的遊戲。戈羅的動作說不出的好笑，還會扮鬼臉，輕聲哼著由低音升高音的樂句，他還沒有真正看過樂隊指揮呢，我看在眼裡真是不可思議。」戈羅，湯瑪斯・曼的兒子，才四歲大。他打哪裡知道這些的？

有其父必有其子：在一九一三年的德國，血統主義（ius sanguinis）成了新民法的基本原則。

ഇ

恩斯特・雲格在施泰因胡德湖（Steinhuder Meer）附近的雷堡（Rehburg）放著暑假，很無聊地待在噴泉街（Brunnenstraße）隱密的別墅裡，旁邊有幾棵老橡樹沙沙作響，視野很好。可是雲格覺得被禁錮在有許多塔樓和凸肚窗的屋子裡。房子在建造時就用了深色木板牆，彩繪玻璃又幾乎不透光。門框上嵌鑲著華麗的木雕，狩獵廳總是很昏暗，窗戶都被叫春的鹿和賊忒忒的狐狸遮住，父親和他的朋友們抽著濃烈的香菸，一副要把世界隔絕在外頭的樣子。雲格在房間裡覺得快要窒息了，他躺在床上反覆讀著非洲的探險故事。外頭在下雨。可是太陽一露臉，幾分鐘內就以夏天的威力讓外頭熱得跟蒸籠似的。雲格打開窗戶，他父母親到郊外散步去了。庭院裡一簇簇杜鵑花叢的硬葉上沉重的雨水緩緩滴到地上，發出清脆的聲音。滴瀝、滴瀝、滴瀝。除此之外，八月的這個中午一片死寂。十八歲的雲格走下寬闊的深褐色階梯，在衣帽間深處找他最厚的冬季皮衣。他又從帽架上拿了一頂皮帽，然後偷偷溜出房子。外頭很悶熱，大約攝氏三十一度。雲格穿過杜鵑花叢，沿著小路走到溫室。他父親在裡頭種植熱帶植物和蔬菜。雲格打開種植黃瓜的溫室的門，迎面襲來沉悶鬱積的熱氣。他趕緊關上門，穿上皮帽和冬季夾克，坐在花盆旁邊的板凳上。黃瓜藤像吐信的舌頭一樣蜿蜒攀爬。那是下午兩點。溫室裡的溫度計顯示攝氏四十二度。雲格微微一笑，心想非洲也沒有這麼熱吧。

八月三日，在柏林人煙罕至的荒郊野外，一個藝術家悶死在沙堆裡。他的藝術是要把自己活埋五分鐘。

可是藝術家協會的理事長把他給忘了，自己只顧著聊天，十分鐘後才把他挖出來。

八月十一日，弗洛依德和他太太、小姨子以及女兒安娜，從馬倫巴繼續到聖馬蒂諾迪卡斯特羅札（San Martino di Castrozza）旅遊。在多洛米蒂山區的小村落裡，有一座由來自里伐（Riva）的哈童根醫師（Dr. von Hartungen）創設的著名療養院的分院。弗洛依德要在山上再休養四個星期，九月初才到慕尼黑參加那個該死的精神分析協會的大會。弗洛依德和他的朋友費倫奇（Sándor Ferenczi）[5]相約在費倫奇的旅館會面，他欣然赴約，兩人一起商討慕尼黑大會的策略。到了下午，他和安娜出去兜一圈，挽著手臂穿過颯爽的森林。有一張這一天的照片，安娜穿著傳統服裝，輕快而自信地窺看照相機，身旁站著弗洛依德，固然神情傲慢，卻透露出一絲不悅，甚至有點靦腆。他在山上的療養院治療他的偏頭痛以及慢性感冒。哈童根醫師囑咐弗洛依德嚴禁菸酒，多呼吸新鮮空氣。可是弗洛依德依然不見好轉。慕尼黑大會越是接近，他就越心煩意亂。在出發的前一天夜裡，弗洛依德請哈童根醫師過來，他有昏厥症狀，急著要一張醫師的名片就醫。

八月初，畢卡索剛從父喪以及愛犬菲莉卡之死的打擊中走出來，準備到賽荷旅行。由於當時他已經聲名大噪，八月九日當地的報紙《獨立報》（*Indépendant*）就報導說：「小鎮賽荷歡欣鼓舞。立體派大師將要蒞臨本鎮稍作休養。目前畫家荷班（Auguste Herbin）[6]、布拉克、基斯林（Kisling）[7]、艾舍（Ascher）[8]、皮侯（Pichot）[9]、胡安・格里斯，以及雕塑家大衛森（Davidson）[10]都到賽荷來和他碰面。」可是這麼亂哄哄的場面讓畢卡索不堪其擾。尤其是格里斯，他讓畢卡索很不舒服，因為他在立體派方面的技術足以和畢卡索分庭抗禮，他擅長利用碎片、裱糊布、舊報紙組成一個新世界。老朋友皮侯也來賽荷，勸畢卡索資助他的前女友費南德維持生計。畢卡索很討厭被他這樣糾纏不清。他們大打出手。當時伊娃是從費南德手裡搶走畢卡索的，於是兩人倉皇離開小鎮，回到喧鬧的巴黎，「好圖個清靜」，一如畢卡索寫信到羅馬跟經紀人坎懷勒所說的。伊娃和畢卡索搬到他們的新公寓兼畫室，位於蒙帕納斯區維克多緒舍街（Rue Victor Schoelcher）五號。

從那裡搭新幹線只要十分鐘就到伊西萊穆利諾（Issy-les-Moulineaux），馬諦斯當時住在那裡。一從賽荷回來，畢卡索就跟馬諦斯一起出遊，整個夏天都在騎馬。那是個極為特殊的經驗，以致於現代主義的大本營，葛楚德・史坦因，前後收到了兩封信。第一封信是畢卡索在八月二十九日寫的：「我們和馬諦斯一起騎馬穿越克拉瑪（Clamart）的森林。」同一天她也收到馬諦斯的信：「畢卡索是個天生的騎師。我們一起騎馬出遊，大家都目瞪口呆。」兩個英雄和好如初的消息不脛而走，成了蒙帕納斯區和蒙馬特區、甚至是全世界最重要的話題。

「我們對彼此的畫技問題都興趣濃厚。我們無疑地互蒙其利，就像是藝術上的兄弟情誼，」馬諦斯在信裡如是談到他以前的死敵。他寫信對馬克斯・雅各（Max Jacob）[11]說：「如果我沒有走現在的路的話，我會像畢卡索那樣作畫。」雅各回信說：「真是怪事，畢卡索剛好也跟我這樣談到你。」

特拉克爾氣瘋了。他要見他妹妹一面，可是怎麼都找不到她。他在戰爭部的結算員職位當然也成了笑話一則。他再也不去了，不到中午就喝了好幾瓶紅酒。他還吸毒。好友阿道夫・路斯及其英國籍的太太貝西（Bessie）給他開了立即見效的藥方：度假，遠離自我的度假。到威尼斯去旅行。八月十四日，他寫信給他的朋友卜許貝克說：「星期六我要和路斯到威尼斯，我有些說不上來的擔憂。」第二天又寫了一封信，有一點迴光反照的味道，對於他生平第一次度假燃起了一點期待：「親愛的！世界是圓的。星期六我要掉落在威尼斯，一直往下掉，直到星空。」當然，他的冒險沒有成功。它成了很不愉快的旅行。那個想要摘星的人，最後手裡只有水母。就連和他一起驅車到海灘並受人景仰的卡爾・克勞斯，就連路斯以及菲克爾，他們夫婦一直很照顧他，都沒辦法讓特拉克爾打起精神來，何況彼得・艾騰貝格也加入這一群奧地利知識份子的商務旅行，讓他更加覺得掃興。

那是八月中旬，特拉克爾在威尼斯海灘漫無目標地閒逛，陽光正燦爛，海水正溫暖，這個詩人卻是全世界最不快樂的人。在一九一三年八月的一張照片裡，他在沙灘上站得不是很穩，頭髮疏理整齊並有分線，皮膚像住在地底深處洞穴裡的蠑螈一樣蒼白。左手作捻花狀，噘著嘴脣。他背向大海，穿著泳衣更顯得瘦削、迷惘、思鄉，似乎在喃喃吟詩。晚上，他在旅館裡寫道：「深灰色成群的蒼蠅／使冷酷的房間變暗／他從金色白日的苦悶中／凝望著無家可歸人的頭。」

威尼斯這座沒落的城市，在一九一三年夏天，對於病懨懨的維也納知識份子們，散發出無法抗拒的魅力。八月二十三日，除了特拉克爾、艾騰貝格、洛斯和妻子以及菲克爾夫婦以外，施尼茨勒和妻子歐爾嘉也來到威尼斯。他們是從布里俄尼島（Brioni）出發，住在格蘭德飯店。在沙灘上，他們遇到另一對老朋友：身材壯碩的大鬍子赫曼・巴爾（Hermann Bahr）[12]和他太太。第二天，施尼茨勒和歐爾嘉搭遊艇出海，回來以後，他和出版商薩穆埃爾・費雪有約，要問他下一本書的出版問題。費雪一家人和他們的好朋友到威尼斯來慶祝兒子傑哈特（Gerhart）的十九歲生日。李察・彼爾霍夫曼（Richard Beer-Hofmann）[13]、演員亞力山大・莫瓦西（Alexander Moissi）[14]、巴爾和艾騰貝格都來了。特拉克爾自不在話下。可惜大家都疲憊不堪，小壽星傑哈特也變瘦了，而且發著高燒，就連薩穆埃爾也得了中耳炎。儘管如此，大家仍然聚在一起舉杯慶祝年輕、前途光明的生命。八月底，施尼茨勒夫婦搭車回去，一路上悠閒愉快，經過聖莫里茲（St. Moritz）、錫爾斯瑪麗亞（Sils Maria），八月二十八日，他們在那裡的「森林旅館」慶祝歌德的生日，剛好也是他們的錫婚紀念日。

我們可不能忘記卡夫卡和他的新娘！費莉絲・包爾對於史上最詭異的求婚有什麼反應？她簡直要精神錯亂了。就算是有時候很鐵石心腸的她，也沒想到卡夫卡有辦法超越他那偽裝成求婚的災難性的自我指控。後來卡夫卡寫了他的《給父親的信》。它並沒有像他寫給自己父親的那封信那麼有名。它應該要聲名大噪的，太不可思議了。八月二十八日，也就是歌德的生日，卡夫卡問費莉絲的父親是否願意將他的女兒許給他。也就是說，卡夫卡懇切地警告他不要將女兒嫁給他：「我沉默寡言、不愛交際、暴躁易怒、自私自利、有慮病症，不過我真的疾病纏身。我和家人住在一起，他們是最善良親切的人，比陌生人還陌生。去年我跟我母親每天平均說話不超過二十句。和我父親則只有相互問候而已。我和幾個已經結婚的妹妹和妹夫從來不說話，但是和他們也沒有什麼齟齬。我沒有和家人住在一起的感覺。您的女兒有辦法和這樣一個人相處嗎？這麼一個天性健康活潑的女孩，應該有個真正幸福的婚姻的。她要和一個男人過著修院的生活嗎？她固然是他一生的最愛，可是礙於無法改變的命運，他只能整天待在房間裡，或是踽踽獨行。」

ஐ

婚姻是命運的打擊。《涼亭》第二十一期有一篇報導很貼近這個主題：「在我們祖國有些地方還保存著很美的、可是漸漸被遺忘的習俗。在那裡，當新娘最後一次踏出娘家的門，母親會遞給她一條新的亞麻布手帕。新娘會在婚禮時一直拿在手裡，以擦乾眼淚。在新婚之夜，新娘把手帕放進衣櫃裡，既不洗它也不用它，直到它的女主人臨終闔眼時，家人用手帕覆蓋在她臉上，跟著她到墳墓裡。這條手帕叫作『淚的手帕』。」

《涼亭》如是說。讀起來像是卡夫卡的極短篇小說。

ஐ

馬塞爾・杜象和他十八歲的妹妹伊雯（Yvonne）一起到英國，在肯特郡北海岸赫恩海灣（Herne Bay）的一家語言學校學英文。杜象只是去度假，他寫道：「晴空萬里的天氣。盡情打網球。有一兩個法國人，所以我根本不必學英文。」他對藝術還是一點興趣也沒有。

ஐ

馬克斯・利伯曼每年八月都會到荷蘭北海岸旅行，這次也不例外，下榻在諾德惠克（Noordwijk）豪華的「沙丘之家」（Huis ter Duin）海灘飯店。可是他不知道他為什麼要休息。他只對作畫有興趣。他在海水浴場的沙丘上一再畫獵人、水中騎士、打網球的女士。在一九一三年的照片裡，天空總是灰撲撲的，可是利伯曼不以為意，它正好和衣服的白色以及沙灘的米黃色形成美麗的對比。八月十八日，他寫信給他的朋友和資助者，在漢堡的亞弗烈・李希特瓦克（Alfred Lichtwark）[15]：「我再次來到這裡已經一個星期了，我所認識的每個人、每一棟房子、每一棵樹，我幾乎都畫過了。就像是對內心裡的那個人作浴療法，我在這裡要待上幾個星期。」日復一日，他帶著顏料和畫架跑出去，今天他要和朋友保羅・卡西勒，藝術經紀人，柏林「分離派」前主席，一起去一個菸草大亨在諾德惠克的夏天別墅，或者說是他的狗舍。一個受雇的獵人打開小屋子的門，出現八隻鬆毛小西班牙犬，有灰有白，不停地亂叫，垂下來的耳朵左右搖晃。利伯曼從主人那裡知道，小西班犬是獵兔子的高手。牠們一起衝到沙丘裡。利伯曼帶著畫架，跟在獵人以及獵犬後面作畫，第一聲槍響已經劃破天空。利伯曼每次都嚇一跳，埋怨他的模特兒們製造太多噪音。他要迅速地畫下獵犬，描繪牠們在沙丘脊上背對著落日餘暉的輪廓。接著利伯曼速寫獵人將獵槍扛在肩膀上，將獵犬栓在一起的情景，可是這時候太陽已經沒入海裡，利伯曼只好擱下畫筆。他們約好明天早上再來一趟，獵人承諾他這次不開槍，只當個模特兒。《沙丘上的獵人和獵犬》（*Jäger mit Hunden in den Dünen*）於焉誕生。

八月二十八日，奧皇約瑟夫到巴德伊緒附近的史坦柯格山（Steinkogl）的霍赫萊登（Hochleiten）最後一次圍獵，打到一頭山羊。

霍夫曼斯塔在一九一三年八月二十四日寫給利歐波・馮・安德利安（Leopold von Andrian）[16]的信裡抱怨說：「今年奧地利真讓我見識到過去三十年我不曾看見的。那些上流階級、貴族，我一直相信他們在奧地利能夠有所作為，現在我對他們的信任完全破滅了。維也納已經淪為暴民統治，那是最糟糕的一種統治，陰險的、愚蠢的、卑鄙的販夫走卒的統治。」

一九一三年，一個新人粉墨登場：海因利希・昆恩（Heinrich Kühn）[17]。一個來自德勒斯登的知識份子，在「新繆斯之家」旅館出生。由於父親的資助，他在茵斯布魯克靠收租過活，全心投入攝影。昆恩是個從容不迫的喜劇丑角，穿著提洛的傳統服裝，或是英國式的上衣，在拍照時，會再套上一件漂洗得皺巴巴的外套，人們可以在他的藏書籤上看到他的照片，可是分不出來哪一個比較皺，是外套還是風箱式照相機。他身上有一股老派而素樸的氣息，卻在最具現代性的攝影裡大放異彩。我們在一九一三年的照片中，看到他的作品充滿了新鮮、純真、優雅和力量。其中一個原因是他極端仰角鏡頭的構圖，另一個原因則是他和美國偉大的攝影家史蒂格利茲共同實驗成功的彩色底片技術，讓他在這一年得以一再拍出提洛山區的牧場和草原的傑出彩色照片。他的太太一直對他的古怪興趣抱持懷疑，在她過世以後，他就只有五個模特兒：他的四個孩子，以及他們的保母瑪麗・華納（Mary Warner），她後來成為他的伴侶。他在茵斯布魯克的別墅成了「五個繆斯之家」。

一九一三年，家裡的錢漸漸花光了，來自德勒斯登的家產也都散盡，他的連襟把家產都輸光了，昆恩亟需一個糊口的工作。他試著在茵斯布魯克的公立學校找個教職開藝術攝影的課，看起來很有希望。可是在八月，在交涉了兩年之後，昆恩得知主管機關沒有經費，因而拒絕開課，您知道的，所有的錢都花在軍事上，花到巴爾幹戰爭上。

昆恩並不因此氣餒，他不停地對著他的家庭演員拍照，他的孩子瓦特、艾迪楚德、漢斯、羅特。還有瑪麗。親愛的讀者，在一張照片裡，我們看到瑪麗和他的大女兒正越過山脊，天上覆蓋著八月厚重的白雲。白色是衣服的顏色之一，其他還有藍色、紅色、綠色等等[18]，爸爸替孩子們買了許多「攝影服裝」，適合彩色相片三層底板的純色調。看起來一直很憂鬱的瓦特，鼻梁上頂著早熟的鎳絲眼鏡，很早就開始作畫，其次是內向的艾迪楚德，看起來世界以及她的名字給她帶來不少煩惱，接下來是活潑外向的羅特，最後是小兒子漢斯，很有耐心的男孩。昆恩是個很慈祥的父親，但也是個很極端的藝術家。當他對照片裡的一個孩子不滿意，或是有個孩子妨礙了構圖，他會很嚴格地修掉影像，他可以花好幾個鐘頭的時間，把所有孩子的位置調整好。昆恩在他的照片裡所要表現的，是一個天堂。遊戲的孩子，休息的孩子，穿著飄逸衣服的女子，純真的自然。「原罪，」他在一封信裡寫道：「有兩張臉孔：社會民主黨，以及立體派。」

奧皇約瑟夫任命王儲斐迪南大公為「總作戰部隊總督察」（Generalinspektor der gesamten bewaffneten Macht），藉此擴大其職權。他的死敵，參謀總長康拉德・馮・赫欽多夫，要求發動對塞爾維亞和蒙地內哥羅先發致人的戰爭，被王儲拒絕。

八月，海牙的和平宮舉行落成典禮，它是以來自全世界的捐款建造的，其中美國富豪安德魯・卡內基（Andrew Carnegie）就捐了一百二十五萬美元。人們開始籌劃一次新的海牙和平會議，準備在一九一五年解決民族間的公開問題。

「橋派」解散以後，恩斯特・路德維希・克爾希納從柏林動身到波羅的海的費馬恩島（Fehmarn）旅行。他渴望遠離城市及其喧囂和汲汲營營，因而跑到小島的東南隅，燈塔管理員呂特曼（Lüthmann）與世隔絕的小屋，從那裡往上爬到「山牆房間」，他去年就來過。這燈塔、寂寞的海灘、燈塔管理員的八個孩子，成了他夏天的動力來源。人們在畫作中看到惡劣的天氣，烏雲一直延伸到海平面。下方的海灘上，樹木浸在海水裡，讓人想到南太平洋，上方盛開著金鍊花，克爾希納每天都在描繪它華麗的鮮黃色。克爾希納這次不只有娥娜作伴，她在這裡被叫作「克爾希納太太」，雖說她總是一絲不掛地到處閒逛，奧圖・穆勒和妻子瑪席卡

（Maschka）也來了，他們在戲水時互相畫對方，他們享受自由，漸漸開始的名聲。呂特曼的孩子和他自己都把克爾希納當作自家人，充滿溫暖和信賴。或許夏天在費馬恩島的這幾個星期，是克爾希納一生中最幸福的日子。「啊，斯塔伯胡克（Staberhuk）燈塔，你真是美極了，角落裡的一點幸福，平安而美好！」他一再地對著風如是呼喊。而克爾希納的風格也提昇到新的高度，畫裡的女性不再是橫躺著的，而是向上伸展，筆觸煩躁不安，細瘦而比例過長的人物，娥娜和瑪席卡一絲不掛地在海灘對他們的素描和繪畫指指點點，應該照著身體的形態這樣畫啊，他開玩笑地抱怨一下，然後照著畫。他對畫作不滿意的時候，會氣憤地扔到海裡，不過那只是要讓它沉到水裡，然後撈起來擺在畫架上重新作畫，這次要畫得更好。一直都有很漂亮的木板被沖到岸上來，因為就在去年，和「鐵達尼號」同一年，有一艘船在費馬恩島外翻覆。一艘多桅帆船「瑪麗號」。他的木塊成了藝術史的一部分，因為克爾希納總會游到船隻殘骸所在的沙洲上，去撿拾適合裁切的特別漂亮的木頭。八月十二日，他寫信給漢堡的收藏家和贊助人古斯塔夫•席夫勒（Gustav Schiefler）說：「我寄給您的頭像，是一塊木雕（橡樹），我在這裡做了幾個這類的人像。」後來他在九月寫信給他的學生漢斯•葛威克（Hans Gewecke）說：「真可惜我們很快就必須回去了。您無法想像我們有多麼掙扎。我不知道大海在夏天或秋天才是最美的。我盡可能地作畫，至少可以將我想畫的上千個東西中的幾件拖回家。此外，擱淺船隻的橡木對於雕刻家而言日益誘人。我必須帶幾塊沒有裁切的原木，因為時間很緊迫，白天也越來越短。」他是如此地喜愛那些殘骸，很想將它們解體作為他的創作，以至於在費馬恩島的素描、版畫或繪畫，沒有任何一件用到它們，雖然他光是在一九一三年就在這裡創作了幾百件作品。那艘在波羅的海擱淺的船，他覺得眼前生動地看到浪漫派的古典動機，強烈的卡斯帕・大衛・腓特烈（Caspar David Friedrich）[19]式情境。可是克爾希納拒絕厚顏無恥地將殘骸直接用在他的作品上。我們看不到清楚的跡象顯示德國浪漫派在一九一三年完全消失。

蒙娜麗莎倒是始終不見蹤影。羅浮宮在孤零零的釘子上掛了柯洛的畫。費莉絲・包爾收到卡夫卡的信後嚇一大跳，八月她前往敘爾特島（Sylt）。她和布拉格有無數的魚雁往返，她不停地問卡夫卡要不要來，這裡怡人的氣候對卡夫卡是否有幫助。到頭來他當然是沒有去。唉，那本來會是一段很美的日記的：卡夫卡在露營。可是終究沒有實現。

---

1 海倫・諾斯提茲（1878-1944），德國女作家和藝術沙龍主持人。叔叔為德國威瑪共和時期總統興登堡（Paul von Hindenburg）。諾斯提茲年輕時遇見法國藝術家羅丹，羅丹以她為模特兒塑造了幾副胸像。諾斯提茲也將詩人里爾克介紹給羅丹，後來里爾克有段時間擔任羅丹的祕書。

2 萊茵哈特（1873-1943），奧地利裔美國舞台劇和電影演員及導演。成立戲劇學院，培育出不少戲劇人才。

3 警察局在逃兵名單上弄錯了希特勒（Hitler）的名字。他在一九一四年一月十八日被捕時，還抗辯說他們抓錯人了。可是當他亮出他的出生證明時，卻發現上面真的寫著「Adolf Hietler」。

4 戈羅・曼（Angelus Gottfried Thomas Mann, 1909-1994），大眾歷史學家、散文家，湯瑪斯・曼的三子。

5 費倫奇（1873-1933），匈牙利精神分析學家，亦為弗洛依德的密友。發展出由分析師積極介入並與病人合作的治療方式，其理論影響了美國精神分析學界的一個分派，即「關係精神分析」。

6 荷班（1882-1960），法國畫家，其抽象畫以立體派為基礎，用純粹的幾何圖形和色塊對空間、背景表達出不同的看法。

7 基斯林（Moïse Kisling, 1891-1953），波蘭裔法國畫家，繪畫風格被認為受到巴黎學派的影響，色彩奔放，構圖豐富，極具特色的畫作給與人充滿活力的印象。

8 艾舍（Ernst Ascher），畫家、藝術經紀人。

9 皮侯（Ramon Pichot Gironès, 1872-1925），西班牙印象派畫家，為畢卡索的好友，也是達利年輕時奉為導師的人。

10 大衛森（1883-1952），美國雕刻家，作品大多為人物胸像，以寫實聞名。

11 馬克斯・雅各（1876-1944），猶太裔法國詩人、畫家，畢卡索的好友，作品被認為是象徵主義和超現實主義之間的橋樑。二次大戰期間病死於集中營。

12 赫曼・巴爾（1863-1934），奧地利作家、劇作家、導演，前衛藝術家的一員。

13 彼爾霍夫曼（1866-1945），奧地利劇作家、詩人，亦曾擔任劇場導演。

14 莫瓦西（1879-1935），阿爾巴尼亞出身的奧地利舞台劇演員。

15 李希特瓦克（1852-1914），德國藝術史學家，第一個推動並建立博物館教育和藝術教育的學者。

16 安德利安（1875-1951），奧地利作家、外交官。曾擔任奧匈帝國外交官，為俄羅斯和波蘭專家。

17 昆恩（1866-1944），奧地利攝影家，藝術攝影先驅，促使攝影本身成為一種藝術。他採用柔光和柔焦方式，讓作品呈現出印象派繪畫的風格。

18 德文版封面即為昆恩的這張照片。

19 卡斯帕・大衛・腓特烈（Caspar David Friedrich, 1774-1840），德國浪漫派風景畫家。其風景畫帶有寓意成分，傳達出個人對大自然的想法和情緒。

September

9 月

《魂斷威尼斯》撼動柏林。維吉妮亞・吳爾芙和卡爾・施密特（Carl Schmitt）想要自殺。九月九日，群星黯淡。慕尼黑對決：弗洛依德和榮格刀劍相向。里爾克找牙醫補牙，卡爾・克勞斯愛上席多妮而不能自拔。卡夫卡到威尼斯，他沒有死，卻愛上了瑞娃（Riva）。「第一屆德國秋季沙龍」開幕，魯道夫・史代納在多納赫主持奠基典禮。路易斯・阿姆斯壯第一次公開演出。卓別林簽了他第一份電影合約。其他人，只餘靜默。

出版商薩穆埃爾・費雪的兒子傑哈特，大家剛在威尼斯為他慶祝生日，他就在那裡病倒了，臉色蒼白而且發著高燒，於九月九日過世，真是「魂斷威尼斯」，一如他父親的出版社在一九一三年的暢銷書書名。他們以病患專車將他送到柏林，不過他還是被病痛打倒了，可以說是「義大利病痛」，因為他的病情和湯瑪斯・曼的故事主角阿森巴赫很像，他被霍亂奪走生命。霍夫曼斯塔在威尼斯得知出版商之子的死訊，寫信弔唁薩穆埃爾和他太太說：「在那裡，人生最痛苦的事就在那裡，對我而言，住在那裡卻也是最欣慰的事，只在那裡，不在別處。」

傑哈特的死對於費雪出版社以及整個柏林文化界的打擊很大，傑哈特是天之驕子，很溫柔的人，在和他父母親爭取了很久以後，終於如願以償地成為音樂系的學生。他們在魏森湖（Weißensee）的猶太墓園舉行盛大的葬禮。和人們錯愕、哀悽的神色相較下，陽光顯得很突兀。薩穆埃爾・費雪因喪子之慟而失聰。知名作家傑哈特・豪普特曼（Gerhart Hauptmann）[1]，費雪的兒子就是以他為名，他時年五十一歲，聲譽如日中天，他也趕來參加葬禮，並且在日記裡言簡意賅地寫道：「下午三點，傑哈特・費雪下葬。下午五點，《威廉・泰爾》彩排。這就是柏林，這就是人生。」

里爾克因為嚴重牙痛，而到柏林馬堡街（Marburger Straße）四號的西區療養院就診。他在那裡寫信給伊娃・卡西勒，他的紅粉知己，他太太克拉拉的贊助人，信裡說他剛讀完湯瑪斯・

曼的《魂斷威尼斯》：「第一部有多處讓我很驚訝，覺得構思很好；可是第二部的印象剛好相反，使得我不知道怎麼談論它在我心裡激起的整體印象。」然後里爾克又要去看牙醫了。他的主治醫師是查爾斯・波戴克（Charles Bödecker），德裔美籍金屬補牙專家，他用汞合金為里爾克修補了一大片蛀牙。

ꕥ

慕尼黑的赫美斯畫廊（Hermes）寄了一幅畫到洛維斯・柯林特在波羅的海海邊克萊茵尼恩多夫（Klein Niendorf）的住處。那幅畫是他七月在提洛畫的，他的兒子恢復健康，說要洗澡。那幅畫就叫作《澡盆裡裸體的孩子》（*Nacktes Kind im Waschzuber*），柯林特在回程時把畫放在藝術經紀人奧斯卡・赫美斯在慕尼黑漫步廣場（Promenadenplatz）的畫廊。可是他不喜歡保母的鼻子。於是，他在九月二日把畫寄到波羅的海去動整型手術。柯林特看了看畫，又看了看鼻子，把保母請進來，看一看她的鼻子，修改了畫裡的鼻子，然後把畫寄回慕尼黑。這就是和藝術作品同時代的畫廊老闆的好處。畫家可以修改被抱怨的地方。

ꕥ

九月的時候，奧格斯堡皇家實科中學發行學生報《收穫》（*Die Ernte*）創刊號，印了四十份。每份售價十五芬尼。大部分的文章是出自六年甲班一個叫作貝爾托・布萊希特的學生之手。其他文章則是由貝爾托德・歐伊根（Berthold Eugen）所撰。歐伊根是歐伊根・貝爾托・

腓特烈・布萊希特（Eugen Bertolt Friedrich Brecht）全名之一，而貝爾托德則是布萊希特的假名。他以這個名字投稿詩作到《奧格斯堡新新聞》（*Augsburger Neueste Nachrichten*）。它被壓在副刊主編桌上一大疊稿件下面。布萊希特時年十五歲。瑪麗・蘿絲・阿曼（Marie Rose Amann）十二歲，可惜他們尚未相識，他還沒有將她擁在懷裡，一如綺麗的夢境，一如後來在〈回憶瑪麗・A〉那首詩裡所形容的。

一九一三年九月那天的藍色月光下，布萊希特只能如綺麗的夢一樣將它擁在懷裡：他拿到校長室裡的學生報創刊號。

九月十日，舞蹈家和芭蕾舞編舞家瓦斯拉夫・尼金斯基（Waslaw Nijinsky）在南美巡迴演出時，出人意料地和女舞蹈家羅茉拉・德・普爾茨基（Romola de Pulszky）[2]結婚。他和「俄羅斯芭蕾舞」的團長謝爾蓋・賈吉列夫是舊識，剛和他一起慶祝史特拉汶斯基《春之祭》演出成功。對此賈吉列夫大為震驚，當下把他們兩人都解雇了。

一九一三年九月，貝茨（Berthold Beitz）[3]、蘭布克（Robert Lembke）[4]、費爾賓格（Hans Filbinger）[5]出生。

杜象仍然對藝術興趣缺缺，關於「還有什麼是可能的」這個問題，他在一張紙條上寫下了想法：

「可能。
一個可能的東西的造型。
（不是不可能的反面，
也和漠不相關沒有關係，
更不是從屬於或然率。）
可能的東西只是
一種物理的『硫酸』（Genre Vitriol）
它會腐蝕任何一個美學（Ästhetik oder Kallistik）[6]。」

九月二十日，魯道夫・史代納為新的人智學中心主持奠基禮，那是位於巴塞爾附近的多納赫的歌德堂（Goetheanum）。他寫了一張紙條，在奠基時埋到土裡：「由約翰建築公司為人智學工作所造，於各各他（Golgatha）[7]祕教曆一八八〇年，也就是西元一九一三年，九月二十日。」當天的星象曆寫道：「水星作為昏星，位在天秤座。」水星相當於母音「I」，天秤座則是「CH」，所以在天秤座的水星的星象相當於「ICH」（我）。史代納顯然一直在等待天空中這個宇宙符號所代表的這一天到來。此外，他之所以選這天，也是因為水星在這天是昏星。水星和太陽構成一個「合」（Konjunktion），角距離為03°26'45。（不過沒什麼幫助，十年後，歌德堂就被燒掉了。）

❦

九月八日，三十九歲的卡爾・克勞斯，《火炬》的發行人，維也納最踔厲風發的作家，在帝國咖啡廳認識了席多妮・納德尼，里爾克的紅粉知己。他們也立刻聊到里爾克。他們越聊越起勁，並且相互愛慕。他們一直聊到深夜。他們搭馬車穿過普拉特大道（Praterallee），夜空裡繁星點點，卡爾對她說：「妳的眼眸凝望著的，會是我嗎？」於是他們驅車到某個飯店的酒吧，她對他訴說父母親和哥哥的相繼死亡，她的憂鬱症，她所居住的心靈沙漠。克勞斯驚豔於席多妮的美麗，執起她的手。他要帶她走出這個沙漠。「他知道我的本質，」在談話以後，她獨自在普拉特公園思忖著。她甚至讓克勞斯撫摸她的蘭伯格犬巴比，平常她是不讓任何人碰牠的。

❦

在「共濟社節」（Odd Fellows' Day），時年十三歲的爵士樂手路易斯・阿姆斯壯第一次粉墨登場。他還是跟教養院的樂團一起演出，他們在大鼓貼上「城市男孩之家，黑人區銅管樂團」。在樂團照片裡，阿姆斯壯很神氣地站在大鼓旁邊，他身旁是他的啟蒙老師彼得・戴維斯，他在一月時才把樂器塞到阿姆斯壯手裡。阿姆斯壯穿著舊式的警察制服。那是紐奧良的傳統，警察會把他們淘汰掉的夾克和長褲送給貧窮的年輕人當作樂團制服。樂團在城市街頭表演，阿姆斯壯精神抖擻地吹奏小喇叭，跟著旋律吹奏曲調。到了晚上，樂團既快樂又疲憊地回到教養院，其他人都把樂器放回音樂室，阿姆斯壯卻拿著他的小喇叭，滿心期盼地望著他的老師。「好吧，」彼得・戴維斯咕噥說：「下不為例。」他的大通鋪很悶熱，其他人仍然在外頭，在燠熱的夏天夜裡抽菸，夢想著體育女老師，遠方傳來共濟社節的慶祝聲音。阿姆斯壯脫掉警察制服。他一個人坐在床上，一隻蒼蠅在房間裡飛來飛去，他吹奏小喇叭模仿牠的飛行，跟著牠嗡嗡叫、暫停、繼續嗡嗡叫。蒼蠅從窗子找到縫隙飛出去，他還繼續吹奏。自此以後，他不停地演奏。路易斯・阿姆斯壯成為史上最偉大的爵士小喇叭樂手。

一起家庭照護的特殊事件：九月四日，恩斯特・奧古斯特・華格納（Ernst August Wagner）在德格洛赫（Degerloch）殺死他的太太和四個孩子，因為他不想讓他們為他的連續殺人計畫承擔後果。接著他騎腳踏車到斯圖加特，搭火車到繆豪森（Mühlhausen），等到夜幕低垂，他縱火燒掉四棟房屋，等到裡頭的人衝出濃煙烈火時，他就開槍射殺他們，一共十二個人死亡，八個人受重傷。後來警察將他制服。他本來也要殺死他妹妹一家人，然後搭車到路德維希堡（Ludwigsburg），用火炬燒掉城堡，他自己則躺在女公爵的床上等死。

九月九日，愛因斯坦在弗勞恩費爾德（Frauenfeld）對「瑞士自然科學會」發表演講，解釋他的重力理論和相對論的新學說。

九月九日大約晚上七點，德國第一艘海軍齊柏林飛船（L1）遇到龍捲風，在赫哥蘭島（Helgoland）附近墜海。

九月九日，傑哈特・費雪過世的那天，星象預言災難將至，三十一歲的維吉妮亞・吳爾芙在這一天接受兩位神經內科醫師的檢查，因為她抱怨說她「失去感受的能力」。自從她在八月完成第一本小說《出航》以後，她的體重急速下降，得了嚴重的厭食症，幾乎失去行動能力，必須由她的兩個姊妹持續照護。神經內科的檢查結果讓她受到莫大的屈辱，她覺得人生一點意義也沒有，幾個鐘頭以後，趁著姊妹休息的時候，她吞了大量的安眠藥「維爾諾」（Vernol）企圖自殺。丈夫李奧納德（Leonard）在最後一刻救活了她，她在診所裡甦醒過來。

為了休養身心，他把她送到戴林里吉村（Dalingridge Place），她的同母異父的哥哥喬治・

杜克沃斯的莊園。荒謬的是，維吉妮亞・吳爾芙的崩潰顯然可以回溯到她早年在幼稚園時被同一個哥哥性侵害的陰影。可是她的丈夫李奧納德似乎對這個問題視而不見，他在九月還提到他的大舅子說：「這個年輕人真可以說是個阿多尼斯（Adonis）[8]。」維吉妮亞・吳爾芙除了趕緊恢復健康別無他法。她恢復進食，好在秋天時可以離開戴林里吉村。

九月七、八日，在慕尼黑的「巴伐利亞宮廷」飯店將舉行「第四屆精神分析大會」。自從弗洛依德和榮格在年初決裂以來，他們兩人對於再度狹路相逢都心下惴惴。氣氛非常緊繃，讓人喘不過氣來，每個人都屏息以待。大會第一天，八十七位與會者都到場，第二天只剩下五十二位。榮格連任主席，有二十二位投棄權票。弗洛依德被勸服在九月七日發表簡短的演講，題目是「精神官能症選擇的問題」。榮格在第二天發表「心理學類型的問題」。弗洛依德說，會場的氣氛「既累人又不舒服」，事件的焦點不在於演講本身，而圍繞在座位的安排。一邊是「弗洛依德桌」，另一邊是「榮格桌」，雙方陣營互不交談。「父親」弗洛依德，以及「弒父者」榮格，眼神幾乎沒有交集，自從一九一三年九月八日以後，他們就再也沒有見面。莎樂美突然出現在會議廳，里爾克也跟來了，這讓弗洛依德非常高興，他只讀過里爾克的詩，兩人未曾謀面。弗洛依德躲在他們兩人中間，以閃避大會的氣氛，最後一場演講才剛結束，他們三人就接著聊起來，一直說個不停，甚至插科打諢，然後一起去吃飯。莎樂美顧左右而言他，里爾克超越善惡之外。弗洛依德這個「領袖人物」，無意識和潛抑事物的偉大挖掘者，專心傾聽里爾克說話。弗洛依德的女兒安娜聽到這件事，寫了一封心情愉快的信給她父親：「你真的在慕尼黑認識了詩人里爾克？怎麼會呢？他還好嗎？」

是啊，他還好嗎？第二天，里爾克和弗洛依德一起散步談論無意識的問題之後，便和莎樂美一起離開，這個女人讓他在成年時失去童貞，現在又扮演起他母親的角色，先是扮演他在慕尼黑的母親菲亞（Phia），然後又扮演被他遺忘的妻子克拉拉和女兒和露絲（Ruth），幫助他們布置在特羅格街（Trogerstraße）五十號的新居。接著莎樂美和里爾克坐上火車，準備到山裡去，而她也分析他的夢。他們很認真地討論陽具和方尖碑的象徵性差異。

ஐ

霍夫曼斯塔躺在慕尼黑四季飯店房間的床上，夢到他的房子成了法國大革命的監獄，「我意識到這是我一生最後的日子：我被判了死刑。」夢境一直圍繞著打字員，他們忙著處理死刑判決書。然後他的太太出現：「可是那是一個我從來沒有看過它的臉的生物，而在夢裡卻又如此熟悉，猶如一起生活十年的太太一樣。我們在電光火石之際跟對方說，我們現在不可以相互擁抱。」他太太讓他待在準備執行死刑的打字員旁邊。「我覺得我沒辦法目送她離開，我轉身對著窗戶，刺眼的陽光透過窗戶照進來。」於是霍夫曼斯塔醒了過來。他昏昏沉沉地穿上衣服，想到英國公園走走，好擺脫夢境，恢復平靜。可是那些畫面一直縈繞在腦海裡，他的身體依然覺得自己被判了死刑。天色還很早，公園裡幾乎沒有行人。秋天溫暖的陽光灑在樹上。他走過冰溪（Eisbach）上的橋，迎面走來一個人，這次不再是夢，看起來好像是偉大的夢的解析者弗洛依德。他真的是弗洛依德。他跟這位維也納的朋友親切打招呼，問他晚上睡得好不好，還說他看起來很疲倦的樣子。「一切都很好，醫生，」霍夫曼斯塔說。沒多久里爾克也從轉角走來，他跟弗洛依德約好一起散步，霍夫曼斯塔心想他一定是還在作夢。可是，正如這個特別的一年裡的所有事情一樣，那也是真的。

ꕥ

在一篇談到急救課程的文章裡，一九一三年九月六日維也納的《新自由報》寫道，彷彿那是全世界都知道的事：「正如戰場上傷兵的命運端視於急救包紮的品質，日常生活的意外傷害的急救對於預後也至關重要。」

ꕥ

在一九一三年，神經衰弱症，身心耗竭症候群，收錄在十一卷的《心理疾病的特殊病理和治療》（*Spezielle Pathologie und Therapie innerer Krankheiten*）裡。「神經衰弱」這個詞條本來是該榮格寫的，可是他拒絕了，因為「我所知太少，而且根本不信這一套」。

ꕥ

卡夫卡在九月初離開布拉格，為了他的絕望和「神經衰弱」去接受治療。他的目的地是嘉德湖（Gardasee）畔里伐的哈童根療養院。本來他想要和費莉絲同行，可是她父親還沒有回覆他的求婚信，他只好先出發，因為他必須先到維也納出公差，和他的主管參加九月九日到十三日的「第二屆救難和災害防治國際會議」。然後他要搭火車到第里雅斯特，奧匈帝國在地中海的一個港口城市，它在那一年呈現史無前例的繁榮景象。港口街上和咖啡廳裡種族混雜，喬伊斯隱居在這裡當個英語老師，整天枯坐冥想，準備寫作他的《尤里西斯》。九月十四日，卡夫卡和喬伊斯都在第里雅斯特。穆齊爾也在這天到達，他要從羅馬一路旅行到維也納。我們可以想像他們如何在午後的港口喝一杯咖啡，然後各奔東西。

卡夫卡接著搭船到威尼斯，在山德沃斯飯店（Sandwirth），他寫了暫且是最後的一封信給費莉絲，從年初到現在，他已經寫了兩百多封信和卡片。他知道當他和愛情以及生活打交道的時候，是沒辦法創作出什麼偉大的藝術的。他在日記裡寫道：「性愛是對於相處的幸福的懲罰。盡可能過著禁欲的生活，像個單身漢一樣禁欲，這是我唯一的機會。」幾天後，他又寫道：「我要和一切隔絕，直到沒有任何感覺。與所有人為敵，不跟任何人說話。」於是，九月十六日，他用飯店的信紙寫信給費莉絲，凝望著運河，沒有感覺，「非常不快樂」：「可是我能怎麼辦呢，費莉絲？我們必須分手。」

卡夫卡繼續搭車往前走，不必當個丈夫，讓他突然如釋重負，當他於九月二十二日到達里伐時，心裡覺得空蕩蕩的，有點悵惘，可是鬆了一口氣。哈童根兄弟，艾爾哈德（Erhard）

和克里斯托（Christl），他們剛在山裡的分院試著治療弗洛依德，現在又得照顧下一個重要的病患。首先是初步的治療談話，醫師建議病人膳食、多呼吸新鮮空氣，還有多划船。第一個星期，陽光和煦，天氣溫暖，卡夫卡被安置在湖邊的「空氣小屋」，以呼吸充足的氧氣。治療似乎起了作用，九月二十八日，他到馬爾切西內（Malcesine）郊遊，在那裡寫了一張心情很愉快的明信片給在布拉格的妹妹歐特拉（Ottla）：「今天我在馬爾切西內，歌德曾經到此一遊，如果妳讀過義大利遊記，妳就會知道，妳應該馬上讀看看。」

在那一天，天氣轉涼，山頂已經下了初雪，於是卡夫卡從空氣小屋搬到療養院大樓。他寫信給他的朋友馬克斯・布洛德說：「用餐時，我坐在一個老將軍和一個嬌小的、看起來像義大利人的瑞士女孩中間。」這個瑞士女孩讓卡夫卡恢復生氣。她想了一個在他們房間之間的敲門遊戲，在公園玩捉人。他們一起在湖上划船，讓划槳船隨波逐流：「悲傷和愛情的甜美。它在船上笑吟吟地凝望著我們。那是最美的時刻。只有在求死而懸崖勒馬時，那才是愛。」兩個人都知道，他們的愛情只有十天的時間。然後他們就要各自回家。卡夫卡要回布拉格，瑞士女孩要回熱那亞的家。卡夫卡第一次沒有在一天裡的時時刻刻都想到費莉絲。他墜入為期十天的純真情網，一個不會有結果的愛情。

庫爾特・圖霍斯基，耶拿大學法學博士生，個性急躁，身材微胖，不久即成為柏林《劇場》雜誌最放言高論的批評者，他有個計畫，那是每個躁進而誇誇其談的記者的夢想。他要自己辦一份雜誌，叫作《獵戶座》（*Orion*）。圖霍斯基想要摘星。他要讓它成為「書信的年輪」。也就是從真實生活的見證去介紹時代的偉大人物。很特別的想法，每個月三次，訂戶會收到「一個偉大歐洲人士書信的複製本」。結果是一事無成。不久後，圖霍斯基必須跟有興趣並想要訂閱的九十四個讀者說：「獵戶座還是跟以前一樣：一個遙不可及的星座。」里爾克和赫曼・赫塞很早就同意寫（里爾克在九月二十一日就寫了一首詩），湯瑪斯・曼也同意。可是這還不夠。不過在創刊時期，卻有一份很不尋常而且是觸手可及的文件：也就是圖霍斯基的一封信，九月二十六日在納霍德街（Nachodstraße）二十六號的住處所寫的，內容是徵求有名望的合作夥伴。他在裡頭羅列了一九一三年的大事摘要，以及德國觀點的「偉大歐洲人士」，內容既豐富又簡明扼要，非常特別。信裡面列的邀稿對象有：「德梅爾（Dehmel）[9]、霍夫曼斯塔、布洛德、布萊（Blei）[10]、摩根史坦（Morgenstern）[11]、魏菲爾、里爾克、豪普特曼、瓦塞爾曼、湯瑪斯・曼、亨利希・曼、赫塞、施尼茨勒、艾騰貝格、羅伯・瓦瑟（Robert Walser）[12]、史坦海姆（Sternheim）[13]、蕭伯納、魏德金、凱勒曼、傅利戴（Friedell）[14]、蓋沙令（Keyserling）[15]、哈姆孫（Hamsun）[16]，以及卡夫卡（！）」。可是此外也有「密諾納（Mynona）、歐格拉斯（Owlglaß）、霍爾茨（Holz）、謝佛（Schäfer）、威利・史派爾（Willy Speyer）、韋德（Wied）、霍赫多夫（Hochdorf）、佛布斯摩西（Irene Forbes-

Mosse）」，他們在當時都和上述人物齊名，可是現在再也沒有人知道他們是誰。讓人印象深刻的是，圖霍斯基也準備求助於當時著名的哲學家們：「摩斯納（Mauthner）[17]、切斯特頓（Chesterton）[18]、拉特瑙、齊美爾（Simmel）[19]、馮特（Wundt）[20]、馬赫（Mach）[21]、布伯（Buber）[22]、弗蘭馬利昂（Flammarion）[23]、柏格森（Bergson）[24]」。最後是「造型藝術」：「邁耶格列菲、李希特瓦克、貝倫斯」。至於插畫和素描，圖霍斯基想到其他人：「克林姆、巴爾拉赫（Barlach）[25]、寇維茲」。如果辦得成，應該會很精采。

另外還有一份一九一三年的大事摘要，而且是關於藝術方面的。柏林的「第一屆德國秋季沙龍」，尤其是辛德斯多夫的法蘭茲・馬克以及他的朋友，波昂的奧古斯特・馬克，他們從年初就開始緊鑼密鼓地準備，終於在九月十九日於赫爾瓦特・華爾登的知名畫廊「暴風」開幕。他在前一年把動物園街三十四 a 號本來要拆掉的別墅改建為富麗堂皇的展覽館。

這次「秋季沙龍」是仿傚巴黎「秋季沙龍」（Salon d'Automne），網羅的藝術家包括一九一三年的前衛主義，除了柏林的「橋派」藝術家，該團體在五月很痛苦地解散以後，還到波羅的海避暑療傷，不再想下一步該怎麼走。「如果他們不參加，」法蘭茲・馬克寫信給人在波昂的奧古斯特・馬克說：「那不是什麼多大的不幸，我只是為了諾爾德和黑克爾感到惋惜。」至於克爾希納，他則隻字不提。他和那兩個情感豐富的「藍騎士」很不搭軋。最後展出三百六十六幅畫，出自十二個國家的九十位藝術家之手，它是僅次於紐約「軍火庫藝術博覽會」的年度盛事，也訂立了標竿。為了「秋季沙龍」，華爾登在波茨坦街七十五號租了一千兩百平方公尺的大廳。大金主科勒（Bernhard Koehler）捐了四千馬克給展覽單位，最後又負擔運送費用。「第一屆德國秋季沙龍」成為藝壇盛事。德洛涅夫婦從巴黎趕來參加開幕典禮，夏卡爾也來了，「藍騎士」幾乎全員到齊，就連義大利的未來派也特地來到「暴風」畫廊。大家都知道他們正參與一個歷史事件。英國人、法國人、德國人、俄國人、奧地利人、匈牙利人、義大利人、捷克人，大家都共同期盼一個新的藝術誕生。那是超越國界的美學聯盟，是超越所有外交衝突的前衛藝術的團結遊行。畫展裡可以看到的畫作包括阿基邊克（Archipenko）[26]、德洛涅、薄丘尼（Boccioni）[27]、亞夫倫斯基、法蘭茲・馬克、奧古斯特・馬克、佳布莉兒・明特、保羅・克利、夏卡爾、康丁斯基和弗朗西斯・畢卡比亞，此外也有前衛畫派的年輕畫家費寧格和馬克斯・恩斯特的作品。法蘭茲・馬克展出他在一九一三年創作的三幅世紀之畫，上頭的顏色都還沒有完全乾：《藍馬之塔》，其次是《狼群（巴爾幹戰爭）》，最後一幅畫描繪彼此斜插著的動物，原本沒有畫題，後來保羅・克利給它取名為《動物的命運》。畫展同時舉辦了好幾場演講，包括阿波里奈爾，巴黎的立體派就是他命名的，以及馬里內蒂（Tommaso Marinetti）[28]，義大利未來派的代言人，這兩位最耀眼的藝術理論家也都來到「暴風」畫廊。

群眾的反應則是憤怒到了極點。報紙極其謾罵之能事，奧古斯特・馬克為展覽單位到處奔走，這些謾罵對他傷害很大。那些不了解在柏林正在展出什麼東西的人，他罵他們是「下流痞」、「低級報紙流氓」。《法蘭克福報》（*Frankfurter Zeitung*）這麼寫道：「人們想像在展覽裡可以看到什麼進步的演變。從來沒有這麼自以為是、這麼站不住腳的傲慢。」《漢堡新聞報》（*Hamburger Nachrichten*）總結說：「這根本是粗暴的胡作非為，一大堆可笑的東西，愚蠢的塗鴉。讓人不禁懷疑是不是剛從瘋人院的畫廊走出來。」對此，法蘭茲・馬克致信康丁斯基說：「我的展出的主導觀念是：展現駭人聽聞的深入心靈的挖掘以及藝術的靈活性。人們會感到心靈的悸動和層出不窮的驚訝。對我而言，這個結論也很出乎意料：大幅偏重於（在性質上的）抽象形式。」接著法蘭茲・馬克、奧古斯特・馬克和華爾登印製了傳單，在選帝侯大道和動物園發送。上頭有一句很美的話：「參觀藝術展覽，必須拋開藝術批評家的意志！」可是此舉於事無補。畫展門可羅雀。展出的結果是一場財務災難，贊助人科勒最後必須從四千馬克追加到兩萬馬克，以支付租金和運費。

ર

和里爾克以及弗洛依德一樣，施尼茨勒也在九月初來到慕尼黑，他下榻在大陸飯店，出席他的劇作《談情說愛》（*Liebelei*）的彩排。有一個美麗的巧合是，他的舊時情人瑪麗，又稱蜜奇（Mizi），在劇中扮演女主角。這位在日記裡稱為「Mz」的瑪麗・格呂默（Marie Glümer），以前是個病患，也是維也納的「煙花女子」（süße Mädel），她們是施尼茨勒一生的最愛，他會和她們一起吃飯、出遊，她們也會適應情人的中產階級生活。可是在慕尼黑，有他太太歐爾嘉在，這種事可是見不得光。

九月九日，他獲邀到利奧波德街一個和他同樣有尋花問柳嗜好的朋友家裡：「里瑟陪我們去找亨利希・曼，他和他的情人，一個來自布拉格的猶太人，一起住在這裡。他跟我們介紹說那是他的太太，一再堅持我們要以他的夫人稱呼她、對待她。摩里納大公（Herzog Morena）夫婦也在場。我們在露台上喝咖啡。聊得還可以。我對亨利希・曼夫人的印象不像別人所講的那麼糟。所有人一起到湖邊去。」那麼他的心情如何呢？「沒什麼心情。」

在杜塞爾多夫，法學家卡爾・施密特[29]每天都在等待他的發現。晚上他和情人嘉莉（Cari）上床，一如他在日記裡所透露的，他「非常調皮」；「夜裡可愛的手指頭」。

如此日復一日，在法庭無所事事，出版商把他的新書《國家的價值》退稿，裡頭有施密特野心很大的反個人主義綱領。可是到了九月二十日，出版商摩爾（Mohr）居然要出版施密特的書，這時候作者趾高氣昂起來：「颯爽的秋日。我又覺得自己是個偉大的人物，懷著不為人知的優越感，在大街上信步而行。」

可是好心情沒有維持多久。九月三十日，他在一場音樂會後寫道：「音樂擾動了我的複雜情緒。我真想自殺。這一切到底是所為何來？它和任何人無關，我和任何人無關，別人也和我無關。但願我的書出版了。」然後，他單純的夢想成真了。可是法學博士卡爾・施密特終究也沒有辦法制定這個法律。

一九一三年九月二十五日，卓別林和基斯通電影廠（Keystone Studio）[30]簽了第一份電影合約。在拍攝他的處女作《謀生之路》（*A Busted Johnny*）期間，他的周薪是一百五十美元。

瓦特・拉特瑙發表他的新書《論精神的構造》（*Zur Mechanik des Geistes*），他是電氣聯營公司的監事會主席，也是德國經濟的核心人物，在書中，他殷切警告科技和機械化對於心靈的純潔以及「心靈國度」的危害。他將這本書題獻給「年輕的世代」。

1豪普特曼（1862-1946），德國作家、劇作家，被視為德國自然主義重要代表人物，一九一二年諾貝爾文學獎得主。

2尼金斯基（1889-1950），波蘭裔俄羅斯芭蕾舞者和編舞者，被譽為當代最偉大的男性芭蕾舞者，舞蹈具有活力，極富個人特色，擅長當時僅有少數男性舞者可以跳的「足尖舞步」。普爾茨基（1894-1978），曾為「俄羅斯芭蕾舞團」舞者，具有匈牙利貴族血統，後與尼金斯基結婚，兩人育有一女。

3貝茨（1913-2013），德國企業家、鋼鐵業鉅子，於二次世界大戰期間曾救助百餘名猶太人。

4 蘭布克（1913-1989），德國記者、電視節目主持人。

5 費爾賓格（1913-2007），德國政治家，曾於一九六〇和七〇年代擔任基督教民主黨的領導成員。

6 Kallistik為「美學」的另一個說法。

7 各各他，即各各他山，意譯為髑髏地，為耶穌基督被釘在十字架上之地。

8 阿多尼斯，希臘神話中掌管植物生與死，永遠年輕且相貌俊美的神。

9 德梅爾（1863-1920），德國抒情詩人，作品主題常和「愛與性」有關，兩度被指控內容猥褻和褻瀆，但均無罪開釋。

10 布萊（1871-1942），奧地利劇作家、翻譯家，卡夫卡的朋友與寫作上的合作者。

11 摩根史坦（1871-1914），德國作家、詩人，詩作多半帶有諷刺意味，生前並沒有得到太多讚賞，但後進相當推崇他的作品。

12 羅伯．瓦瑟（1878-1956），瑞士德語作家，被認為是現代主義作家。

13 史坦海姆（1878-1942），德國劇作家，作品有德國表現主義特色，擅長諷刺威瑪時期中產階級的道德觀。

14 傅利戴（1878-1938），奧地利哲學家、歷史學家、記者、演員，作品多為歷史研究與戲劇評論。作品遭納粹禁止出版；一九三八年，納粹至家中逮捕他時，跳樓身亡。

15 蓋沙令（1880-1946），德國哲學家，出身自德國貴族世家。

16 哈姆孫（1859-1952），挪威作家，一九二〇年諾貝爾文學獎得主，成名作為《飢餓》（*Hunger*），擅長描寫流浪漢顛沛流離的生活細節。

17 摩斯納（1849-1923），奧匈帝國出身的作家、哲學家，其著作主要處理語言哲學的主題。

18 切斯特頓（1874-1936），英國作家、神學家，著作甚豐，包括小說、社會評論及神學相關著作。最為人所知的是以布朗神父為主角的一系列偵探小說。

19 齊美爾（1858-1918），德國重要社會學家、哲學家，主要研究社會和文化的型態及內容。

20馮特（1832-1920），德國哲學家、心理學家，將心理學與生物學、哲學分開，並視其為一門科學的第一人，也被稱為「實驗心理學之父」。

21馬赫（1838-1916），奧地利物理學家、哲學家，「馬赫數」即以他命名，其理論影響維也納學派和邏輯實用主義。

22布伯（1878-1965），奧地利猶太裔哲學家，研究宗教、意識、現代性、倫理、教育等主題。

23弗蘭馬利昂（1842-1925），法國天文學家、作家，曾出版許多天文學相關著作，以及數本科幻小說。

24柏格森（1859-1941），法國哲學家，一九二七年獲諾貝爾文學獎。他重新定義時間、空間和因果關係，其理論影響了二十世紀前半葉的哲學思考。

25巴爾拉赫（1870-1938），德國表現主義雕刻家、插畫家，作品多半傳達出反戰思想。

26阿基邊克（1887-1964），烏克蘭雕刻家，作品帶有立體派風格。

27薄丘尼（1882-1916），義大利畫家、雕刻家，畫作以解構方式呈現動態感，被認為影響了未來主義的概念。

28馬里內蒂（1876-1944），義大利詩人、編輯。

29卡爾・施密特（1888-1985），德國法學家、政治哲學家，二十世紀法學和政治理論的重要人物。

30基斯通電影廠，一九一二年由馬克・桑內特（Mack Sennett）成立。在其主導下與許多知名影星合作，製作出膾炙人口的名片。一九一七年桑內特離開以後，基斯通逐漸走下坡，一九三五年宣告破產並關閉。

Oktober

10月

在這個月，湯瑪斯・曼彌補他的過去。在德勒斯登的赫勒勞區（Hellerau），前衛派在神祕劇裡碰面。德國青年於邁斯納（Meißner）山區漫游，自此以後，那個地方就叫作「霍爾邁斯納」（Hoher Meißner）。埃米爾・諾爾德離開柏林，他要到南太平洋探險。奧古斯特・馬克在瑞士陽光燦爛的圖恩湖（Thuner See）找到天堂。大哉問：人們可以覺得法蘭茲・魏菲爾的臉很討厭嗎？還有：柏林容得下多少前衛派？路德維希・邁德內爾將晴朗的天空畫成殺戮戰場，還稱之為「啟示錄風景」。德皇威廉二世為民族大會戰紀念碑主持揭幕典禮。弗洛依德拿起帽子，扔向磨菇。

十月十一、十二日，在北黑森（Nordhessen）考芬格森林（Kaufunger Wald）海拔七五三公尺高的「邁斯納」山區，許多生活改革團體和青年運動團體舉辦傳奇性的聚會。聚會結束後，那座山就被叫作「霍爾邁斯納」。上一個世代，誕生於十九世紀德國人的「烏士塔克」（Woodstock，或譯「胡士托」），嘗試讓漂鳥運動（Wandervogel-Bewegung）和自由德國青年聯盟在戶外聚會。那是向同時間在萊比錫民族大會戰紀念碑揭幕慶典上排場盛大的德意志狂，表示抗議。聚集地點在豪森牧場（Hausener Hute）的露營區，大約有兩千人參加。他們漫步在森林裡，唱歌、辯論、聆聽不同的演講者。例如路德維希・克拉格斯（Ludwig Klages）[1]，他對著年輕人演講說，現代主義是最危險的東西。因為它危害到德國的森林，也侵蝕了德國生存原則的本質。克拉格斯要大家提防科技破壞大自然，並呼籲回歸自然的生活。「人和大地」是他慷慨激昂的演講主題，警告進步以及環境破壞的危險。生活改革運動者費德斯（Fidus）[2]帶著他頂天立地的巨幅水彩畫，透過他充滿激情的作品，提出「對進步的高度警戒」，並給了「霍爾邁斯納」的聚會一個標誌：許多裸體的年輕男子，腰間繫著皮帶，佩上寶劍，驕傲地仰望。在這些男人前面，年輕的大學生華特・班雅明（Walter Benjamin）[3]第一次公開亮相，他剛從弗來堡大學轉學到柏林，和朋友一起到山上來。他也在聚會時發表演講，他說直到反閃族主義以及沙文主義完全式微，才可能會有真正自由的德國青年。教育改革家古斯塔夫・威內肯（Gustav Wyneken），威克多夫自由學校（Freie Schule Wickerdorf）創辦人之一[4]，也是班雅明的老師，對大約三千多個年輕人呼籲說：「你們要讓他們僅僅大聲告訴你們幾個字，德國、民族，就能聽到你們的掌聲和歡呼嗎？難道喋喋不休的廢話都可以讓你們精神振奮，只因為它套用了正確的陳腔濫調嗎？因為我看到祖國許多閃閃發光的山谷，我只能盼望：但願永遠不會有那一天，戰爭的幽靈朝著你們呼嘯而來。但願永遠不會有那一天，我們被迫將戰爭輸入一個陌生的民族的山谷。」臨別時所有參與者一起宣誓的「邁斯納宣言」就沒有那麼激情。宣言裡頭說：「自由德國青年以誠實的心去塑造他們的生活。」他們決議，所有「自由德國青年運動的機構嚴禁菸酒」。難怪他們沒有鬧革命。嚴禁菸酒呢！歐伊倫堡（Herbert Eulenberg）[5]在他韻體詩的前言裡說：「我問候那些青年，他們不再喝醉／他們思考德國，走遍德國。」他們從山上回到祖國的山谷，很快就清醒了。班雅明也是，他以假名「亞朵」（Ador）在法蘭茲・芬費特（Franz Pfemfert）柏林的雜誌《行動》裡總結說：「漫遊、節慶服裝、民族舞蹈，不是最終的東西，在一九一三年，也不是精神性的東西。這些青年還沒有找到他們的敵人，他們天生的敵人，他們必須仇視的敵人。」班雅明很懷念和創建年代的祖先們的對抗。他懷念弒父。此外，班雅明的信徒請原諒，這些美麗的話語，是他在柏林戴爾橋街（Delbrückstraße）二十三號父母親的家裡寫的，他剛從弗來堡轉學到這裡。

☙

班雅明從弗來堡回到柏林，是為了完全的諒解。或者如艾爾莎・拉斯克許勒所說的，「為此，藝術家一再回到柏林，在這裡，藝術的時鐘走得不快也不慢。」

ꕤ

連日陰雨之後，在陽光的照射下，到處長出磨菇來，弗洛依德顯然鬆了一口氣，他在精神分析家的大會中很風光地上台，而且目睹榮格在投票過程中的挫敗，星期天他和家人一起去採磨菇。每個人都拎著柳條提籃，上面覆蓋著花格子布，大家在維也納森林裡長滿苔蘚的地上四下張望。有時候他們會驅車到森梅林格，那裡每個人都在竊竊私語說，馬勒的遺孀阿爾瑪在此和畫家柯克西卡共築愛巢。不過弗洛依德一家人直接到森林裡去，並沒有到夏日小屋。孩子們套上少女裝和短褲，弗洛依德穿著他的及膝皮褲、綠色短上衣，戴上帽子，蓄著山羊鬍，然後出發去找磨菇。弗洛依德帶頭走，以鷹隼般的銳利眼睛在最隱蔽的地方發現最漂亮磨菇的人也總是他。他走了幾步，摘下頭上的帽子，朝著磨菇的方向扔過去，然後尖聲吹起他的銀製哨子，所有人就從下面的樹叢往山上衝。一家人屏息凝神地聚在一起，父親這才掀開帽子，讓家人驚羨他的戰利品。通常只有他心愛的女兒安娜才可以把磨菇摘下，放在她的提籃裡。

ꕤ

未來主義在柏林重新宣告為時代的運動，馬里內蒂也在「第一屆德國秋季沙龍」裡發表演講，在這時候，偉大的醫師、偉大的作者、克爾希納和拉斯克許勒的好朋友，德布林醫師，公開了他的「致馬里內蒂的信」。裡頭有一段很精采的話：「你從事你的未來主義。我從事我的德布林主義。」德布林不想利用馬里內蒂在「未來主義宣言」裡所倡議的，以破壞語法作為新文學和新藝術的基礎。相反的，德布林鼓勵詩人：不要搗毀生活，而要更加緊密地貼近生活。

當作家更加緊密地貼近生活時，很容易發生觸礁意外。一九一三年十月二十八日，《呂北克新聞報》（*Lübeckische Nachrichten*）刊登一則廣告：「十二年來，由於《布頓柏魯克世家》（*Buddenbrooks*）的出版，作者是我姪子，慕尼黑的湯瑪斯・曼，至今造成許多不愉快，那些不愉快對我而言是最悲傷的結果，其中包括亞伯特的書《湯瑪斯・曼和他的義務》（*Thomas Mann und seine Pflicht*）的出版。因此我覺得有必要請呂北克的讀者大眾對上述的書給與它應有的評價。如果《布頓柏魯克世家》的作者以漫畫的方式誹謗他最親近的親戚，並且明目張膽地洩漏他們的生活遭遇，那麼每個公正的人都會覺得這種行為是很卑鄙下流的。他是一隻悲傷的鳥，玷辱了他自己的鳥巢。腓特烈・曼（Friedrich Mann）。漢堡。」他是時年六十七歲的叔叔腓特烈，在《布頓柏魯克世家》裡叫作克里斯提安（Christian）。湯瑪斯・曼在給他哥哥的信裡很詼諧地回應說：「大家一直問他關於克里斯提安的事，他到頭來不再嫌煩，還要回想一遍才行嗎？我真的為他感到惋惜。我的克里斯提安・布頓柏魯克不會刊登這麼蠢的廣告的。」

耗時十五年建造，終於在十月十八日，萊比錫和拿破崙會戰的百年紀念日，虛有其表的

「民族大會戰紀念碑」揭幕了。德皇威廉二世盛讚德意志民族的戰鬥力。這座九十一公尺高、耗費六百萬帝國馬克的紀念碑，回憶普魯士如何聯合俄羅斯和奧地利打敗法國，其經費來源包括捐款和發行彩券。深色的石頭是花崗斑岩，是在萊比錫附近的波以哈（Beucha）開採的。紀念碑一共用了兩萬六千五百塊花崗石材，以及十二萬立方公尺的水泥。由克萊門斯・提姆（Clemens Thieme）[6]設計的紀念碑揭幕時，除了德皇以及薩克森邦國王以外，德國所有諸侯，以及奧地利、俄羅斯和瑞典的代表也都與會。揭幕式成了民族主義者、好戰份子的周年慶，還有閱兵分列式。三個戰勝國的高官顯要，將花圈放在紀念碑底座。接著在萊比錫音樂廳有場慶祝晚宴，招待四百五十位來賓。沒有人為和平舉杯，只有為普魯士和奧匈帝國不可撼動的戰友關係乾杯。

只過了五天，從十月二十三日開始，他們的戰友關係就要在野雞上得到考驗。奧地利王儲斐迪南大公也到萊比錫參加民族大會戰紀念碑揭幕典禮，他透過嫻熟的外交主動權，讓塞爾維亞人在第二次巴爾幹戰爭中自阿爾巴尼亞撤軍。德皇威廉二世如釋重負並且對他大表欽佩，專程到王儲在庫諾皮修契的城堡拜訪他。兩人一見如故。斐迪南安排了兩天的狩獵活動，信不信由你，德皇威廉二世確確實實打到了一千一百隻野雞。可是晚上他只吃其中一隻。

在一個星期三的晚上，路德維希・邁德內爾在柏林弗里德瑙區（Friedenau）威廉斯霍爾街（Wilhelmshöher Straße）二十一號的畫室裡，和一個定期聚會的著名團體碰面，他們是霍第斯（Jakob van Hoddis），著名的世界末日詩人，蔡西（Paul Zech）、席克爾（René Schickele）、豪斯曼（Raoul Hausmann）、品圖斯（Kurt Pinthus）、赫曼奈瑟（Max Herrmann-Neiße）。首先，主人給客人看他的最新作品。他稱為《啟示錄風景》（*Apokalyptische Landschaften*）。這些畫都是依據他的座右銘：「和自己保持距離，畫出你自己的悲痛，你的瘋狂以及神聖性。」在邁德內爾的風景畫裡，所有東西都在天空飄。他在一九一三年畫了《我和城市》（*Ich und die Stadt*），在畫裡，他的頭和底下的城市一樣，似乎都要爆炸了。太陽掛在天空，搖搖晃晃的，彷彿隨時都會墜落。

如此殘酷的異象一再襲向邁德內爾。他在位於弗里德瑙區的畫室裡，著魔似地日夜工作，此外他還寫道：「有一股非常痛苦的衝動灌注到我心裡，我想要打破所有的垂直線。在所有的風景畫裡灑上瓦礫、碎片和灰塵。我的大腦埋在許多可怕的臉孔裡，並流著血。我總是看到上千具骷髏在碰碰跳跳地輪舞。遍地是墳墓和焚毀的城市。」

城市焚燒著，人的臉孔，以及他自己被痛苦噬囓的臉，風景被炸彈和戰爭給摧毀。一道詭異的光在所有東西上面一閃而過。邁德內爾用畫筆對抗襲向他的陰森森的力量。他想要驅走他的夢魘，於是他把它說出來。他很認真地投入立體派和表現派。他把描繪心理創傷的畫作命名為「戰壕」或「啟示錄風景」。他住在風景怡人的弗里德瑙。那是溫暖而體貼的十月天。我們說的是一九一三年。那個星期三去拜訪他的朋友們看到那些畫，開始為創作者感到擔心。他是不是發瘋了？

德國飛船L1在赫哥蘭島附近墜海一個月後，十月十七日，軍事飛船L2也在柏林附近的約翰尼斯山谷（Johannisthal）的初次飛行中爆炸。二十八人殉難，燃燒的殘骸落到地面上，一整片松樹林頓時變成火海。船上士兵的屍體都成了焦炭。替飛船命名的齊柏林伯爵當天便寫信給海軍元帥鐵必治（von Tirpitz）[7]說：「有誰比我更受震撼、比我更與海軍同哀悽。」

畢卡索和現代主義的名氣有多大，從關於奧圖・費德曼（Otto Feldmann）於一九一三年在柏林倫內街（Lennéstraße）六a號新開幕的「新畫廊」的藝術評論可見一斑。現在回頭想想，這個開幕展覽可以說明為什麼諸如畢卡索和布拉克之流的知名法國畫家，並沒有在同時間舉辦的「第一屆德國秋季沙龍」中展出作品。他們在巴黎的經紀人坎懷勒想要把作品賣掉而不是展出，他把它們寄給柏林比較商業化的競爭對手。必須兩個畫展都去參觀，才能一窺一九一三年整個藝術資產的全貌，尤其是它們的主角。因為除了偉大的法國畫家以外，費德曼還展出「黑人雕刻」、古希臘風格的雕塑以及「東亞藝術」。異國文化的早期作品對當時的藝術家影響甚鉅，它們就夾雜在歐洲作品之間展出，而以關於黑人雕塑的著作聲名大噪的卡爾・愛因斯坦（Carl Einstein）則寫了導言。那是關於一九一三年法國藝術概況很精采的作品展。可是格拉瑟（Kurt Glaser）為《藝術》（*Die Kunst*）雜誌寫的一篇關於柏林新的藝術沙龍的評論，卻做出以下出人意料的總結：「馬諦斯展出的是一幅靜物畫，在色彩效果上略嫌單調乏味。畢卡索則占了一整面牆，人們會感覺到他在這裡被奉為家神。或許有點太晚了，因為這個細膩卻內容貧乏的藝術家所引起的噪音很快就沉澱下來。」費德曼不為所動。緊接著他的開幕展覽，他在十二月一口氣展出畢卡索的六十六件作品，也是透過坎懷勒的仲介。德國的藝術評論則繼續嘲諷：《嚮導》（*Cicerone*）說，展出其立體派作品的畢卡索，「似乎還沒有很強，也沒有很獨立」。著名的卡爾・舍夫勒在《藝術與藝術家》（*Kunst und Künstler*）裡寫道：「關於畢卡索沒什麼好談的。」《藝術》雜誌則極盡詆毀之能事地說：「畢卡索遇到一個死結，這點幾乎沒什麼好懷疑的。」

最後還少了一個人：恩斯特・路德維希・克爾希納。兩個畫展都不見他的蹤影，因為他正想要創作真正新的、偉大的作品。九月底的時候，他很開心而且成果豐碩地從費馬恩島回到柏林。光是在海邊的那個月裡，他就畫了六十幅畫。他要把舊日時光、橋派的解散、杜爾拉赫街，統統拋在腦後。他和娥娜・徐林一起尋找一個窩，最後落腳在科納街（Körnerstraße）

四十五號。他們回到柏林，這個「沒有品味、混亂、毫無意義地成長的城市」，正如里爾克在這些日子裡對它的糟糕形容。克爾希納在費馬恩島找到了新的女性型態，以娥娜和瑪席卡為模型，當她們從波羅的海輕柔的潮水裡走上岸時。那些向上拉長的哥德式的身體，那些臉孔，各種表情刻在它們上面，如同刻在一塊木頭上一般。娥娜忙著把科納街的畫室重新變成由雕塑、繪畫、流蘇、刺繡組成的總體藝術，還有一塊大床墊，讓模特兒和朋友可以很舒服地躺在上頭，而克爾希納則是又往外跑到波茨坦廣場。

在海邊幾個月的時間，讓他的神經更敏銳，感覺和毛細孔都打開了，城市、它的噪音、暴力、各種臉孔，像大自然的力量一般地襲向他的情緒。然而直到波羅的海秋天的風滌清了視覺神經，他才得以看見新的畫面：他開始創作《柏林街景》（*Berliner Straßenszene*），他的波茨坦廣場系列的第一幅畫。這裡可以看到具體而微的城市現代主義、大都市，以及它的主角，顏色刺眼俗豔的娼妓，死氣沉沉的臉孔，給男人們承諾一種就連嫖客自己也無法相信的快樂。克爾希納察覺到，他在費馬恩島上從女人和孩子們那裡感受到的並且入畫的身體，在現代的城市空間裡，在各種服裝和噪音裡，透過不同的眼光和不同的期待，已經不復見了。城市唯一的動力，是它的速度、不斷地向前衝、現代的健忘症。可是克爾希納用他描繪波茨坦廣場的畫作按下了暫停鍵。一切突然靜止下來。克爾希納讓畫作的觀看者成為嫖客，娼妓一如城市向他們獻上自己，莫名其妙地聽候差遣，未加思索地相信，明天一切會有所不同，會變得更好，這使得他的畫作在現代世界裡顯得非常與眾不同，在他的畫裡，城市身體只有筋絡和神經，而沒有血肉。

埃米爾・諾爾德再也受不了柏林。於是他在十月一日和妻子艾達把畫具和衣服塞到幾只大皮箱裡。十月二日傍晚時分，他們到了藝術收藏家艾德華・安侯（Eduard Arnhold）在動物園區攝政王街（Prinzregentenstraße）十九號的家裡。

安侯在一九一三年的社會地位到達巔峰，以煤炭交易致富，也當上德勒斯登銀行監事，在一九一三年成為威廉二世統治時期上議院第一位也是唯一的猶太裔議員，他原本也要被封為貴族，可是安侯拒絕了。他的錢幾乎都投資在藝術家和藝術上面，他和詹姆斯・西蒙都是最大的中產階級藝術贊助人，他把在羅馬的馬西莫別墅（Villa Massimo）捐給普魯士作為文化中心。他自己在動物園區的房子是一個「猶太皇帝」的品味和權勢的宣示，後來以色列的第一任總統魏茲曼（Chaim Weizmann）因為這些柏林的猶太人和威廉二世很親近而瞧不起他們，其中包括詹姆斯・西蒙、亞伯・巴林（Albert Ballin）以及瓦特・拉特瑙。安侯家掛著門采爾（Menzel）[8]、利伯曼和博克林的《普羅米修斯》（*Prometheus*），旁邊卻也掛著威廉一世和俾斯麥的肖像畫。

十月二日晚上，安侯在家裡組了一個冠蓋雲集的旅行團。埃米爾和艾達很興奮。他們在一起歡宴，吃吃喝喝，到了十一點四十五分左右，一行人出發到動物園車站。當他們略帶微醺地進入火車站時，月台已經停著一列準備開往莫斯科的夜車，途中將經過華沙。零時三十二分，火車準時出發。考察團團長亞弗烈・利伯（Alfred Leber）進了臥鋪，諾爾德夫婦旁邊是年輕的護士葛楚德・安塔（Gertrude Arnthal），她是安侯的外甥女，負責照顧體弱多病的艾達。「德國到新幾內亞醫療及人口學考察團」的旅程於焉開始。

十月五日，考察團的火車到了莫斯科，火車將載著諾爾德輕鬆到達他嚮往已久的南太平洋。十月七日，他們搭乘著名的西伯利亞鐵路，翻越烏拉山脈和西伯利亞，一直到滿州里。他們是代表德國政府的考察團，所以都搭頭等車廂。他們從滿州里一路經過瀋陽和漢城，再搭船駛往日本，終於在十月底到達。那裡又濕又冷，很不舒適。南太平洋仍然不見蹤影。

一九一三年十月五日晚上，保羅・克勞代爾（Paul Claudel）的《向馬利亞報佳音》（*L'Annonce faite à Marie*）在德勒斯登的赫勒勞區演出。被達克羅茲（Émile Jaques-Dalcroze） 9
舞蹈學校的創新成就以及海因利希・泰瑟瑙（Heinrich Tessenow）的節慶音樂廳吸引而來的觀眾都是名流紳士；湯瑪斯・曼來了，里爾克和他的兩個密友，莎樂美和納德尼，費爾德、拉斯克許勒，也都翩然而至。亞列克斯・萊因哈特（Alex Reinhardt）、馬丁・布伯、安妮特・科爾布（Annette Kolb）、法蘭茲・布萊、豪普特曼、魏菲爾、褚威格，以及最重要的兩個年輕出版商恩斯特・羅沃特（Ernst Rowohlt）和庫特・沃爾夫也都到場。

萊因哈特和霍夫曼斯塔在德勒斯登皇家劇院上演《玫瑰騎士》（*Rosenkavalier*）時，新的節慶音樂廳就成了前衛派的聚會地點。達克羅茲的目標是找到身體、心靈和音樂的新的統一。隨著節奏的律動和即興演出，與音樂結合的身體要掙脫受文明限制的封鎖。克爾希納應該會很喜歡它。美國作家辛克萊（Upton Sinclair）也於十月五日來到赫勒勞，後來在他的小說《世界的終點》（*World's End*）裡寫道：「在赫勒勞，他們學到了運動的字母和文法。他們用手臂打拍子，每小節有四三拍、四四拍等等。他們用腳和身體規定音符的長度。那是一種韻律操。它的設計可以訓練身體迅速而精準地反應出心靈印象。」

這種新的表現性舞蹈吸引了所有人。可是和克勞代爾的《報佳音》的組合就沒有什麼說服力。克勞代爾在日記裡懊惱地寫說，掌聲零零落落。達克羅茲甚至公開談論劇本的敗筆。里爾克在寫給霍夫曼斯塔和諾斯提茲的信裡總結那天晚上的演出和他有多麼憤怒：「赫勒勞的人們像大孩子一樣，和他們不懂的東西打交道，可是天曉得，也許他們一點也不像今天這齣戲那麼混亂，而是認識到某些透明澄淨的、對我們有好處的東西。」基本上里爾克認為在赫勒勞的這些實驗是一個機會，讓人看到被現代世界搞得精疲力竭的前衛派所要找尋的奧祕是什麼。不過里爾克很確定的是，克勞代爾的《報佳音》對此一點幫助也沒有。或者，正如他寫信給霍夫曼斯塔時說的：「《報佳音》，克勞代爾，我不知道該怎麼確切地說，它的確值得深思，但是它和同樣值得深思的赫勒勞的嘗試混為一談了，使得人們搞不清楚他們回家時究竟是為了哪一個東西在擔憂。」

這場演出並沒有列入藝術史的年代記載。但是中場休息，以及有些人在回家途中感覺到的憂心，倒成了一段歷史紀錄。在中場休息的時候，里爾克和他的友人第一次和二十三歲、活力充沛的魏菲爾見面，幾個月以來，他一直在讚美魏菲爾的詩的力量，然而這場會面顯然給他帶來震撼。他心煩意亂地寫信到杜英諾給圖恩塔克西公主瑪麗，他第一次見到魏菲爾時，感覺到「猶太人心態的虛假」，「這個如毒藥般滲進東西裡頭的鬼魂，為了報復它無法成為生命的一部分，那毒藥到處出沒。」可是後來里爾克再讀一次「白紙裡的美妙的詩」，「在見面時讓我動搖的、有所保留的一切印象，現在一掃而空，我又願意為他赴湯蹈火了。」

可是在赫勒勞，中場休息的時候，里爾克顯然心煩意亂而沒辦法聊天，他把好友席多妮・納德尼介紹給魏菲爾認識，而她的反應卻是既惱怒又厭惡。里爾克說她在看到魏菲爾時低聲咕噥說：「猶太小鬼。」或許對方也聽到了。無論如何，女爵很瞧不起這個年輕詩人。一段不平凡的故事就這麼開始了。可是很緩慢。

經由卡夫卡的朋友布洛德的介紹，來自布拉格的魏菲爾到萊比錫沃爾夫生意蒸蒸日上的出版社擔任編輯的工作，由於該出版社在一九一三年的前衛派色彩，整個出版社員工的平均年齡只有二十三歲。魏菲爾找到卡爾・克勞斯，成為沃爾夫出版社的作者，在一九一三年夏天，他寫了一段很美的出版社廣告文案：「我們有必要指出，卡爾・克勞斯是歐洲最偉大的大師之一。這位超卓不群的諷刺作家最震撼的作品《中國長城》，出版社即將推出紀念版，附有柯克西卡的插畫。一個新的青年時代來臨了，所有精神性的和正義的東西，都要跟著這個修辭接棒如天啟一般的力量風起雲湧，好讓下一代不致於蒙羞。」很棒的文字。它也透露了二十三歲的魏菲爾對三十七歲的克勞斯有多麼崇拜。魏菲爾和克勞斯見面時，專心聽克勞斯講了幾個鐘頭的話，而他在信裡也充滿了敬畏和誠意。六月的時候，他將菲克爾在《火爐》的訪談所說的話轉告給克勞斯：「我愛死這個男人了。」克勞斯也以讚許回應他的仰慕：他在他的《火炬》裡定期刊登魏菲爾的詩，並且撰寫心情愉快的評論。

十月五日那天，當魏菲爾在赫勒勞見到席多妮時，沒有人知道卡爾・克勞斯一直跟她在一起，兩人正陷入熱戀。席多妮也不知道克勞斯對這個年輕詩人的推崇。兩個人倒也落落大方：席多妮大剌剌地拒絕他。心裡很不是滋味的魏菲爾則到處散播關於席多妮的流言蜚語，諸如說，里爾克瘋狂愛上席多妮，席多妮以前曾經跟著一個馬戲團到處流浪。這些謠言終於傳到席多妮和克勞斯耳裡。克勞斯恨得牙癢癢的，勉強忍住怒火。他和魏菲爾斷絕關係，把他的抒情詩說得一無是處，在他的《火炬》裡詆毀他的詩，並且抨擊魏菲爾說：「在人們知道這首詩是誰寫的以前，它還算不錯。」

我們不清楚，身為猶太人的克勞斯是否知道他的女神席多妮說魏菲爾是個「猶太小鬼」，讓魏菲爾很受傷，他才惡意散播謠言。後來里爾克知道席多妮和克勞斯的戀情，寫了一封很誠摯的信給她，勸她不要跟他結婚，因為他們之間橫阻著一個「最終無法抹滅的差異」。在德勒斯登的中場休息時間的事件，使得一九一三年十月五日這一天在德國文化史裡成了讓人遺憾的日期。此外，拉斯克許勒，偉大的「希伯來敘事詩」女詩人，不斷地叫著「太糟糕了」，因為演出讓她很反感，里爾克也覺得悵然若失，覺得它太野蠻了。

❧

簡短的尾聲，主題是「愛情來了，愛情走了」：十月十六口在赫勒勞，達克羅茲和他的學生們再次向里爾克獻舞，舞碼就是由他的體態律動法構成的。在空蕩蕩的節慶音樂廳裡，他的右邊坐著莎樂美，左邊坐著艾倫・戴爾普，在海利根達姆的八月天，讓人垂涎的「清晨的艾倫」，莎樂美認她作乾女兒。里爾克住在德勒斯登席多妮街（歐洲皇宮飯店），和莎樂美一起寫信給席多妮・納德尼，勸她如果精神狀態有問題的話，一定要去維也納找皮尼勒斯醫師（Dr. Friedrich Pineles）。那個皮尼勒斯與其說是以精神分析師著稱，還不如說是以誘姦者聞名，幾年前，他化名為「艾爾登曼」，讓莎樂美學會肉體之愛的歡愉。真是夠亂了。可能連里爾克也覺得太過分了。他於次日就匆忙啟程回巴黎去。十月三十一日他在巴黎寫道，他會和克拉拉離婚。

❧

年輕的阿諾・布龍寧（Arnolt Bronnen）[10]寫了一齣憤怒的戲劇《年輕的權利》（*Recht auf*

Jugend），年輕的一代對老一代的反叛。一年前，戈特弗里德・本恩只能坐視他父親古斯塔夫，諾伊馬克的摩林（Mohrin）的鄉村牧師，基於倫理理由拒絕給他病危的母親打嗎啡，身為兒子和醫師的他，想要開止痛藥給她，卻得眼睜睜看著她痛苦哀號地死去嗎？牧師對他太太和兒子宣教說，疼痛也是上帝所賜。那是本恩最後一次服從家父長的世界。一九一三年，也就是一年後，他以抒情詩將父親送上絞架。他的詩集叫作《兒子們》，書名已經透露了誰才是老大。那意味以自我主張對抗威權的父親。家父長受到挑戰，被鞭笞，起初只是在思想裡，後來則是形諸文字。可是這還沒完。特拉克爾在秋天寫了〈惡的蛻變〉（Verwandlung des Bösen），在裡頭聲嘶力竭地自我指控說：「是誰逼你佇立在腐爛的樓梯上，在你父親的房子裡？」卡夫卡也寫了《給父親的信》。而本恩則在詩裡謳歌對母親的回憶。很久以後，在他的世紀之詩《有好有壞》（Teils-Teils），他說：「有一次我父親在戲院裡……維爾登布魯赫（Wildenbruch）的《鳳頭百靈》。」[11]這就是他眼中的弒父，不同於弗洛依德的原始部落：即指控文化上的趨炎附勢。

此外，本恩將他的詩集《兒子們》題獻給拉斯克許勒：「我要向拉斯克許勒致意：由遊戲和鮮血構成的無目的的手。」他在扉頁裡如是說，顯然帶著一點短暫的感傷，在以前，病理師會認為這種情感的逃遁其實是一種病。而拉斯克許勒從她的陵墓裡寫作，唯有鴉片才能讓她忍受這墓穴，以及她的家庭醫師和心理醫師德布林的訪視，她會寫信到辛德斯多夫給她的「藍騎士」法蘭茲・馬克，跟他說她最新的戀情：「那個獨眼巨怪本恩醫師把他的新詩集《兒子們》題獻給我，裡頭盡是紅色的月、堅硬的大地、曠野的曙光、頭破血流的痛擊。」這段感人的愛情就像它的開始一樣地結束：以感人的文字。

十月十六日，維根斯坦和他的朋友大衛・品森搭船從英國到挪威，同時繼續寫作《邏輯哲學論叢》。他把他的想法整整齊齊地寫在筆記本裡。之前他會在第一頁寫道：「我死後請寄給我母親波爾蒂・維根斯坦（Poldy Wittgenstein）女士，維也納紐華德格街（Neuwaldeggerstraße）三十八號，以及羅素，劍橋三一學院。」學校的老師和家人是維根斯坦嘗試建造一棟邏輯新大樓的支柱。在渡海前，他還寫信給羅素，問了幾個核心的問題，可是他在船上把信給遺失了。十月二十九日，他又寫了一封信給羅素：「你收到我的信了嗎？我把信擺在船上餐廳裡，本來應該寄給你的，可是我顯然忘了吧？」

卡爾・施密特，他相信只要他的書《國家的價值》付梓，他就會開心起來，可是雖然書付印了，他在日記裡卻很不開心地說：「沒有任何人寫信給我。」更慘的是：他得了感冒。他不知道能不能倖存，他在十月二日寫道：「真噁心的黏膜炎，我的老天，我真的快死了。」

施密特本來想要結婚的，跟他的情人嘉莉，他把自己的第一本書題獻給她，就連內閣大臣胡格・岑霍夫（Hugo am Zehnhoff）[12]也贊成這門婚事，他這幾個月以來一直很照顧施密特，老是拿一些微不足道的委託案來煩他。岑霍夫在一九一三年是第二把交椅的明星人物，施密特一直對他又敬畏又仰慕，拚命要討好他，跟他一起喝酒抽菸到深夜。岑霍夫勸施密特要提防嘉莉「低級舞廳」的風塵味，後來他堅持說她至少得是天主徒，才能夠在馬利亞拉赫（Maria Laach）修院的教堂結婚。

嘉莉給自己買了一頂帽子，施密特則買了戒指，兩人就訂婚了。後來嘉莉突然掉了護照，而無法辦理結婚，施密特非常不悅。可是嘉莉一副泰然自若的樣子。由於他們無法以夫妻身分搬到音樂學院的新居，經濟也相當拮据，再說施密特也沒有固定的工作，嘉莉只好搬到普列騰堡（Plettenberg）跟施密特的父母親一起住，等到他們結婚才能夠同居。他們一起搭火車到那裡，然後施密特就必須回杜塞爾多夫，他知道他把嘉莉丟到一個很可怕的環境裡：「她在普列騰堡必須面對討厭又惡意的母親以及被寵壞的小安娜。」他說他很快就會將嘉莉從家庭地獄裡救出來。

他和嘉莉是在一九一二年於萬象劇院（Varieté-Theatre）認識的，當時嘉莉是個西班牙舞孃，窮途潦倒。她說她叫作帕布拉（Pabla Carita Maria Isabella von Dorotic）。她的護照一直沒有尋獲。很好的理由。後來，在離婚訴訟當中，他才知道他的太太根本不是什麼西班牙貴族，而是個非婚生的慕尼黑人，名字叫作寶琳（Pauline Schachner）。

在一九一三年的這個十月裡，有個充滿陽光和快樂的地方。奧古斯特・馬克和妻子伊莉莎白帶著他們的兩個兒子搬到希爾特芬根（Hilterfingen）的玫瑰園，正對著圖恩湖，能遠眺湖面和水平線上史塔克洪基特（Stockhornkette）白雪皚皚的山頂。門前有一大片草地，一直延伸到湖邊，下午四點，馬克一家人在種著一畦畦玫瑰花的陽台喝著現煮的咖啡。

這是馬克第一次沒有把舊作一起搬來，他要在瑞士這個地方重新開始。「第一屆德國秋季沙龍」的展出至今，他仍然很疲憊，畫展的失敗和負面的批評也讓他很難過。可是在這裡，在圖恩湖畔，在溫榱的秋日裡，沒幾天心情就開朗起來了。他買了畫具，開始動工，以他在其他作品裡不曾經驗到的激情，在圖恩湖的四個星期裡，他創作了一生中最重要的作品。他總是到湖邊步道，不停地畫那些散步的優雅女士、戴著帽子的先生，以及穿過路樹傾瀉下來溫暖而明亮的光。在蔚藍的湖面上，時而會有白色的船隻駛過。《陽光道上》（*Sonniger Weg*）大約在十月初完成，樹幹和婦女的衣服一樣璀璨奪目，她正俯視著深藍色的湖水，閃爍著淺綠色和黃色的樹葉遮蔽了天空。湖邊有孩子在嬉戲。在這裡，在圖恩湖，奧古斯特・馬克畫出他心裡真實的天堂。

馬克家裡有一艘小船，路易・莫利埃（Louis Moilliet）[13]和他太太海倫時常來訪，不久之後他們要一起到突尼斯旅行，這將成為一段佳話，現在他們先在圖恩湖遊玩，乘船到湖上，停泊在一座小島旁，生起火，海倫用他們帶來的突尼斯銅壺煮著精緻的阿拉伯咖啡。

即使是在工作日，生活也非常恬靜。早上推開綠色的窗板，就可以看到清和秋日的碧藍色天空。

天氣非常熱，他們整個秋天都在戶外吃飯，一直到下午，湖上涼風習習吹向草地，馬克穿上他最愛的粗條紋套頭毛衣，抽他的第一管煙斗。然後他和兩個男孩，瓦特和沃夫岡，一起在庭院裡嬉鬧。

奧古斯特的王國在頂樓，一個房間和露台，湖光山色一覽無遺，他在湖邊步道、帽子店和櫥窗外速寫，然後在這裡完成畫作。後來伊莉莎白提到她先生在中午的時候把畫作從頂樓的畫室搬到庭院裡，「畫裡燦爛的秋天顏色上灑滿了陽光，在日照底下它們一點也不遜色，它們有自己的光。然後他會問我：『你說看看，現在這樣算完成了嗎？或者只是塗鴉而已？我實在說不上來。』」伊莉莎白知道那是什麼。我們也知道。這些畫裡充滿了如此真實而魅力無限的美，以致於人們有時候必須將它們貶抑為俗媚作品，才能承受它們的美。

1克拉格斯（1872-1956），德國哲學家、心理學家。

2 費德斯，本名霍本納（Hugo Reinhold Karl Johann Höppener, 1868-1948），德國插畫家，象徵派藝術家。

3 華特・班雅明（1892-1940），德國哲學家、文學評論家。

4 威克多夫自由學校是德國最重要的教改計畫，創立於一九〇六年，由一群「教育叛徒」創設，其中包括古斯塔夫・威內肯（1875-1964）。

5 歐伊倫堡（1876-1949），德國詩人。

6 克萊門斯・提姆（1861-1945），德國建築師。

7 鐵必治（1849-1930），德意志帝國海軍元帥。

8 門采爾（1815-1905），德國油畫家、版畫家，繪畫題材包括歷史與日常生活場景。

9 達克羅茲（1865-1950），瑞士作曲家、音樂教育家，提出體態律動法。一九一一年建立並主持赫勒勞的音樂舞蹈學校。

10 布龍寧（1895-1959），奧地利表現主義劇作家和導演。

11 原詩作：「在我父母親家裡，不會掛根茲巴羅的畫／也不會播放蕭邦／完全沒有藝術氣息的思想生活／有一次我父親在戲院裡／在世紀之初／維爾登布魯赫的《鳳頭百靈》／我們一直回味無窮／如此而已。」（In meinem Elternhaus hingen keine Gainsboroughs / wurde auch kein Chopin gespielt / ganz amusisches Gedankenleben / mein Vater war / einmal im Theater gewesen / Anfang des Jahrhunderts / Wildenbruchs »Haubenlerche« /davon zehrten wir / das war alles.）維爾登布魯赫（1845-1909），德國劇作家、外交官。

12 岑霍夫（1855-1930），德國法官和外交官。

13 莫利埃（1880-1962），瑞士藝術家，畫家和彩繪玻璃設計家。

November

11月

阿道夫・路斯說，裝飾是個罪惡，於是建造清澈明淨的房屋和裁縫店。拉斯克許勒和本恩已經玩完了，她很絕望，正在當克爾希納的模特兒的德布林醫師，為她注射了嗎啡。普魯斯特出版了《在斯萬家那邊》，《追憶逝水年華》第一卷，里爾克馬上讀完它。卡夫卡去看電影，而且哭了。普拉達（Prada）在米蘭開了第一家流行精品店。十八歲的恩斯特・雲格整理行囊，加入外籍軍團到非洲去。德國天氣讓人很不舒服，而布萊希特覺得：每個人都可能傷風感冒。

The SPUR

十一月七日，阿爾貝・卡繆（Albert Camus）出生。他後來寫了戲劇《附魔者》（*Les Possedes*）。

年度風雲雜誌：十一月七日，在維也納剛好也發行了《附魔者》（*Die Besessenen*）雜誌創刊號。封面標題是：埃貢・席勒的自畫像，副標題是「激情的一頁」。

十一月七日，希特勒畫了一幅水彩畫，描繪慕尼黑的帖阿提娜教堂（Theatinerkirche），在維克多林市場（Viktualienmarkt）賣給一個舊貨商。

即時行樂的施威林勒維茲（Schwerin-Löwitz）女伯爵，州議會議長的太太，於十一月中旬在州議會舉辦探戈舞茶會。在鑲木地板上，舞孃和官員以及軍人緊緊抱在一起。德皇威廉二世覺得探戈舞太低俗了，於是採取鐵腕措施。十一月二十日，皇帝下詔說，爾後穿著軍服的軍官禁止跳探戈舞。

《蒙娜莉莎》仍然下落不明。

阿道夫・路斯最風光的一年漸漸走到尾聲。「裝飾與犯罪」是他對著維也納環城大道讓人窒息的糖衣風格的怒吼。一九一三年，越來越多人的設計圖、心靈、商店、房屋，都想要藉由路斯的自由精神和清晰的辨識力加以淨化。拉魯赫巷三號的「秀依寓」（Haus Scheu）和諾塔特巷七號的「霍納寓」（Haus Horner）都剛剛完成。他以無人出其右的極簡而不失精緻的優雅風格所設計出的兩個室內空間也同時啟用：約翰尼斯街的卡布亞咖啡廳（Café Capua）以及格拉本廣場三號的克尼采裁縫店（Kniže）。

路斯的美國籍太太貝西正好和前衛藝術的許多人物很要好，例如柯克西卡、荀白克、克勞斯、施尼茨勒，對路斯而言，藝術和建築簡直有霄壤之別：「房子是要讓大家都喜歡，藝術作品則不同，沒有人喜歡它。藝術作品就是要讓人很不舒服，房子則是要讓人舒服。藝術作品是革命性的，房子是保守派的。」

他在一九一三年的代表作是位於赫岑區的「秀依寓」，歐洲第一棟露台房屋，它白色樸實的優雅、阿拉伯風的階梯，在興建的時候就激怒了維也納人。屋主是路斯的朋友，古斯塔夫・秀依（Gustav Scheu）律師和他的太太海倫，他們卻很開心。「我看到設計圖時一點也沒有想到東方色彩的問題，」路斯說：「我只想到要讓它很舒適，可以從二樓的臥房走到公共的大露台。」可是「秀依寓」看起來很像「海市蜃樓」（Fata Morgana）。起居室和臥室面向草地，走上露台，整個房子遍灑著光和空氣。附近的居民和官員抱怨了很久，路斯才妥協：他蓋了外牆。路斯最在意的是空間對人的影響：「我想要人們在我的房間裡感覺到周遭的材料對他們有影響，知道自己在一個封閉的空間裡，感受這些材料、木頭，以他們的視覺、觸覺以及整個感官去感受，知道他們可以舒服地坐下來，以及他們的身體觸覺平面接觸到椅子時的瞬間感覺是什麼，並且說：坐在這裡真舒服。」

路斯總是不苟言笑，對任何事情都一板一眼。可是他非常受歡迎。在他的室內空間和房屋裡，人們總是覺得它們真的剪裁得宜。與其建造一棟格格不入的房屋，路斯寧可放棄。或者如他的座右銘所說的：「不要怕被批評沒有現代感。只有能夠保證會更好，古老的建築方式才可以改變，否則就依照古法。因為比起在我們身旁叫囂的謊言，幾百年來的真理和我們的關係更密切。」路斯既是個挑釁的創新者，也是個深思熟慮的傳統主義者，他對當代大眾要求太多了。他不介意被認為不夠現代（指這個詞真正的意思）。我們現在知道他有多麼現代。他比一九一三年那時候的許多建築師更現代。

十一月八日晚上十點二十七分，卡夫卡坐了八個鐘頭的火車，到達柏林安哈特火車站。費莉絲的朋友葛莉特・布洛赫（Grete Bloch）從十月底一直替在布拉格和柏林的雙方調解，想盡辦法要讓兩個不快樂的戀人重修舊好。他們因為卡夫卡失敗的求婚而陷入僵局。

十一月九日，德國命運之日（Schicksalstag）[1]，兩人在柏林第二次見面。結果又是個悲劇。他們傍晚到動物園散步了一個鐘頭。接著費莉絲必須參加一場葬禮，她想在葬禮後到阿斯坎納宮飯店去找卡夫卡。可是她沒去成。大雨下個不停。就像三月一樣，卡夫卡又在飯店裡等候費莉絲的消息。可是音訊杳然。下午四點二十八分，卡夫卡又搭車回布拉格。他寫信給和事佬葛莉特說：「於是我離開柏林，或許我原本就不應該來的。」

十一月九日同一天，在柏林，著名的精神分析師和作家奧圖・葛羅斯在法蘭茲・榮格（Franz Jung）的家裡被普魯士警察局逮捕遣返奧地利。他父親宣稱他發瘋了，對他宣告禁治產，將他送到圖爾恩療養院。馬克斯・韋伯為他的朋友弗莉妲（Frieda）奔走，她是葛羅斯的太太。《行動》雜誌以特刊從柏林發起抗議。那是完全不同的父子之爭和世代衝突。以禁治產去控制無法駕馭的兒子。

在奧匈帝國最重要的港口城市第里雅斯特的密內發演講廳（Minervasaal），喬伊斯開了一系列關於哈姆雷特的講演課。以前他嘗試在都柏林開電影院賺錢，也想過從愛爾蘭進口粗呢羊毛到義大利，不過都失敗了。就連出書賺錢的嘗試也鎩羽而歸。現在上午他當英文老師，下午授課講學，學生當中包括後來的作家伊塔洛・斯韋沃（Italo Svevo）[2]。晚上則講哈姆雷特。當地報紙《皮科洛晚報》（*Il Piccolo della Sera*）很熱情地報導說：他的演講「思考深入淺出，形式既崇高又樸實，詼諧活潑，精采萬分」。

「那跟你擦身而過的／墜落了，」聰明而狂野的拉斯克許勒在認識本恩時如是說。可是現在他離開她了，而她也因為下腹疼痛難當而臥病在床。德布林醫師正在當克爾希納的肖像畫的模特兒，他趕緊驅車前往格魯內瓦爾德，為她注射嗎啡。他不知道還能怎麼幫助她。

十一月十三日，普魯斯特的小說《追憶逝水年華》第一卷《在斯萬家那邊》出版。幾家出版社，法斯格（Fasquell）、歐登堡（Oldenbourg）、《法國新評論》，以及當時伽利瑪出版社（Gallimard）的總編輯安德烈・紀德，都拒絕了他的書，普魯斯特只好找葛拉瑟出版社（Grasset）自費出版。可是他才拿到印好的書，他的司機和情人阿弗烈・阿哥斯提內里（Alfred Agostinelli）就跟他分手了。然而其他人卻都迷上了普魯斯特。里爾克在該書出版幾天後就讀完它，他讚譽說：「很久以來，我一直很早睡，」可是這本書讓他第一次直到深夜才入睡。普魯斯特也挑動了傲慢前衛派的神經，從卡夫卡到喬伊斯，從穆齊爾到湯瑪斯・曼，都在他們的日記裡對他讚不絕口。很早就上床睡覺，對於現代主義的先驅而言，那是和憂鬱症、酗酒、無意義的消遣以及不斷向前衝的時代最勇敢的搏鬥。

§

奧斯瓦爾德・史賓格勒在慕尼黑繼續埋首寫作他的鉅著《西方的沒落》。第一部已經完成。至於史賓格勒的精神狀態，則和歐洲的狀況一樣。他的日記是一個悲劇。他在日記裡寫道：「我沒有一個月不想到自殺的。」可是畢竟：「我內心所體會的可能比我同時代裡的任何人還多。」

§

阿爾瑪・馬勒總是把頭髮紮起來，好方便她自在地聊天或跳舞。她總是知道什麼時候要把黑髮放下來，好讓男人為她瘋狂。今天她終於再次樂見柯克西卡為她神魂顛倒。因為他完成了雙人畫像，那幅從年初一直擺在他畫架上，描繪阿爾瑪和他在狂風暴雨的海裡。他起初想把它叫作「崔斯坦和伊索德」，是根據華格納的歌劇，她在第一次見到他時，也為他唱了一段那齣歌劇。可是後來特拉克爾將那幅畫命名為「風的新娘」，最後就用了這個畫題。在十一月，柯克西卡滿懷歉疚地寫信給他的畫廊經紀人赫爾瓦特・華爾登說：「我畫室裡有一幅很大的作品，我從今年一月就開始創作，《崔斯坦和伊索德》，2.5×3.5，一萬克朗，已於日前完成。我必須在一月一日前拿到一萬克朗的保證金，因為我妹妹和一個男人訂了婚，要在二月結婚。這幅畫是我最強最大的作品，在所有表現主義的創作當中堪稱傑作，它發表時一定會造成轟動：

您會買它嗎?您可藉此大發利市的。」

謙虛從來不是柯克西卡的長處。可是讓人驚訝的是：阿爾瑪知道《風的新娘》真的是柯克西卡千呼萬喚始出來的大師作品。「他的大號畫作《風的新娘》描繪我在狂風巨浪裡如何充滿信任地緊緊依偎著他，等待他的所有幫助，他以暴君般的臉孔，全身散發著力量，讓巨浪平息下來。」她很喜歡這幅畫，正如她所看到的：充滿力量、鎮定地平息世界的巨浪。阿爾瑪，世界的女主人。她如是想像她的情人的大師作品。盲目的崇拜。以前她承諾他說，她會為此嫁給他，現在她則故意略而不提。但是他可以出城到森梅林格以作為回報，因為她的新家已經裝潢好了。他可以在那裡創作新畫。

在布來登斯坦（Breitenstein），阿爾瑪從夏天起就找人在馬勒於三年前買的一塊地上建造一棟很古怪的房子。房子看起來像是大而無當的煙囪，黑黝黝的，屋頂上鋪著落葉松木板，四周的陽台使所有空間顯得陰暗而憂鬱。一座憂傷的神殿。起居室裡掛著柯克西卡為阿爾瑪畫的肖像畫，她在畫裡扮成下毒者盧克萊齊亞・博吉亞（Lucrezia Borgia）[3]，旁邊的櫥櫃裡擺著馬勒未完成的第十號交響曲，攤開的那頁正是他所寫下垂死前的求救呼喊：「小阿爾瑪，親愛的小阿爾瑪。」

為了回報他的《風的新娘》，她只讓柯克西卡在森梅林格的起居室創作壁畫，在壁爐上方四公尺寬的濕壁畫。主題讓人很詫異：阿爾瑪・馬勒和奧斯卡・柯克西卡。或者如阿爾瑪所說的：「它描繪我如何在陰森可怕的光裡指著天堂，而他站在地獄裡，四周圍繞著死神和蛇。整幅畫是從壁爐的熊熊火燄想像出來的。我的小古奇（Gucki）站在旁邊說：『真是的，你除了畫媽咪以外什麼都不會嗎？』」好問題。答案是：他的確不會。

ஐ

里爾克待在巴黎，心煩意亂地想著德國的夏天和秋天。想到他行色匆匆地在他的女人和母親角色之間奔波，他的太太克拉拉、前女友席多妮和莎樂美、他的夏日戀人艾倫・戴爾普、他母親、很仰慕他的卡西勒夫人、海倫・諾斯提茲、圖恩塔克西公主瑪麗。十一月一日，里爾克心想，一切都留著後路，沒有一條方向明確的路。作為生活狀況，它簡直是個災難。作為詩，則是個天啟：

路，敞開著

我眼前不再是這個

前路伊阻，我勒住自己折返：

路，敞開著，天空，清新的山丘，

不曾和任何可喜的表情擦身而過。
啊，愛情的種種可能的痛苦
我日夜都細細品嘗：
相濡以沫，出軌，
無一能夠帶來喜悅

布萊希特在奧格斯堡訴苦：那是十一月，感冒的季節。此外，十五歲的學生病痛不斷：他的日記記載著頭痛、傷風、黏膜炎、骨刺、背痛、流鼻血。他每天都要簡短記錄他的「健康狀況」，津津有味地觀察他的病痛，越來越沉醉在疾病帶來的額外好處中：「上午米勒醫師來看我。乾咳的支氣管炎。很有趣的病。每個人都可能傷風感冒。」

俗話說：「一天一顆蘋果，讓醫師遠離你。」這句話最早出現在一九一三年的英國。出自伊莉莎白・萊特（Elizabeth M. Wright）的書《鄉談野語和民間傳說》（*Rustic Speech and Folklore*）。

埃米爾・諾爾德慢慢接近南太平洋。十一月五日，他們橫越黃海到中國。他們在蒸汽船「艾特腓特烈王子號」（Prinz Eitel Friedrich）的甲板上待了五天，經過台灣到香港，考察團從香港轉搭「瓦德馬王子號」（Prinz Waldemar）穿過南海到德屬新幾內亞。可是當他踏上德國在世界另一頭的殖民地時，覺得很困惑。他沒有遇見人煙絕跡的樂園，只看到銷售市場。一九一三年十一月，他寫信回家說：「親愛的朋友，這裡到處充斥著歐洲品質最低劣的流行商品，從汽油燈到用苯胺染料染成的棉布，看到這些景象，真教人沮喪。」他抱怨說，如果只是要看這些東西，他根本不需要遠渡重洋。他將畫具都放在皮箱裡，不停地咒罵。

❧

十一月二日，畢・蘭卡斯特（Burt Lancaster）出生。[4]

❧

特拉克爾從威尼斯回到奧地利時，正在沒落的城市重新成為靈感的機器。一九一三年最後幾個月裡，他的詩興出乎意料地源源不絕，腦袋幾乎要炸破了。他以文字的噪音訴說著內心的煉獄。

「一切都破碎了，」他在十一月寫道。他始終搞不清楚怎麼回事，不過他懷疑他心愛的妹妹葛莉特懷孕了。孩子的父親究竟是她丈夫（在柏林）、他自己或是他的朋友卜許貝克，我們不得而知。我們只知道，特拉克爾在十一月的一首詩裡出現「未出生者」，而且他妹妹在三個月後流產。可是誰曉得呢。他的心靈非常痛苦，光是生活本身就足以將他撕裂。

為了感謝他的贊助人和拯救者路德維希・馮・菲克爾，他強抑悲傷的心情，在一個公開場合亮相，菲克爾的雜誌《火爐》於茵斯布魯克的音樂家演奏廳舉辦第四次文學之夜，他將在那裡發表演說。詩人的演講一定像是還在威尼斯的海灘上自言自語地散步一樣：「詩人朗讀的聲音太弱了，宛如從隱居的地方出來的，來自未來或過去，直到以後，人們才能在這個特立獨行的人宛如單調的禱告一般的對話裡，認識到語詞和語句、意象和節奏，那些才構成他的未來主義的詩。」約瑟夫・史托伊勒（Josef Anton Steurer）在《提洛人眾報》（*Der Allgemeine Tiroler Anzeiger*）裡如是說。

在海灘和音樂協會失敗的演講期間，出現了二十世紀德語抒情詩的重要篇章。他總共創作了四十九首詩，其中包括主要作品〈夢裡的賽巴斯提安〉（Sebastian im Traum）、〈卡斯帕・豪瑟之歌〉（Kaspar Hauser Lied）（分別題贈給在威尼斯旅行的阿道夫・路斯和他的太太貝西）以及〈惡的蛻變〉。他究竟是寫了四九九首或四九九九首，不得而知，因為特拉克爾的詩從來沒完成過，有無數的版本、標題、重寫、修改、異本。他不停地抓起筆來修改手稿，不停地寫信給準備刊登他的詩的雜誌說，這個字要改成那個字，那個字要換成這個字。於是「藍色」可能變成「黑色」，「輕微的」變成「聰明的」。我們看到他將動機移來移去，一段一段地安置它們，如果都不成功，他又把它塗掉，放在下一首詩，放到明年。「完全不可救藥，」亞伯特・艾倫斯坦（Albert Ehrenstein）如是形容特拉克爾。可是並非如此，他仍然有救。不過只有他自己才能救自己。他的詩是從他聽到、讀到（尤其是韓波和賀德林〔Hölderlin〕）[5]、感覺到的東西拼貼而成的。不過也可能像是一九一三年十一月的〈變容〉（Verklärung）所說的，「在夜裡從枯死的岩石流出藍色的泉水」，到頭來會變成「藍色的花」，「在褪色的岩石裡輕輕響起」。浪漫主義始終是起點，它卻也是特拉克爾這個輕聲的揚聲器所渴望的目標。光是一九一三年秋天，在特拉克爾的詩裡，藍色的花就綻放了九次。在他獻給諾瓦利斯（Novalis）[6]的墓誌銘裡，它已經在更早的段落裡枯萎了。那個「藍色」才剛枯萎且被塗掉，他就嘗試許多新的語詞。於是花有很多形容詞：先是「夜裡的」，接著是「燦爛的」，然後是「愉快的」。為了看起來像先知一樣，特拉克爾的詩沒有簡明扼要這件事。在這裡，他的德語辭彙再度散發出它的華麗、它的力量，以及薩爾茲堡後期巴洛克風格，然後特拉克爾打開他靈感機房的門，讓流逝光陰的毒氣飄進來，接著是靈魂冰冷的氣息。遍地的花朵枯死，森林變暗，馴鹿也倉皇走避，四下一片闃寂。

一個死者拜訪你。

從心臟自己濺出血來。
在眉毛裡盤踞著無以名狀的眼神；
黑暗的相遇
你——紫色的月，
出現在那頭橄欖樹的綠蔭裡。
接著到來的，是無盡長夜。

這些無止盡空虛的經驗顯得太過真實了，使得人們或許會斥之為干擾詞（Wortrausch），說那根本是低俗的作品。特拉克爾只能以抒情詩抒發自己，他的修改和重寫就是他的自傳。他看見黑暗，捕捉到流動不居的東西，說出不可理解的事物。他內觀自己，成了那不可見的東西的見證人，以一種唯有在內省裡才破繭而出的幻想。

特拉克爾不斷潤飾他的文字，腸枯思竭地思索他的語言，直到他知道可以讓它來到世界裡了。讓它來到一個他自己都活不下去的世界裡。他的詩，即使談到人類的末日，卻並不是在預言災難。在那些詩裡的故事早已經有杜倫馬特（Dürrenmatt）[7]所謂「最壞的轉折」（schlimmstmögliche Wendung），正因為他本來就是想到哪裡寫到哪裡的。

十一月三日，瑪莉卡・樂克（Marika Rökk）[8]出生。

穆齊爾非常疲憊，因此比他太太先睡。可是他睡不著，不知什麼時候，他聽到她上床準備睡覺。於是他抓起總是擺在床頭櫃的筆記本和鉛筆，把他的感受寫下來：「我聽到妳穿上睡衣。可是這還沒完。我知道妳很匆忙，顯然一切都很緊急。我明白：我們看到動物靜默的舉動，很驚訝應該沒有靈魂的它們如何安排一樣樣的事情，從早上到晚上。一模一樣。妳沒有意識到妳完成的無數動作，沒有意識到所有看起來很緊急卻又無關緊要的事。但是它們已闖入妳的生命中，而我，這個等待的人，在無意間感受到它們。」在細細感受的、驚訝的、興奮的、溫柔的傾聽和觀察裡，愛意自然流露著。

十一月一日，巴伐利亞國王奧圖（Otto）正式被宣告發瘋了。醫師診斷為「慢性精神疾病末期」。如此王儲路德維希才能合法登基為路德維希三世。

胡石（Woyzeck）也發瘋了，而且有幻覺：「城市上空一片熾熱。一團火球在天空盤旋，底下有號角般的隆隆聲。」十一月八日，在慕尼黑皇宮戲院（Residenztheater），在霍夫曼斯塔的多年奔走下，一八一三年出生的畢希納（Georg Büchner）於一八三六創作的未完成戲劇《胡石傳》終於首演。今年是適合搬上舞台的一年。多麼精采的戲劇、語言、節奏。雖然是將近八十年前的作品，卻一點也不過時。它和亨利希・曼的《臣僕》取材自相同的故事，可是更暴力也更原始。胡石讓一個醫師利用他來作實驗，之後又遭他人羞辱與虐待。他的女朋友瑪麗背著他和英俊瀟灑的「鼓樂隊長」偷情，他再也無法控制衝動而刺死了她。受害者成了加害者。正如劇評家亞弗烈・柯爾所說的：「焦點變成施虐的群眾，而不是那個受虐的人。」那是關於無產階級的戲劇，關於抗暴和反叛的戲劇。里爾克看了激動莫名：「這真是一齣無與倫比的戲劇，我們看到那個受虐的人如何穿著夾克站在宇宙裡，在無窮的繁星中間。這才是戲劇，戲劇原來可以如此表現。」然而眾人尤其驚豔的，是他的語言，在幻覺和童話之間，在墮落和詩之間掠奪獵物，如琵鷺一般落在其中一端。戲劇的終場有一個孤獨的男孩訴說著一則童話：「因為地上再也沒有半個人，他想要到天上去，月亮很親切地望著他，他終於到月亮了，上頭只有一塊爛木頭，他繼續飛向太陽，到了那裡，看到一朵枯萎的向日葵。他又飛到星星那裡，有一隻金色的小蚊子，好像被一隻紅背伯勞鳥給刺住，插在一顆黑刺李子上面。他回到地球，地上成了一個傾圮的港口，只有他一個人遺世獨立。」

那是一則非常符合一九一三年品味的童話。沒有任何慰藉，在所有烏托邦之外，可是充滿了詩意。

在十一月八日那天，也許他夾雜在《胡石傳》首演的觀眾裡，離他在艾因米勒街（Ainmillerstraße）十九號的家只有幾公尺之遙：艾德華・蓋沙令（Eduard von Keyserling），當時最重要也最被忽視的反烏托邦主義者。他始終是個討厭鬼，嚴重的梅毒和脊髓病總是糾纏著他，這位窮途潦倒的波羅的海伯爵，和他的兩個妹妹韓列特（Henriette）以及艾爾莎一起住在施瓦賓格區的一層樓房裡。他在那期間幾乎全盲，可是他讓他的妹妹們聽寫，創作出多采多姿的短篇小說和長篇小說。基本上他每年出版的書都在敘述同一個故事，那是一種對自然的召喚，語言風格獨立，藉此紓解昔時王謝沒落的痛苦。他認為缺乏自我反省是貴族名望與他人的差別。他的作品散發出一種誘人的平靜，充滿著感情、語彙和形容詞的濫用，而他只是用來掩飾現代主義將世界拋入其中的無意義性。除了史蒂夫特（Adalbert Stifter）[9]的《殘夏》（*Nachsommer*）以外，沒有人能夠以如此的熱情和變化去描寫北歐夏天的瑰麗。再者，蓋沙令將鄉愁說成是對於即時行樂沒有幫助的工具。當他的人物說話時，他只會懷疑地、津津有味地、心煩意亂地傾聽他們。他只相信自然，它的生長、綻放、枯萎。很有創意。他的反烏托邦宣言《波浪》（*Wellen*）剛發表，他就在一九一三年著手創作他的代表作《在南坡》（*Am Südhang*）。故事的主角卡爾・艾德曼（Karl Erdmann von West-Wallbaum）和作者一樣，都是波羅的海貴族，面臨一個決鬥的危險，「就像在南坡成熟的水果一樣，皮薄而容易受傷」。整部小說緊扣著決鬥事件。同時故事裡的貴族也嘲諷一段男女感情的破裂，人人垂涎的丹妮耶拉（Daniela von Bardow）對她的追求者卡爾．艾德曼說：「你不要教人摸不透，現在的人都喜歡故作神祕，讓人捉摸不定，以為這樣我們就會喜歡他們。」不久之後，他寫了一封情致纏綿的情書，她拿到庭園的涼亭中，用剪刀剪碎說：「真是低俗的作品。」《在南坡》是語言懷疑主義的紀念碑。可是最引人入勝的地方，在於蓋沙令如何掌握整個故事的張力，所有情節都朝向不幸的大決鬥發展。傲慢而庸俗的情人卡爾．艾德曼對決鬥一定有信心嗎，或者是那個羞辱他的正直的對手？到了故事的高潮，蓋沙令讓他們兩個都沒射中對方，決鬥者各自收拾自己的東西。所有的緊張關係都坍縮了。所謂的「中篇小說」，根本沒有任何「事件」發生。出席決鬥的醫師顯然大失所望，正如蓋沙令用諷刺的口吻所說的，「心裡止盤算著重要的準備措施」。所有參與者（包括讀者）都覺得，光是即將發生的決鬥以及可能的死亡就是個預兆。現代文學很少像他那樣研究心理狀態的。一九一三年：或者說在歷史的南坡的一年。

恩斯特．雲格也「在心裡盤算著重要的準備措施」。他喜歡冒險刺激，這股衝動促使他離開雷堡，那裡充斥著母牛、泥煤和老人的氣味，並讓他走出父母親的房子，在那屋子裡牛眼玻璃隔絕了所有的光線。

八月的時候，他穿著冬天的衣服跑到父親的花房裡，好讓身體適應極端的狀況。現在他覺得自己可以去非洲了。多年來，他躲在課桌下讀著到黑暗大陸的探險故事。現在他要自己去。「在潮濕陰暗的秋日下午，我顫抖害怕地走進一家舊貨店，想買一隻六發左輪手槍。要價十二馬克。我帶著勝利的心情離開商店，接著到一家書店，買了一本厚厚的書《黑暗大陸的祕密》，正是我需要的。」

於是，他將書和左輪手槍裝入行囊，於十一月三日出發，沒有告訴任何人。然而，他要怎麼從雷堡到非洲去。可惜他的地理一直沒學好。雲格買了一根煙斗，讓自己感覺像個大人，也壯起冒險的膽子，然後他買了四等車箱的票，一個車站接著一個車站地往西南走，先是經過特里爾（Trier），然後穿越亞爾薩斯洛林省，雲格排除萬難，經過無盡的歷險，剛好在十一月八日到達凡爾登（Verdun），加入外籍軍團。他被分派到第二十六訓練中隊，兵籍號碼是一五三〇八，部隊開拔到馬賽（Marseille），在那裡上船，航向他心愛的大陸：非洲。地方報紙報導說：「雷堡，十一月十六日。中學高年級生加入外籍軍團。八年級生雲格，礦場老闆菲爾・雲格之子，申請加入法國外籍軍團，刻下正取道馬賽航向非洲。令人同情的父親向柏林外事單位求助。德國外交部奉命向法國政府聯繫遣返雲格事宜。」

ஐ

普魯士公主維多莉亞・路易絲和漢諾威王子恩斯特・奧古斯特在五月結婚後，於十一月搬到布朗施維格。經過了將近五十年，終於有第一個出身威爾弗家族（Welfe）的布朗施維格攝政大公。這對年輕夫婦婚姻美滿，生了五個孩子。

在亞爾薩斯洛林的一個衛戍城扎本（Zabern），自從一八七一年以來即屬於德意志帝國，在十一月二十八日發生了一件慘劇。晚上德國陸軍的軍營來了二十幾個抗議群眾。他們抗議團長根特・佛斯特納男爵（Günter Freiherr Forstner）對新兵說法國人都是「玄武土」，而且說：「你們可以在法國國旗上拉屎。」這些話被地方報紙披露，讓當地民眾詫異萬分。抗議者高舉標示牌，要求更多的尊重，團長派了三輛步兵車逼近，士兵配備彈藥且上刺刀。抗議者驚慌起來，德國士兵痛毆他們，並且逮捕三十個人，其中包括根本沒有參加抗議的路人。他們被關在沒有光線和廁所的煤坑裡。團長根特・佛斯特納男爵對此發表以下談話：「我認為現在流血是幸運的……我指揮軍隊，有責任讓軍隊得到尊重。」

五天後，他和一隊士兵被認出來，幾個鞋廠的工人叫他作「玄武土少尉」，他聽了怒不可遏，用軍刀砍斫一個來不及逃跑的身障者的頭部，那個人血流如注，當場斃命。

第二天，扎本事件在柏林國會引起激烈的討論。「扎本事件」對於德法和平甚於以前任何事件。德國軍人公然違法亂禁，並沒有動搖德國國防部長艾瑞克・法肯海恩（Erik von Falkenhayn）的決心。他聲稱「喧嚷的暴動」和「煽動的媒體」要為扎本事件的緊張局勢負責。地方議會也吵嚷不休，抗議軍方的角色踰越了法律和秩序的範圍。中間派議員康斯坦丁・費倫巴哈（Konstantin Fehrenbach）說：「軍隊也要服從法律和權利，如果我們任由軍隊無法無天，民眾屈服於軍方的恣意妄為，那麼諸位，日耳曼就完了！……那是德意志帝國的大災難。」可是真正的災難還沒到來：因為德國國家元首威廉二世支持德國軍方的鹵莽行為，而且他也不可能覺得所謂「扎本事件」是什麼大不了的事。不過歐洲媒體一片譁然，初審判決指揮官佛斯特納因故意傷害罪處以拘役四十三天，到了最高軍事法庭卻改判無罪開釋。法官認為佛斯特納是「合法緊急防衛」，因此判處無罪。自由派的《法蘭克福報》如是報導讓人震驚的無罪開釋的新聞：「公民權遭遇重大挫敗。扎本案是個明顯的徵兆……。在軍事力量和公民力量的衝突當中，軍事法庭認可了前者對於公民無限制的控制權。」

§

一九一三年，普拉達公司成立，在米蘭的艾曼紐拱廊（Galleria Vittorio Emmanuele）開設第一家皮革精品店。

§

德皇威廉二世在十一月中旬搭火車到哈爾伯（Halbe）「皇家火車站」，接著坐馬車到杜布羅（Dubrow）的森林區。他們張起布幔和網子，從下午一點半開始圍獵。野獸被驅趕到他的射程範圍內。兩個彈藥兵持續為皇帝裝彈。約莫下午兩點四十五分，當他們再度吹號停獵時，總共獵得五百六十頭野獸。光是皇帝就獵到十頭麋鹿和十頭野豬。他在圍獵晚宴上很興奮，打算建造一座紀念碑，將他的神射紀錄留傳後世。

ℬ

一九一三年十一月，湯瑪斯・曼和亨利希・曼有一段最親密、最惺惺相惜、或許也是最真誠的魚雁往返。湯瑪斯・曼這陣子相當失意。他太太卡蒂亞生病，咳嗽了好幾個月，雖然以前在療養院治了幾年，仍然不見好轉，甚至咳得更厲害。除此之外，他也頭一次負債累累，承接了在波興街（Porschingerstraße）即將完工的房屋。他請求費雪出版社為下一本書預付他三千馬克。他寫信給哥哥亨利希：「我的整個興趣都和沒落有關，這也讓我對進步無法產生興趣。」接著又說：「可是那真是廢話，將整個時代和祖國的不幸都扛在肩上，卻沒有能力去形塑它，真是糟糕的事。然而那正是時代和祖國的不幸。或者要在《臣僕》裡形塑它？比起我自己的作品，我更喜歡你的。你的心理更健康，那正是關鍵所在。」接著他充滿著罕見、溫暖的手足之情說：「我這樣說當然非常不得體，因為你會不知道該怎麼回答我。」不過即將在幾個月後完成偉大時代小說《臣僕》的亨利希，顯然知道該怎麼回答。我們無從得知他的反應，但我們知道湯瑪斯・曼說：「我衷心感謝你睿智而親切的信。」接著他又沒由來地流露出手足情誼說：「在我創作力最旺盛的時候，我一直想要再寫一本偉大而忠實的家族故事，《布頓柏魯克世家》的續集。我們五個兄弟姊妹的故事。我們都值得一書。所有人。」後來他再也沒有如此深刻地凝視他哥哥被疲憊和懷疑折磨的心靈。

蒙娜麗莎仍然不見蹤影。

杜象依然對藝術興趣缺缺，可是他有個想法。他自問：「可以創作看起來不像藝術作品的作品嗎？」秋天的時候，在他位於巴黎聖希波里特街（Rue Saint-Hippolyte）的新家裡，突然出現了腳踏車的前輪，他將它拼裝在一個很普通的廚房板凳上。杜象很隨興地說：「我的房間裡就是要有這樣的東西。就像火柴或削鉛筆刀一樣，只不過它沒有半點用處。它是個很可愛的器具，因為它可以有許多運動方式。」用手轉動車輪，讓杜象覺得心情很平靜。他喜歡看著它無止盡地自轉。當在巴黎、柏林和莫斯科的藝術家們爭吵著究竟是立體派、寫實派、表現派或抽象派才是王道的時候，年輕的杜象只是在廚房裡擺了一個腳踏車車輪，創作了第一件「現成物」（ready-made）。那是藝術史裡最隨興的一次典範轉移。

十一月二十日，卡夫卡在日記裡寫道：「去看電影。哭了。」

一九一三年，青少年保護者決定插手干預電影院裡的情緒震撼。教育學家阿道夫・賽爾曼（Adolf Sellmann）在他的書《電影和學校》（*Kino und Schule*）的前言中說：「教育界有責任注意壞電影的可能危害，以保護我們的青少年。學校應該負起啟蒙的義務，讓無論在校內或校外的人們了解到，現在的電影院提供了多麼差的精神糧食。學校應該在媒體、家長會和研討會上給人們啟蒙，它應該敦促頒布法律措施和警察規定，好讓我們的青少年免於電影敗壞的影響。」在福爾達（Fulda），德國主教會議決議通過針對教士的特別準則，讓他們不會受到電影的負面影響。再也不會因為看到色情情節而嚇哭了！他們要求六歲以下的孩童不准進入電影院。除此之外，成人也應該拒看道德敗壞的影片。

我們只能說那是不切實際的幻想。

真是漂亮的名字：亞伯特・門斯多夫・普耶・狄特利希伯爵（Albert Graf Mensdorff-Pouilly-Dietrichstein）。他的祖先在十九世紀初和薩克森科堡（Sachsen-Coburg）的公主結婚，亞伯特・門斯多夫，人稱阿里伯爵（Graf Ali），和所有歐洲王室都有親戚關係，每天都有新的驚喜。作為英國國王的遠親，並且在一九一三年十一月擔任奧匈帝國皇家駐倫敦大使，是他最重要的成就。英國國王喬治五世寫信給他，希望「大公以及大公夫人在十一月能撥冗到溫莎來打獵」。他們當然有空！那是第一次正式邀請奧地利王儲以及在外交禮節上謙遜有禮的大公夫人蘇菲（Sophie）。門斯多夫伯爵知道自己將促成這樁大事，於是寫信給弗蘭茨・斐迪南大公：「如您閒悉，在正式場合上用餐、敬酒、招待、看戲等等，對我來說真是沒完沒了，讓人生厭，也搞得半死（原文如此）。」真是差勁的笑話。因為伯爵是整個奧匈帝國的外交使節當中最擅長在宴會上長袖善舞的人。他總會保留每一次晚宴的菜單，第二天早上畫出座位表，註明他的鄰座是誰。他會如此抱怨大公到訪的社交內容，是因為他和大公感情很好。可是大公並不在乎這些。他很樂意和太太正式到外國訪問。他也很高興在兩個星期內，先是和德皇威廉二世一起狩獵，接著又可以和英國國王喬治五世在溫莎宮附近一起獵野雉。三個英國公爵陪伴斐迪南和英國國王，女士們則在溫莎宮裡閒聊，在音樂會上細細聆聽。十一月十八日星期二，圍獵者將獵物趕到獵槍射程範圍內，他們總共射中了上千隻野雉和四百五十頭野獸。十一月十九日星期三豔陽高照，他們獵到了七百隻野雉。星期四打到上千隻野雉。到了星期五，儘管風雨對著皇家狩獵團迎面打來，他們仍然獵獲八百隻野雉和四百頭野獸。真是一場大屠殺。

1 在歷史上的十一月九日，德國發生四次大事：一九一八年，帝國結束，共和成立；一九二三年，希特勒啤酒館政變；一九三八年，「水晶之夜」，開始大規模屠殺猶太人；一九八九年，柏林圍牆拆除；於是歷史學家稱這一天為「命運之日」。

2 伊塔洛・斯韋沃（1861-1928），本名艾倫・施密茲（Aron Ettore Schmitz），義大利作家，商人。

3 盧克萊齊亞・博吉亞（1480-1519），羅馬教宗亞歷山大六世的私生女，藝術贊助者，傳說中生活不檢點。

4畢・蘭卡斯特（1913-1994），美國電影演員，一九六〇年獲奧斯卡最佳男主角獎。

5賀德林（1770-1843），德國浪漫派詩人。

6諾瓦利斯原名哈登堡（Georg Philipp Friedrich Freiherr von Hardenberg, 1772-1801），德國浪漫派詩人、哲學家。

7杜倫馬特（1921-1990），瑞士作家和劇作家。

8瑪莉卡・樂克（1913-2004），匈牙利裔奧地利歌星、舞蹈家、演員。

9史蒂夫特（1805-1868），奧地利作家、詩人，畫家，教育家。

Dezember

12月

一切都是開放的：未來，以及美麗女人的嘴脣。卡薩米爾・馬列維奇畫了一幅黑色方塊。穆齊爾在德國覺得前途黯淡。蒙娜麗莎在佛羅倫斯被尋獲，成為世界上最重要的繪畫。里爾克很想當一隻刺蝟。湯瑪斯・曼澄清說：我寫的不是魔術學徒，而是魔山！諾爾德在南太平洋的樂園裡只找到精神錯亂的人，而卡爾・克勞斯在雅諾維采找到快樂。在非洲找到恩斯特・雲格，他回到雷堡慶祝聖誕節。而天上的星象又是如何呢？

一九一三年十二月，在巴黎出現第一件「現成物」，安裝在板凳上的腳踏車車輪，正在杜象手裡轉動，而在莫斯科則誕生了第一件「黑色方塊」，兩者都是現代藝術的原點。

一九一三年十二月三日，聖彼得堡月光公園劇場首演未來主義歌劇《征服太陽》（*Pobeda nad solncem*），由馬列維奇設計服裝和舞台，他在舞台布幕上畫了一個黑色方塊。那是他繪畫的原型，它成為「現代文明的開端」或是馬列維奇所說的「至上主義」（Suprematismus）的典範。兩年後，一九一五年十二月，他在聖彼得堡的「0.10」畫展裡展出三十五幅畫，他的「至上主義宣言」，以及他空前的畫作：《白底上的黑色方塊》。這幅畫是獨一無二的挑釁和啟示。方塊體現了馬列維奇的「零形式」，純粹無對象性的經驗。他認為從黑白的基本對立會產生萬有的能量。那是藝術的終點，也是全新時代的起點。那是拒絕任何對藝術家和藝術的要求，正因為如此，那是藝術自主權最重大的自我主張。當人們想到一九一三年時，應該也都會想到「黑色方塊」。

在一九一三年產生重大影響的第二件經典作品，已有四百年的歷史，畫在七十七公分長、五十三公分寬的隆巴底白楊木板。那就是達文西的《蒙娜麗莎的微笑》。自從兩年前在羅浮宮被偷走以後，始終不見蹤影。

十二月初，佛羅倫斯的藝術經紀人阿弗烈多·蓋里（Alfredo Geri）收到一封信。他是個身材魁梧、肩膀很寬、好交朋友的人，以他在博戈・歐尼桑提街（via Borgo Ognissanti）的古董店躋身佛羅倫斯上流社會。艾蓮諾拉・杜絲（Eleonora Duse），人稱「杜絲」[1]，以及她的男友達農齊歐（Gabriele d'Annunzio），都是他的顧客。他手裡的信讓他大惑不解。那是真的嗎？或者只是瘋子寫的信？他再讀一次：「失竊的達文西作品在我手裡。它顯然應該歸義大利所有，因為作畫的是義大利人。我只是想將這幅畫歸還它來自的地方，那裡也是它的靈感來源。李奧納多。」

於是蓋里和這位可疑的「李奧納多」相約於十二月二十二日在米蘭碰面。然而蓋里在十二月八日正要關上店門時，一個夾雜在最後一批顧客當中的男子自我介紹說：「我是李奧納多。」蓋里驚愕地瞧著他，他的膚色很深，黑髮抹了髮蠟，加上卷翹的短髾子，看起來很滑頭。他說他提早幾天到，化名「李奧納多・文森佐」（Leonardo Vincenzo），下榻在潘扎尼街（Via Panzani）的阿貝哥的黎波里義大利飯店（Albergo Tripoli-Italia），和波哥・聖羅倫佐（Borgo San Lorenzo）只隔了幾棟房子，四百年前，達文西的模特兒麗莎・喬康多（Lisa del Giocondo）就住在那裡。

李奧納多說，第二天下午三點，蓋里先生可以到旅館去瞧一瞧《蒙娜麗莎》。蓋里趕緊通知烏菲齊美術館館長波吉（Giovanni Poggi），他們三人一起從古董店出發到那家破舊的旅館。蓋里和李奧納多在沿著走廊穿過大街時談好了，如果那幅畫是真跡，他可以得到五十萬里拉。

非常感謝，李奧納多說，可是此舉不是為了錢，他只是想將被搶走的藝術寶藏歸還給義大利而已。波吉和蓋里一頭霧水地望著他。

他們到了阿貝哥的黎波里義大利飯店，走上陡峭的階梯，李奧納多寒酸的單人房在三樓。他從床底下拉出一只皮箱，將裡頭的東西都倒在床上，包括內衣、工具和刮鬍刀。接著他打開皮箱夾層，拿起一塊裹著紅色絲綢的木板：「我們眼前出現神聖的喬康朵（Gioconda），保存得完整無瑕。我們將她拿到窗前，和我們帶來的照片仔細比對。波吉負責鑑定她，」後來經紀人蓋里如是說。毫無疑問，畫作背後有羅浮宮的館藏編號。儘管他們非常激動，蓋里和波吉仍然保持鎮定，他們對李奧納多說，他的畫有可能是失蹤的畫作，他們必須再鑑定看看。旅途勞累的李奧納多，看到五十萬里拉擺在眼前，於是很放心地躺在床上睡午覺。

波吉馬上報警，當卡賓槍騎兵隊趕來時，李奧納多還在睡覺，床上仍擺著從皮箱裡倒出來的東西。《蒙娜麗莎的微笑》由警方護送到烏菲齊美術館。意識到波吉這項發現的重大意義的，不只有羅馬文化部長科拉多・瑞奇（Corrado Ricci），消息也傳到了國王維多利歐・艾曼紐三世（Vittorio Emanuele III）以及教宗庇護十世（Pius X）耳裡。在義大利國會中，當有人跑到大會議廳裡大喊「喬康朵回來啦」的時候，兩個議員正扭打成一團，聽到這個消息以後他們竟興奮得互相擁抱親吻。

從那一刻起，整個義大利都為蒙娜麗莎瘋狂起來。而李奧納多呢？他的真名叫作文森佐・

皮魯吉亞（Vincenzo Peruggia），三十二歲，在行竊時，他是羅浮宮的臨時玻璃裝配工人，就是他替蒙娜麗莎裝上飽受爭議的玻璃框的。正因為是他安裝的，所有他很清楚怎麼拿出來最簡單。他在夜裡潛入，將畫取出，用帆布裹好，早上再攜出羅浮宮，還跟熟識的警衛寒暄幾句。

這太荒謬了。羅浮宮裡的所有人，清潔婦、藝術史家、檔案負責人，警察都採了指紋，因為畫框上留有線索。可是他們忘了臨時工文森佐・皮魯吉亞。為了找尋《蒙娜麗莎》的下落，警方甚至到他家去搜索，在聖路易醫院街（Rue de l'Hôpital Saint-Louis）五號的簡陋房間。可是警方沒有察看他的床底。

它就擺在床底下整整兩年，和羅浮宮的直線距離只有一公里，眾人尋尋覓覓的世界級藝術作品。那是震驚世界的故事：對羅浮宮和巴黎警察局都是。可是那也是最重大的、最讓人開心的聖誕節消息。皮魯吉亞在牢裡收到義大利人寄來的許多感謝信、甜點和禮物。

達農齊歐寫道：「他，夢想著名聲和榮譽，他，抗議拿破崙偷竊行為的復仇者，帶著它越過邊界，回到佛羅倫斯。只有一個詩人，一個偉大的詩人，才會有這樣的夢想。」

十二月十三日，法國政府官員和藝術史家就趕到佛羅倫斯，以鑑定《蒙娜麗莎》的真偽。義大利文化部長瑞奇說了一段很精采的話：「我只希望法國人將它列為複製畫，如此一來，蒙娜麗莎就可以留在義大利了。」可是法國人也認為那幅畫是真跡。

蓋里得到羅浮宮的懸賞獎金，法國政府授予他第五等榮譽軍團勳章。而化名李奧納多的文森佐・皮魯吉亞則被判七個月有期徒刑。

十二月十四日，掛在烏菲齊美術館的蒙娜麗莎，嵌著胡桃木鑲金華麗畫框，由穿著閱兵制服、以法國憲兵隊和義大利卡賓槍騎兵隊組成的罕見國際儀隊，如同分列式一般地護送它走過大街小巷。三萬個民眾夾道圍觀，義大利孩子放假一天，讓他們到佛羅倫斯來瞻仰民族的聖物。十二月二十日，蒙娜麗莎登上坐滿貴賓的豪華車箱，搭火車到羅馬，去謁見國王維多利歐・艾曼紐三世。第二天，在法爾內塞宮（Palazzo Farnese），國王象徵性地將畫交給法國大使。一九一三年聖誕節期間，該畫作又在博格賽別墅（Villa Borghese）展覽一次，在開放時間裡，文化部長瑞奇寸步不離地守著畫作，承諾絕對不讓它離開視線。夜間則有十幾個警察看守。接著蒙娜麗莎登上豪華車箱，火車開往米蘭，在該地的布瑞拉（Brera）博物館展覽兩天，並且以最高規格的警戒守護。蒙娜麗莎在義大利的旅程是史無前例的凱旋隊伍。火車經過任何車站，人們總是簇擁著歡呼揮手。蒙娜麗莎在米蘭再搭上前往巴黎的特快車私人車箱，受到如女王一般的待遇。十二月三十一日深夜，蒙娜麗莎跨過法國邊境，它離開羅浮宮時只是一幅畫，現在回去時卻成了神祕宗教。

《新評論》十二月號沒有頁碼的廣告夾頁上，有一則奧斯卡・畢伊（Oscar Bie）[2]的小啟，他以前曾經拜訪過湯瑪斯・曼的家：湯瑪斯・曼正著手創作一部新的小說，書名是《魔術學徒》（*Zauber-Lehrling*）。畢伊的字跡很難辨認，連他自己都經常搞不清楚寫的是什麼字。湯瑪斯・曼只好再次跟他的朋友和親戚說：「你們不要以為它寫出來了。此外，它叫作《魔山》（畢伊讀錯了）。」

十二月十五日，龐德（Ezra Pound），偉大的詩人，倫敦最核心也最活躍的文化經紀人，他寫信給人在第里雅斯特的喬伊斯。他向窮途潦倒的英語老師邀稿，在《自我主義者》（*Egoist*）雜誌上刊登他最新的詩作。「尊敬的先生，」這封友善的信如是開頭：「根據葉慈跟我說的，我可以想像，我們有些共同的討人厭的地方。」從收到這封信起，喬伊斯彷彿從死神那裡醒來。龐德又從肯辛頓（Kensington）寫了第二封信說，他已經從葉慈那裡拿到〈我聽見一隻軍隊〉（I Hear an Army）的詩，讓他非常振奮。得到這樣的鼓勵，喬伊斯當天就著手修改他的手稿。兩個星期後，《一個青年藝術家的畫像》（*A Portrait of the Artist as a Young Man*）第一章以及短篇小說《都柏林人》（*Dubliners*）就脫稿了，他以快捷郵件寄到倫敦給龐德。一顆明星於焉誕生。

德布林醫師，神經內科醫師，華爾登的雜誌《暴風》的合作夥伴，整夜待在克爾希納位於科納街的畫室振筆疾書。德布林寫的始終是關於男人和女人、相處的條件、兩性的戰爭。大

概在他的情人替他生了個兒子以後：「婚姻不是性愛的專門商店。同樣愚蠢的是要求所有性關係都必須在婚姻的框架裡進行，就像是要求只能在用餐時間或是特定的餐廳裡才能覺得肚子餓一樣。」克爾希納很喜歡這個論調。夏天的時候，他為德布林的小說《修女與死神》（*Das Stiftsfräulein und der Tod*）創作木板畫插圖，那些插畫也於一九一三年十一月收錄在柏林威梅斯多夫區規模很小的「麥爾」（A. R. Meyer）出版社的《抒情詩集》（*Lyrische Flugblätter*）裡。該出版社也在一九一二年出版戈特弗里德・本恩的《陳屍間》，一九一三年出版他的最新詩集《兒子們》。

十二月，克爾希納著手為德布林的獨幕劇《蜜奇伯爵夫人》（*Comtesse Mizzi*）創作插畫，那是一齣描寫交際花的戲劇，克爾希納以畫家的眼睛貪婪地觀察她們大搖大擺地走過腓特烈街和波茨坦廣場周圍。克爾希納談到那些交際花時說：「性器官是生產工具。」這是克爾希納所描繪的實踐背後的理論。整個十二月，他一再地將他在藝術上的魅力、冷淡、勤奮和漠不關心帶到波茨坦廣場。交際花們的皮草衣領、埋在蒼白冰冷的衣領裡的淡紅色臉龐、刺眼的羽毛圍巾，以及身旁熙來攘往的、沒有臉部表情的男人。克爾希納不停地畫，有一次他甚至在速寫簿裡寫下：「交際花等於姘婦。」

Ꮺ

聖誕前夕，柏林的克洛普施托克街，在洛維斯・柯林特家裡。

他的畢生作品更豐富了一年。尤其是在提洛，柯林特加大他的調色盤，找到群山的色調，嫻熟地應用在瓦爾興湖（Walchensee）的風景畫上。不過他仍然沒有完全恢復元氣。聖誕大餐終於結束，準備要發禮物，柯林特爸爸要孩子們耐心等一下。他取出畫架、畫布框和顏料。夏綠蒂剛好出去一下，她跟孩子說要去看看聖誕老人來了沒有。其實她是去打扮成聖誕老人。孩子們，湯瑪斯和小威廉，非常緊張。接著，聖誕老人來了，其實是聖誕老太太，可以開始發禮物了。然而柯林特沒有打開他的禮物，眼睛直視著畫布，以雄渾遒勁的筆觸，畫了一棵聖誕樹，上頭有紅色蠟燭散發出溫暖的光線。湯瑪斯專注地看著他的新的木偶劇場，還有紅色布幕。小威廉穿著白色童裝，他也有一只木偶，正在打開另一個禮物。畫面左側的夏綠蒂仍然穿著聖誕老人的服裝。左前方有還沒切開的杏仁糖蛋糕。柯林特在為它畫上最美的褐色以後，就放下畫筆，用抹布把手指頭擦乾淨，拿了一塊蛋糕吃將起來。

史達林被放逐到西伯利亞，覺得冷得要命。

恩斯特・雲格終於到達非洲。他是法國外籍軍團的新兵，在北非的西迪貝勒阿巴斯（Sidi Bel Abbès），和同袍一起待在滿是灰塵的帳篷裡。他不能自由行動，只有不停的訓練。在燙焦的大熱天裡不斷地軍事訓練、演習和長途行軍，讓他疲憊不堪。他為什麼要在這裡當五年兵？

雲格想再度逃亡，這次則是脫離外籍軍團。他藏身在摩洛哥。可是他被逮捕，並且在駐地監獄關了一個星期。他想像中的非洲不是這樣的。一個信差捎來一封電報給他：「雷堡。十二點零六分寄。法國政府已經同意將你除役。去拍一張照片。雲格。」藉由外交干預，雲格的父親讓他除役且遣返。十二月二十日，他離開外籍軍團在北非的駐地。在他的退伍令裡註明了除役的理由：「其父親以未成年為由提出申訴。」曬得黑黝黝的、羞愧得無地自容的、憤憤不平的雲格，搭火車從馬賽回到雷堡。他回到父母親家守聖誕節。在聖誕前夕，他不是坐在繁星點點的夜空下，而是在兩天前從雷堡森林砍回來的聖誕樹下。而且有鯉魚。雲格承諾他父母親要用功讀書通過高中會考。接著他就回房間早早就寢。他在入睡前再也不讀《黑暗大陸的祕密》了。

ꕥ

埃米爾・諾爾德終於到達他夢想的目的地。十二月三日，出發兩個月後，他和艾達以及考察團登上蒸汽船，北德佬洛伊德（Lloyd）的「瓦德馬王子號」，航經帛琉島，在加羅林群島西部的一座小島「雅蒲島」（Jap, Yap）上，他們第一次和原住民接觸，他們的小船停泊在他們的蒸汽船旁邊，然後登上他們的船。接著他們往赤道的方向繼續前進，也航經德屬新幾內亞，奧古斯特・恩格哈特（August Engelhardt）[3]，在那裡建立他的帝國。這個德國生活改革家已經是風燭殘年，在沙灘上有一間堆滿了書的小屋，以及聚集在他身旁的椰子教信徒。他認為椰子是神聖的水果（因為它高高掛在樹上），並且傳教說，人們必須只以牛奶和椰子肉為食，才能保持健康。他喜歡椰子爆裂時散發的美妙而神聖的氣味。

諾爾德在這些日子裡也吃了許多椰子，可是那還不夠，他總是更想吃現宰的雞。十二月十三日，考察團到達拉包爾（Raboul），保護區新波美拉尼亞（Neu-Pommern）的首都。在那裡，每個人都有個當地的「男孩」隨侍。負責照料埃米爾和艾達的兩個男孩叫作圖利（Tulie）和馬坦（Matam），為了讓大家都能夠適應氣候，考察團在拉包爾附近的山上待了四個星期，那個地方叫作納曼努拉（Namanula），住在一家剛完工但尚未啟用的殖民地醫院裡。在等待的那幾個星期裡，一股強烈的創作欲望襲上諾爾德心頭。他取出水彩紙，將水盒裝滿河水，從早畫到晚：他先是畫馬坦和圖利，接著畫原住民的小屋、婦女、孩子、寧靜、棕櫚樹。他也砍了幾塊木頭，為那兩個男孩刻了木板畫。深色的頭部可以依稀看到耳朵和眼睛，也可以認出圖利很特別的鼻子，以及馬坦翹起的上唇，身後則有到處蔓生的南太平洋植物。

但是諾爾德在心醉神馳之餘也很清醒。他在帛琉發現的，再也不是以前高更所畫的、歐洲詩人所歌頌的原始的南太平洋。殖民地的原住民已經讓人感傷地被歐洲化，「他們的固執被瓦解了，頭髮也剪短了，」正如他所寫的。他們都被帶到拉包爾來學德語和英語，然後回到他們的村落，以後可以為觀光客擔任口譯員。諾爾德搭船到羚羊半島，期待那裡有比較原始的生活結構，他見證一個正在沒落的文化，用水彩去保留現場。他在九重葛和朱槿燦爛而粉嫩的花朵裡、在原住民赤裸的身體裡找尋天堂。可是諾爾德在他們臉上看到的是讓他吃驚的漠不關心。

他的畫作所訴說的，不是原始生命的歡悅，而是充滿現代世界的嚴肅的南太平洋。他寫信回遠方的家鄉說：「我作畫、素描，試著捕捉一點原始生命。儘管有些很成功，我卻覺得，我那些原住民的畫作以及若干水彩畫，畫得太真實而大膽，不可能在香氣薰人的沙龍裡展出。」

在這個十二月，在新波美拉尼亞，他創作了數十幅水彩畫，很憂鬱地探究了在歐洲的壓力下，遭到瓦解的文化的垂死掙扎。母親和孩子宛如在一艘將沉的船上緊緊相互依偎著。那就是他夢想了好幾年、辛苦旅行了六十天才來到的天堂。

十二月二十三日，諾爾德經由蒸汽船，將兩百十五幅素描和水彩畫，從拉包爾寄給他在哈勒（Halle）的朋友和贊助人漢斯・費爾（Hans Fehr）。十二月二十四日，諾爾德在日記裡提到他多麼想念下雪的聖誕節、木頭在壁爐裡的劈啪聲，以及裝飾得五彩繽紛的聖誕樹：「在這麼熱的天氣裡，幾乎無法感受聖誕節的氣氛。我們的念頭飄洋過海，到世界另一頭的德國家鄉燈火通明的房間裡。我將在航行當中用小刀刻的木偶擺在聖誕節餐桌上。」

十二月二十五日，《劇場》第五十五期刊登了化名為提奧巴・提格（Theobald Tiger）的圖霍斯基的詩作〈大城市聖誕節〉（Großstadt-Weihnachten），他將聖誕節形容成中產階級的表演，在裡頭人們不再有任何感覺，只是個角色而已。

大城市聖誕節（……）

耶穌聖嬰來了！我們年輕人傾聽
一具寂靜而神聖的留聲機。
耶穌聖嬰來了，準備交換領帶、木偶和辭典，
正直的中產階級者緊挨著他親愛的
肥美的鯉魚，安靜地坐在椅子上，九點半，
他對自己很滿意，心裡很明白：
「啊，是的，這樣的聖誕節倒也很美！」（Ach ja, son Christfest is doch ooch janz scheen，按：柏林方言。）

他心情愉快地談起「聖誕天氣」，
或許會下雨，或許會下雪，
他隨意而舒服地讀起他的早報，
裡頭充斥著虛偽的街談巷語。

就只遇到人間浮華虛榮
在耶穌聖嬰降下的地方？
我的天啊，他們甚至假裝聖誕平安……
「我們都在玩遊戲。聰明的人知道這點。」

最後一句詩出自施尼茨勒。「我們都在玩遊戲。聰明的人知道這點。」這句話可以說是一九一三年的密語。年輕的前衛派這麼了解他，有辦法引用他的話，而且知道那是什麼意思，施尼茨勒可以引以為傲了。

ꟃ

可是施尼茨勒並不覺得驕傲。他在十二月的日記裡寫說，他終於不再指望有人真正了解他：「羅瑟醫師（Dr. Roseeu）寄了一本小書給我，謝謝他的好意，基本上每個人都一樣。我已經不再指望有任何當代的批評能了解我的。」

ꟃ

一九一三年十二月十八日，赫伯特・恩斯特・卡爾・弗拉姆（Herbert Ernst Karl Frahm）在呂貝克（Lübeck）出生，他後來叫作威利・布蘭特（Willy Brandt）[4]。

❧

一九一三年，大家最喜歡取的名字有：葛楚德（Gertrud）、瑪塔（Marta）、娥娜（Erna）、英嘉（Irmgard）、夏綠蒂（Charlotte）、安娜（Anna）、伊爾莎（Ilse）、瑪格麗特（Margarete）、馬利亞（Maria）、赫爾塔（Hertha）、芙莉達（Frida）、艾爾莎（Else）。

至於男孩，則有：卡爾（Karl）、漢斯（Hans）、威廉（Wilhelm）、庫爾特（Kurt）、赫伯特（Herbert）、恩斯特（Ernst）、赫穆特（Helmut）、奧托（Otto）、赫曼（Hermann）、維納（Werner）、保羅（Paul）、艾里希（Erich）、威利（Willi）。

❧

柯克西卡和阿爾瑪、她的母親和她的女兒，一起在位於布來登斯坦剛蓋好的房子裡慶祝聖誕節。電燈還不能用，所以當夜幕低垂時，大家都圍到壁爐前，熊熊爐火和無數的蠟燭，讓每個人沉浸在莊嚴的光芒裡。柯克西卡送阿爾瑪一把大扇子，他為她在上頭作畫，在畫面中央，阿爾瑪的男人被一條大魚吃掉。柯克西卡很清楚：「從中世紀到現在，沒有任何東西和它一樣，因為沒有任何一對戀人如此熱情地把對方吸進自己的身體裡。」（後來，當阿爾瑪和沃爾特・格羅佩斯陷入熱戀以後，柯克西卡找人仿照阿爾瑪雕刻了一尊栩栩如生的木偶，他還跟女雕塑家仔細解說臀部的每一處皺折和脂肪，他跟木偶一起生活的時間比跟阿爾瑪要長，不過那是後話，在一九一三年，我們不會知道後來的發展如何。）

勞倫斯正在倫敦慶祝他的《兒子與情人》暢銷，根據小說所說的，男人不是兒子，就是情人（也是一種弒父情結），書中的知性和本能的衝突成了熱門話題。秋天的時候，他為了讓女友弗莉妲・里希特霍芬相信他，他步行穿越整個瑞士，現在他們倆則在地中海一處港口酒館裡慶祝溫暖的聖誕節。勞倫斯在聖誕節寫了一段很特別的信仰聲明：「我內心裡的宗教相信血肉比知性聰明得多。我們的精神有可能讓我們迷失。可是我們的血液所感覺的、所相信的、所說的，卻都是真實的。」

他的話在卡夫卡耳裡。費莉絲・包爾不再回信給他。他寄掛號信給她，他寄限時信，他託他的朋友恩斯特・懷斯（Ernst Weiß）捎信到她在卡爾・林德斯托姆公司的辦公室，可是她始終不回信。後來他收到一封電報說他會有一封信。可是那封信沒有來。他們講了很短的電話，費莉絲請他聖誕節的時候不要來柏林，她很快就會寫信給他。可是她仍然沒有回信。十二月二十九日中午，仍然沒有任何信到達布拉格，卡夫卡坐下來又寫了一封信，他的第二封求婚信。他一面寫一面苦思。到了除夕夜，他已經寫了二十二頁。最後那封信有三十三頁。卡夫卡寫道：「費莉絲，我以我的人性裡所有的善在愛妳，以我一切有價值的東西在愛妳，使得我百無聊賴地混跡人群當中。」午夜十二點，城堡區（Hradschin）傳來鐘聲，卡夫卡在窗前佇立片刻，望著窗外。他們家十一月就搬家了，卡夫卡眼前再也沒有河流、橋樑和停車場，而是城中廣場。雪輕聲下個不停，壓低了城堡那裡的加農砲聲，廣場上人們在慶祝新年。卡夫卡又坐下來繼續寫：「無論妳怎麼對我，或是想要變心，我仍舊深愛著妳，我只是要讓妳知道這點。」

凱特・寇維茲，厭倦了和她丈夫在一起的生活，對於她的藝術方向猶豫不決，在除夕夜作出結論：「再怎麼說，一九一三年平安度過了，既不會死氣沉沉也沒有昏昏欲睡，有許多內心生活。」

許多內心生活，誠哉斯言。穆齊爾在十二月的暗夜裡埋首於筆記當中，其中許多東西後來都發展成《沒有個性的人》。現在他正寫下很美的句子：「烏利希預言了命運，卻沒有半點頭緒。」還不錯。他啜了一口紅酒，點了一根菸（每個人都會如此想像），然後他從烏利希的角度去描寫女主角狄歐第瑪（Diotima），傾國傾城的美人，很有個性的女性，他整天都把這句話掛在嘴邊。接著他寫道：「有個東西仍然等著他去品嘗：儘管是未來的事，無論如何，那就是她的雙唇。」

一九一三年的聖誕夜，有一對很快樂的人。對於卡爾・克勞斯和席多妮・納德尼而言，整個世界都等著他們去品嘗。雖然和法蘭茲・魏菲爾吵架的衝擊，始終讓她無法恢復平靜，可是她與克勞斯兩人暗地裡兩情繾綣。克勞斯非常驚豔於席多妮的波魯定家族（Borutin）在雅諾維采的城堡，那裡只有煤氣燈，以及它的夢幻花園，庭院裡雄偉高聳的白楊木有五百年歷史，至於里爾克，他已經永遠無法回到這個花園來了。即使是在十二月，白楊木的樹梢仍然冒出疏疏落落的葉子，當風吹拂山丘時，總會簌簌作響。克勞斯完全沉醉在這個地方的魅力裡，他的情人席多妮是馬、狗、豬的女主人。這裡是他的天堂。這裡有一切美好的東西：善、自然、真實。席多妮和雅諾維采，擺脫維也納及其知識圈的束腹，讓克勞斯變成另一個人。席多妮的哥哥希望替他妹妹辦一場門當戶對的婚禮，可是到了晚上，她哥哥才入睡，克勞斯就穿過陰暗冰冷的城堡通道，爬進席多妮溫暖的床，把老舊的階級思維拋到腦後。克勞斯在十二月二十三日就到雅諾維采，他的朋友阿道夫・路斯也在二十四日抵達，他們要一起慶祝聖誕節。路斯不想打擾這對年輕的情侶，想要拜訪王儲在庫諾皮修契的城堡，它緊鄰著波魯定家族的城堡。他寫信請求謁見。可是斐迪南不想被打擾。真是可惜，奧匈帝國裡兩個天南地北的人如果能夠見面，應該是人生一大快事，路斯是裝飾藝術的冷酷反對者，而斐迪南則是熱血的軍事統帥。

席多妮收到一封來自巴黎的信。寄信人是里爾克。「卡爾・克勞斯在妳那裡嗎？」他如是問，因為席多妮和他很熟。如果是的話，他請席多妮將魏菲爾的一篇文章轉交給克勞斯，題目是「論年輕詩人」。他不方便直接寄給克勞斯，因為克勞斯剛聽說魏菲爾到處散播席多妮的醜聞，使得他像一頭暴怒的公牛大發雷霆。

可是現在里爾克的信再也不會妨礙雅諾維采的綺麗風光，席多妮把信擱在一旁，心想反正不急，於是牽著心愛的小狗巴比和克勞斯到花園散步。他們在從天上輕輕飄落的雪花間翩然起舞。

克勞斯從來不曾離開他的書桌兩天以上，這次決定延長他的假期到新年，並且寫作自然詩。席多妮這個驕傲的大美人，送給他一張自己如夢似幻的照片，背後用藍色墨水寫著：「致卡爾・克勞斯，以紀念和席多妮・納德尼相處的日子。雅諾維采。1913-14。」他一回到維也納就將它掛在書桌上方，從此再也沒有取下。後來有一次，不確定是什麼時候，他從聖莫里茲寫了一張明信片說：「請回憶一九一三年的聖誕夜。」那個聖誕節慶一定很美。

ฆ

十二月二十七日，維也納相關單位延長羅患神經衰弱症的圖書館員穆齊爾三個月的病假。他立刻跑到德國和薩穆埃爾・費雪面談，沒多久就獲聘為他的《新評論》雜誌的編輯。他在從維也納到柏林的火車上很激動地寫著：「德國印象：一片黑暗。」

ฆ

一九一三年除夕。奧斯瓦爾德・史賓格勒在他的日記寫說：「我記得還是個小男孩的我，在除夕夜看到聖誕樹被洗劫一空並且被清除掉，一切回到從前的單調乏味，心裡是什麼感覺。

我在床上不知不覺哭了整晚，直到下一個聖誕節前，總是覺得度日如年，非常絕望。而在這個世紀裡，生活把我壓得喘不過氣來。文化、美、顏色裡的所有東西都被搶奪一空了。」

一九一三年底，出版了一本讓人驚訝的書。書名就叫作《一九一三年》（*Das Jahr 1913*），書裡嘗試對當代下個結論，「在文化價值上成果豐碩」，但是也看到「群眾越來越冷漠而膚淺」。整本書的高潮在特勒爾奇（Ernst Troeltsch）[5]談論當代宗教現象的附錄。「那是我們大家都認識的古老歷史，以前人們稱它為進步，後來又說那是一種墮落，現在則喜歡說是一種新的觀念論的預備階段。社會改革者、哲學家、神學家、商人、精神科醫師、歷史學家，都在為它背書。可是那種觀念論尚未到來。」人們以前稱為進步的古老歷史，在一九一三年十二月，真是暮鼓晨鐘。可是在這一年的喧囂裡，有誰了解這句話的真義呢？

在巴比倫，伊特門南基（Etemananki）的神廟遺址被重新發現：它是傳說中的「巴別塔」。

維納・史坦因（Werner Stein）[6]，同時性綜覽（synchronoptische）的歷史寫作方法的創始者，於一九一三年十二月十四日出生。自一九四六年開始，他的「文化時刻表」

（Kulturfahrplan）嘗試以年代的劃分去編纂整個人類歷史。

女性在除夕夜穿什麼？《涼亭》雜誌的副刊「婦女世界」，在第五十二期報導了「世紀之交流行風」。「色彩鮮艷是本季時尚特色，即使在廁所裡也能引人注目，以增添輕微的喜悅。由於自由寬鬆的剪裁，大部分的樣式都能營造優雅的印象，讓苗條的人更嫵媚動人。身材比較壯碩的女士，現在刻意混合單一線條的時裝，如果搭配得宜，也可以讓她們顯得優美可愛。」下一頁則是瑪麗・莫勒（Marie Möller）的詩，有個輕描淡寫的題目，叫作〈除夕夜〉。裡頭有讓人茫然費解的詩句：

因此讓我們早晚明白，
新的一年將臨到我們身上！
在爭吵和痛苦之後，它給每個人
帶來勝利與和平。
世界戰爭的旋律
再也不會聲聲逼近！
它很快就會和諧共鳴，

像鐘響一樣。

🙞

十二月的最後幾天，里爾克在巴黎過得很抑鬱。他寫道：「我看不到任何人，天寒地凍，地上有薄冰層，雨下個不停，到處濕答答的，這就是這裡的冬天，每三天就輪一次。我受夠了巴黎，這是個受詛咒的地方。」接著他又說，「我對一九一四年、一九一五年、一九一六年、一九一七年的整體願望」，就是平靜，並且和一個像姊妹一樣的人到鄉下去住。這個像姊妹一樣的人，也就是席多妮，心思有時候不在他身上，他寫信給她說：「現在的我好像失去了臉龐，宛如縮成一團的刺蝟，只有到了晚上，躲在街上的排水溝裡，才會舒展開來，小心翼翼地走上大街，將牠的灰色鼻子伸向星星。」

🙞

一九一三年，人們第一次觀察到完整的人馬座（Sagitta）（射手座）。它在狐狸座以南，天鷹座以北，是一隻特別明亮的箭，準備飛向天鵝座。人們目不轉睛地凝望天空。根據神話記載，「人馬座」的名稱原來是指射向海格利斯（Herkules）的一隻危險的箭。可是天鵝座還算幸運：那隻箭射偏了。

一九一三年十二月三十一日。施尼茨勒在他的日記裡寫了幾個字：「上午瘋狂的小說暫時聽寫完畢。」下午他在讀莉卡妲・胡赫（Ricarda Huch）[7]的書《德國的大戰》（*Der große Krieg in Deutschland*）。此外，他「整天神經緊繃」。在晚宴上，「我們在玩『輪盤賭』。」午夜十二點，他們舉杯慶祝一九一四年的到來。

---

1 艾蓮諾拉・杜絲（1858-1924），義大利演員。

2 奧斯卡・畢伊（1864-1938），德國歷史學家和記者。

3 奧古斯特・恩格哈特（1875-1919），德國作家，教派創始者。

4 威利・布蘭特（1913-1992），德國社民黨政治家，西德總理，以「華沙之跪」引起全球矚目，曾獲諾貝爾和平獎，因性醜聞案下台。

5 特勒爾奇（1865-1923），德國新教神學家和哲學家。

6 維納・史坦因（1913-1993），德國政治家、生物物理學家。

7 莉卡妲・胡赫（1864-1947），德國女作家、詩人、哲學家、歷史學家。

圖片說明與來源

一月：恩斯特・路德維希・克爾希納與娥娜・徐林在杜爾拉赫街十四號的工作室（達佛斯克爾希納博物館）（局部）。

二月：法蘭茲・馬克，《藍馬之塔》（akg圖片）。

三月：路德維希・邁德內爾，《啟示錄風景》（法蘭克福猶太博物館，路德維希・邁德內爾檔案）。

四月：馬塞羅・古多維奇（Marcello Dudovich），《危險來襲》（*Gefahr im Anzug*）（出自《傻大哥》，一九一三年五月五日出刊）。

五月：可可・香奈兒與鮑伊・卡柏（Boy Capel）（艾德蒙德・夏爾盧〔Edmonde Charles-Roux〕收藏）。

六月：埃貢・席勒，《鬥士》（*Kämpfer*）（私人收藏）。

七月：海因利希・昆恩，昆恩的四名小孩，一九一二／一三（奧地利國家圖書館，維也納圖片檔案館）。

八月：喬治・特拉克爾在威尼斯麗都島（茵斯布魯克大學，《火爐》檔案研究所）。

九月：西格蒙德・弗洛依德與女兒安娜（烏爾斯坦〔ullstein〕圖像）。

十月：奧古斯特・馬克，《街上遊人》（*Spaziergänger auf der Straße*）（庫爾特西〔Courtesy〕私人收藏，北萊茵西伐利亞邦）。

十一月：克尼采男士服飾沙龍，維也納（烏爾斯坦圖像）。

十二月：馬塞爾・杜象，《腳踏車輪》（馬塞爾・杜象遺產繼承人，圖像藝術使用協會〔VG Bild Kunst〕，波昂，二〇一二）。

重點參考書目

Altenberg, Peter: *Extrakte des Lebens. Gesammelte Skizzen 1898–1919.* Wien und Frankfurt a.M. 1987.

Bauschinger, Sigrid: *Else Lasker-Schüler. Eine Biographie.* Göttingen 2004.

Berenth-Corinth, Charlotte: *Lovis Corinth. Die Gemälde. Werkverzeichnis.* München 1992.

Berger, Hilde: *Ob es Hass ist, solche Liebe? Oskar Kokoschka und Alma Mahler.* Wien 2008.

Bernauer, Hermann: *Zeitungslektüre im »Mann ohne Eigenschaften« (Musil Studien).* München 2007.

Bourgoing, Jean de (Hrsg.): *Briefe Kaiser Franz Josephs an Frau Katharina Schratt.* Wien 1964.

Brandstätter, Christian (Hrsg.): *Wien 1900. Kunst und Kultur. Fokus der europäischen Moderne.* Wien 2005.

Bülow, Ulrich von (Hrsg.): *»Sicherheit ist nirgends«. Das Tagebuch des Arthur Schnitzler, Marbacher Magazin 93.* Marbach 2001.

Decker, Kerstin: *Lou Andreas-Salomé. Der bittersüße Funke Ich.* Berlin 2010.

Dorrmann, Michael: *Eduard Arnhold (1849–1925).* Berlin 2002.

Dyck, Joachim: *Benn in Berlin.* Berlin 2010.

Ellmann, Richard: *James Joyce. Biographie*. Frankfurt a.M. 1994.

Feininger, Lyonel: *Gelmeroda. Ein Maler und sein Motiv*. Wuppertal/Halle 1995.
Fest, Joachim: *Hitler. Eine Biographie*. Frankfurt a.M./München 1973.
Franz, Erich (Hrsg.): *Franz Marc: Kräfte der Natur. Werke 1912–1915. Katalog zur Ausstellung in München und Münster*. Ostfildern 1993.
Freedman, Ralph: *Rainer Maria Rilke. Der Meister 1906–1926*. Frankfurt a.M. 2002.
Freud, Martin: *Glory Reflected. Sigmund Freud – Man and Father*. London 1957.
Freud, Sigmund / Jung, C. G.: *Briefwechsel*. Hrsg. von William McGuire. Frankfurt a.M. 1974.
Fühmann, Franz: *Vor Feuerschlünden – Erfahrung mit Georg Trakls Gedicht*. Rostock 2000.

Gay, Peter: *Sigmund Freud*. Frankfurt a.M. 1988.
Gay, Peter: *Das Zeitalter des Doktor Arthur Schnitzler*. Frankfurt a.M. 2002.
Gebhardt, Miriam: *Rudolf Steiner. Ein moderner Prophet*. Stuttgart 2011.
Grochowiak, Thomas: *Ludwig Meidner*. Recklinghausen 1966.
Grosz, George: *Ein kleines Ja und ein großes Nein*. Frankfurt a.M. 2009.
Güse, Ernst-Gerhard (Hrsg.): *August Macke. Gemälde, Aquarelle, Zeichnungen*. München 1986.
Gumbrecht, Hans Ulrich: 1926. Ein Jahr am Rande der Zeit, Frankfurt a.M. 2001.

Henkel, Katharina / März, Roland (Hrsg.): *Der Potsdamer Platz. Ernst Ludwig Kirchner und der Untergang Preußens*. Berlin 2001.
Hilmes, Oliver: *Witwe im Wahn. Das Leben der Alma Mahler-Werfel*. München 2004.
Hof, Holger: *Gottfried Benn: Der Mann ohne Gedächtnis. Eine Biographie*. Stuttgart 2011.
Hoffmeister, Barbara: *S. Fischer. Der Verleger. Eine Lebensbeschreibung*. Frankfurt a.M. 2009.
Husslein-Arco, Agnes / Kallir, Jane (Hrsg.): *Egon Schiele. Selbstporträts und Porträts*. München 2011.

Jasper, Willi: *Der Bruder: Heinrich Mann*. München 1992.
Jasper, Willi: *Zauberberg Riva*. Berlin 2011.

Jauß, Hans Robert: *Die Epochenschwelle von 1912*. Heidelberg 1986.
Joachimsthaler, Anton: *Hitlers Weg begann in München. 1913–1923*. München 2000.
Jünger, Ernst: *Kriegstagebuch 1914–1918*. Hrsg. von Helmuth Kiesel. Stuttgart 2010.
Jünger, Ernst: *Afrikanische Spiele*. Stuttgart 1936.

Kafka, Franz: *Briefe an Felice und andere Korrespondenzen aus der Verlobungszeit*. Hrsg. von Erich Heller und Jürgen Born. Frankfurt a.M. 1967.
Kafka, Franz: *Tagebücher*, Kritische Ausgabe. Hrsg. von Hans-Gerd Koch, Michael Müller und Malcolm Pasley. Frankfurt a.M. 1990.
Karlauf, Thomas: *Stefan George. Die Entdeckung des Charismas*. München 2007.
Kerr, Alfred: *Mit Schleuder und Harfe. Theaterkritiken aus drei Jahrzehnten* Hrsg. von Hugo Fetting. Berlin (Ost) 1981.
Kerr, Alfred: *»Ich sage, was zu sagen ist«. Theaterkritiken 1893–1919*. Hrsg. von Günther Rühle. Band VII.1, Frankfurt a.M. 1998.
Kessler, Harry Graf: *Das Tagebuch 1880–1938, Band 4: 1906–1914*. Hrsg. von Jörg Schuster, Roland S. Kamzelak und Ulrich Ott. Stuttgart 2005.
Klingsöhr-Leroy, Cathrin/ Schneider, Katja (Hrsg.): *Franz Marc – Paul Klee. Dialog in Bildern*. Wädenswil 2010.
Kokoschka, Oskar: »Briefe 1905–1919«, in: ders.: *Briefe in 4 Bänden: 1905–1976, Band 1*, Hrsg. von Olda Kokoschka und Heinz Spielmann. Düsseldorf 1984.
Kraus, Karl: *Briefe an Sidonie Nádherný von Borutin 1913–1936*. Hrsg. von Friedrich Pfäfflin. Frankfurt a.M. 1973.
Küchmeister, Kornelia / Nicolaisen, Dörte et al. (Hrsg.): *»Alles möchte ich immer«: Franziska von Reventlow (1871–1918)*. Lübeck 2010.
Kühn, Heinrich: *Die vollkommene Fotografie*. Ostfildern 2010.
Kussmaul, Ingrid / Pfäfflin, Friedrich: *S. Fischer Verlag. Von der Gründung bis zur Rückkehr aus dem Exil. Eine Ausstellung des deutschen Literaturarchivs im Schiller-Nationalmuseum, Marbacher Kataloge Nr. 40*. Marbach 1985.
Kutscher, Arthur: *Wedekind. Leben und Werk*, München 1964.

Mächler, Robert: *Robert Walser. Biographie*. Frankfurt a.M. 1992.
Mann, Golo: *Erinnerungen und Gedanken. Eine Jugend in Deutschland*. Frankfurt a.M. 1986.
Mann, Thomas: *Briefe 1889–1913*. Hrsg. von Thomas Sprecher, Hans R. Vaget und Cornelia Bernini. Große Kommentierte

Frankfurter Ausgabe: Briefe und Tagebücher, Tl. 1. Frankfurt a.M. 2002.

Matisse, Henri: *Radical Invention 1913–1917*. Chicago 2010.

Matuschek, Oliver: *Stefan Zweig. Drei Leben. Eine Biographie*. Frankfurt a.M. 2006.

Mehring, Reinhard: *Carl Schmitt. Aufstieg und Fall. Eine Biographie*. München 2009.

Mendelssohn, Peter de: *Der Zauberer. Das Leben des deutschen Schriftstellers Thomas Mann. Erster Teil 1875–1918*. Frankfurt a.M. 1975.

Moeller, Magdalena M. (Hrsg.): *Karl Schmidt-Rottluff. Ostseebilder: Katalog zur Ausstellung in Lübeck, Kunsthalle St. Annen und Museum Behnhaus Drägerhaus - Galerie des 19. Jahrhunderts. Brücke-Museum Berlin, 11.02.2011–17.07.2011*. München 2010.

Moeller, Magdalena M. (Hrsg.): *Emil Nolde in der Südsee*. München 2002.

Moeller, Magdalena M. (Hrsg.): *Emil Nolde. Expedition in die Südsee. Brücke-Archiv 20/2002*. München 2002.

Moeller, Magdalena M. (Hrsg.): *Ernst Ludwig Kirchner in Berlin. Katalog zur Ausstellung im Brücke-Museum, Berlin 2008/2009*. München 2009.

Montefiore, Simon Sebag: *Der junge Stalin*. Frankfurt a.M. 2007.

Morton, Frederic: *Wetterleuchten 1913/1914*. Wien 1990.

Musil, Robert: *Tagebücher*. Hrsg. von Adolf Frisé, 2 Bände. Reinbek bei Hamburg 1976.

Nebehay, Christian M.: *Egon Schiele. Leben und Werk*. Wien 1980.

Ott, Ulrich / Pfäfflin, Friedrich (Hrsg.): *Karl Kraus. Eine Ausstellung des Deutschen Literaturarchivs im Schiller Nationalmuseum Marbach 8. Mai – 31. Oktober 1999. Marbacher Kataloge Nr. 52*. Marbach 1999.

Pinsent, David H.: *Reise mit Wittgenstein in den Norden. Tagebuchauszüge, Briefe*. Wien / Bozen 1994.

Rabaté, Jean-Michel: *1913. The Cradle of Modernism*. Oxford, 2007.

Richardson, John: *Picasso. Leben und Werk*, Band 2. 1907–1917. München 1997.

Rilke, Rainer Maria: *Briefe aus den Jahren 1907–1914*. Leipzig 1939.

Rilke, Rainer Maria / Cassirer, Eva: *Briefwechsel*. Hrsg. und kommentiert v. Sigrid Bauschinger. Göttingen 2009.

Röhl, John C.G: *Wilhelm II. Der Weg in den Abgrund. 1900–1941* München 2008.

Roters, Eberhard / Schulz, Bernhard (Hrsg.): *Stationen der Moderne. Die*

bedeutendsten Kunstausstellungen des 20. Jahrhunderts in Deutschland. Berlin 1988.
Rubin, William (Hrsg.): *Picasso und Braque. Die Geburt des Kubismus – Mit einer vergleichenden biographischen Chronologie von Judith Cousins.* München 1990.

Sarason, David: *Das Jahr 1913. Ein Gesamtbild der Kulturentwicklung.* Leipzig / Berlin 1913.
Savoy, Benedicte: *Nofretete. Eine deutsch-französische Affäre. 1912–1931.* Köln 2011.
Schmitt, Carl: *Tagebücher. Oktober 1912 bis Februar 1915.* Hrsg. von Ernst Hüsmert. Berlin 2005.
Schwilk, Heimo (Hrsg.): *Ernst, Jünger: Leben und Werk in Bildern und Texten.* Stuttgart 1988/2010.
Schnitzler, Arthur: *Tagebuch 1913–1916.* Wien 1983.
Schnitzler, Arthur: *Briefe 1913–1931*, Hrsg. von Peter Michael Braunwarth, Richard Miklin und Susanne Pertlik. Frankfurt a.M. 1984.
Schuster, Peter-Klaus / Vitali, Christoph et al.: *Lovis Corinth.* München 1996
Scotti, Rita: Der *Raub der Mona Lisa. Die wahre Geschichte des größten Kunstdiebstahls.* Köln 2009.
Simplicissimus, Jahrgang 1913, München.
Sinkovicz, Wilhelm: *Mehr als zwölf Töne. Arnold Schönberg.* Wien 1998.
Spengler, Oswald: *Ich beneide jeden, der lebt.* Düsseldorf 2007.
Stach, Rainer: *Kafka. Die Jahre der Entscheidungen.* Frankfurt a.M. 2002.

Tomkins, Calvin: *Marcel Duchamp. Eine Biographie* München 1999.
Tucholsky, Kurt: *Briefe. Auswahl 1913 bis 1935.* Berlin (Ost) 1983.

Wagenbach, Klaus: *Franz Kafka. Bilder aus seinem Leben.* Berlin 2008.
Wagenknecht, Christian / Willms, Eva (Hrsg.): *Karl Kraus – Franz Werfel. Eine Dokumentation.* Göttingen 2001.
Weidinger, Alfred: *Kokoschka und Alma Mahler. Dokumente einer leidenschaftlichen Begegnung.* München 1996.
Weinzierl, Ulrich: *Hofmannsthal. Skizzen zu einem Bild.* Wien 2005.
Welt der Frau, Jahrgang 1913, München.
Wolff, Kurt: *Briefwechsel eines Verlegers 1911–1963.* Hrsg. von Bernhard Zeller und Ellen Otten. Frankfurt a.M. 1966.
www.wikipedia.de

Zweig, Stefan: *Die Welt von gestern.* Stockholm 1944.

國家圖書館出版品預行編目資料

繁華落盡的黃金時代：二十世紀初西方文明盛夏的歷史回憶 / 弗洛里安.伊里斯（Florian Illies）著；唐際明, 林宏濤譯. -- 初版. -- 臺北市：商周, 城邦文化出版：家庭傳媒城邦分公司發行, 2014.01
面； 公分
譯自：1913 : der Sommer des Jahrhunderts

ISBN 978-986-272-501-6（平裝）

1. 西洋文化 2. 文化史 3. 二十世紀

740.38 102024009

繁華落盡的黃金時代：二十世紀初西方文明盛夏的歷史回憶

原書名／1913: Der Sommer des Jahrhunderts
作者／弗洛里安・伊里斯（Florian Illies）
譯者／唐際明、林宏濤
責任編輯／程鳳儀
版權／林心紅、翁靜如
行銷業務／莊晏青、何學文

總經理／彭之琬
事業群總經理／黃淑貞
發行人／何飛鵬
法律顧問／元禾法律事務所 王子文律師
出版／商周出版 城邦文化事業股份有限公司
台北市104民生東路二段141號9樓
電話：(02) 25007008 傳真：(02)25007759
E-mail：bwp.service@cite.com.tw
發行／英屬蓋曼群島商家庭傳媒股份有限公司 城邦分公司
台北市中山區民生東路二段141號2樓
電話：(02)2500-0888 傳真：(02)2500-1938
讀者服務專線：0800-020-299 24小時傳真服務：(02)2517-0999
讀者服務信箱：service@readingclub.com.tw
劃撥帳號：19833503
戶名：英屬蓋曼群島商家庭傳媒股份有限公司城邦分公司
香港發行所／城邦（香港）出版集團有限公司
香港灣仔駱克道193號東超商業中心1樓
電話：(825)2508-6231 傳真：(852)2578-9337
E-mail：hkcite@biznetvigator.com
馬新發行所／城邦（馬新）出版集團【Cite (M) Sdn Bhd】
Cite (M) Sdn Bhd
41, Jalan Radin Anum, Bandar Baru Sri Petaling,
57000 Kuala Lumpur, Malaysia.
電話：(603)9057-8822 傳真：(603)9057-6622 email: cite@cite.com.my

封面設計／王志弘 電腦排版／唯翔工作室
印刷／韋懋實業有限公司
經銷商／聯合發行股份有限公司
新北市231新店區寶橋路235巷6弄6號2樓
電話：(02)29178022 傳真：(02)29110053

■ 2014年01月24日初版 Printed in Taiwan
■ 2019年10月14日初版5.6刷

定價／350元

 ISBN 978-986-272-501-6

感謝歌德學院（台北）德國文化中心 協助
歌德學院（台北）德國文化中心是德國歌德學院（Goethe-Institut）在台灣的代表機構，四十餘年來致力於德語教學、德國圖書資訊及藝術文化的推廣與交流，不定期與台灣、德國的藝文工作者攜手合作，介紹德國當代的藝文活動。
The translation of this work was supported by a grant from the Goethe-Institut which is funded by the German Ministry of Foreign Affairs
歌德學院（台北）德國文化中心 Goethe-Institut Taipei
地址：100 臺北市和平西路一段 20 號 6/11/12 樓
電話：02-2365 7294 傳真：02-2368 7542
網址：http://www.goethe.de/taipei 電子郵件信箱：info@taipei.goethe.org